Bruno Bertucci

PLC IN PRATICA

Guida alla programmazione dei controllori di ultima generazione per Industry 4.0 e IoT con sistema di sviluppo e simulatore integrato

libri SANDIT

Sandit s.r.l.
Viale Libertà, 3
24021 Albino (BG)
Tel. 035/752755
Fax 035/755892
casella postale N. 72

E-mail:info@sanditlibri.it
www.sanditlibri.it
www.editecno.it

Ristampa edizione aggiornata: Aprile 2022
STAMPA: **LOGO S.r.l.** - Borgoricco (PD)

L'autore e l'Editore ringraziano le Società Elsist (www.elsist.biz) e Axel (www.axelsw.it) che hanno permesso di impiegare i PLC della serie SlimLine, il programma LogicLab4 e tutta la relativa documentazione tecnica e fotografica; la Società Samar (www.samar-instruments.it) per la concessione di documentazione tecnica e fotografica.

a Stefy e Giuseppe, la mia idea di futuro

Prefazione

Nuovamente mi trovo a ringraziare l'autore l'ing. Bruno Bertucci e l'editrice Sandit Libri per questa importante aggiornamento alla guida *PLC in Pratica*.

Abbiamo più volte insistito con l'ing. Bertucci affinché dedicasse parte del suo prezioso tempo ad una seconda edizione di questa guida, da noi ritenuta la più interessante per i neofiti (e non solo) dell'automazione con PLC nell'epoca dell'***Industry 4.0***.

Una "revisione" dunque necessaria stanti gli importanti cambiamenti che si sono verificati a distanza di tre anni dalla pubblicazione della prima edizione di questa guida:

- Il tool di sviluppo IEC61131-3 ***LogicLab***, **come sempre gratuito**, è ora alla 4° release, ancora più potente e *User friendly*.
- I controllori SlimLine sono stati ulteriormente migliorati con l'implementazione di nuove caratteristiche (ad esempio la capacità di invio email), con l'aggiunta dei **nuovi protocolli IoT MQTT e REST** ed, infine, con le nuove potentissime CPU Cortex M7.

Voglio anche fare un accenno all'opportunità che l'utilizzo di questi dispositivi possono dare nell'ambito del *piano Industry 4.0* varato dal governo a Dicembre 2016 e che offre la possibilità di usufruire di un **iperammortamento fino al 250%** su impianti e macchinari nuovi e sulle revisioni operate nel rispetto del piano stesso.

Grazie a questo intervento si aprono nuove opportunità che dovremmo senza dubbio cogliere, e meglio sarebbe poterli cogliere utilizzando prodotti Made in Italy, che pur ci sono.

Questa guida, come la precedente edizione, vuole essere un punto di partenza per tutti coloro i quali, anche non possedendo particolari competenze nel campo dell'automazione, vogliono apprendere velocemente le tecniche di programmazione dei PLC.

Nel CD-ROM allegato troverai il tool di sviluppo LogicLab 4, uno strumento **completamente gratuito** e conforme allo standard internazionale IEC61131-3, che ti permetterà lo sviluppo di programmi in tutti i 5 linguaggi previsti dalla norma.

Come il precedente, il tool comprende anche il pacchetto di simulazione SimuLab che ti consentirà di testare, per quanto possibile, i programmi sviluppati anche in assenza del PLC.

Ti auguro una buona lettura e buon lavoro!

Casale Monf.to 29/09/2017

ELSIST Srl

Lorenzo Raftacco

CAPITOLO 1

Il PLC: Programmable Logic Controller

1.1 – Introduzione al PLC

Il *PLC – Programmable Logic Control* (*controllore a logica programmabile*) – è un'*apparecchiatura elettronica* in grado di gestire le azioni logiche necessarie per consentire l'automazione di macchine e processi produttivi attraverso l'esecuzione di un programma residente nella sua memoria.

Comparso agli inizi degli anni '70 del secolo scorso, ha conosciuto una diffusione inarrestabile, legata allo sviluppo dell'elettronica e dell'informatica, tanto da diventare uno dei componenti fondamentali dei sistemi di controllo industriale.
A partire dagli anni '90, grazie all'impulso dato dal rapido sviluppo dei computer, il PLC ha incrementato notevolmente le sue potenzialità al punto che oggi, grazie alla diffusione capillare degli strumenti informatici, il suo utilizzo non è più prerogativa di soli tecnici fortemente specializzati. Attualmente esso viene infatti impiegato sempre più frequentemente anche in vari settori dell'automazione civile.

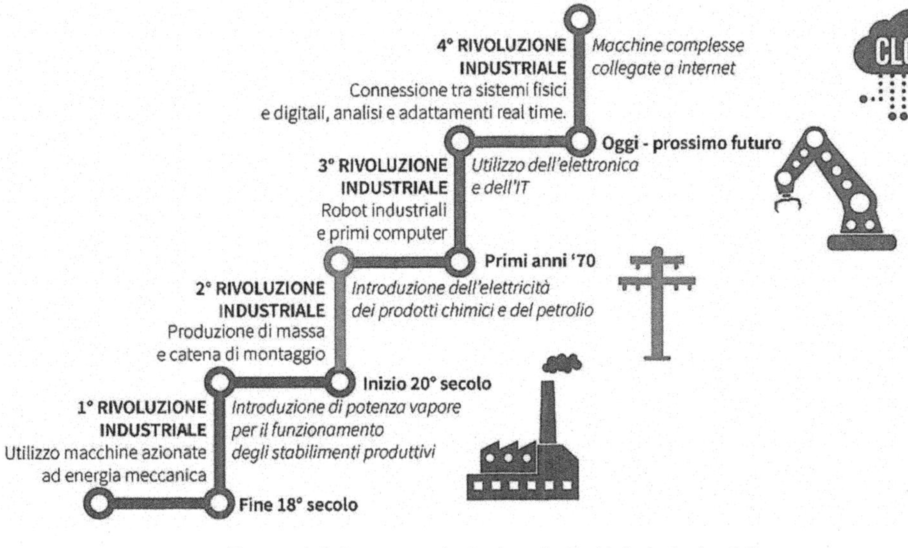

FIGURA 1.1: La nuova rivoluzione industriale Industry 4.0

Negli stessi anni si è cominciato a definire uno standard per la programmazione dei controllori a logica programmabile, che oggi ha diffusione mondiale: lo *standard IEC*

61131 al quale si sono uniformati costruttori come Siemens, Schneider, Omron, ABB, ecc.

Attualmente le nuove esigenze dell'automazione industriale richiedono ai PLC di ultima generazione di poter essere connessi alla rete Internet. Stiamo assistendo, infatti, a quella che gli esperti già indicano come quarta rivoluzione industriale, meglio conosciuta con il termine *Industry 4.0* (FIGURA 1.1). Si prevede che tale tecnologia porterà cambiamenti radicali dei metodi produttivi, migliorando le condizioni di lavoro e la qualità produttiva degli impianti.
Inoltre, sempre più spesso, ai PLC viene richiesto di gestire i protocolli di rete tipici dell'*IoT* – acronimo inglese di *Internet of Things* (*Internet delle cose*) –, una tecnologia che prevede che gli oggetti (dispositivi e apparecchiature, impianti e sistemi, macchine ed elettrodomestici ecc.) scambino informazioni tramite Internet.

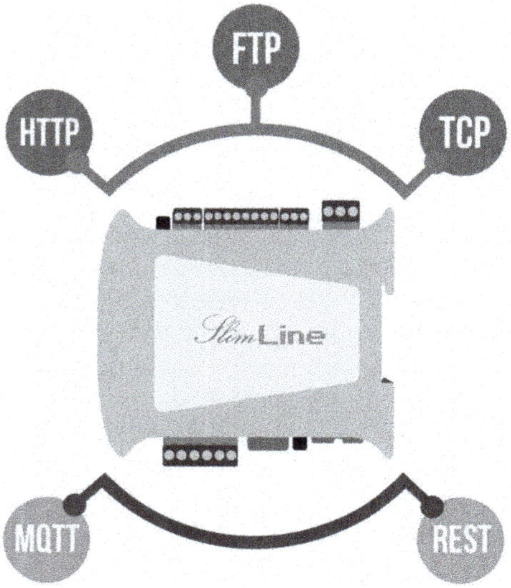

FIGURA 1.2: Protocolli di comunicazione implementati sui PLC SlimLine Elsist per l'IoT

Il libro si propone di costituire un punto di partenza per coloro i quali, pur non possedendo particolari conoscenze nel campo dell'automazione, vogliono apprendere agevolmente le tecniche di programmazione dei PLC.

1.2 – Come funziona un PLC

Per comprendere in che modo lavora un controllore a logica programmabile ci si può riferire a un automatismo familiare a tutti i lettori: un cancello automatico.
Per il funzionamento di questo sistema sono richiesti:

- un *segnale* che aziona l'automatismo attraverso un comando logico che può essere dato da un telecomando o da un selettore a chiave;
- un elemento di movimentazione (*attuatore*) azionato da un motore elettrico;

- un elemento di visualizzazione costituito da un lampeggiante elettrico;
- un dispositivo elettronico a raggi infrarossi (*sensore*) che rileva se persone, animali o oggetti si trovano sul percorso di chiusura del cancello;
- una sequenza di operazioni logiche che presiedono al funzionamento (*programma*).
- un PLC (la *scheda elettronica*) che rileva variazioni di segnali elettrici (*ingressi*) e fornisce le opportune tensioni elettriche al motore e alla lampada di segnalazione (*uscite*).

I dispositivi elettrici ed elettronici che fanno funzionare l'automatismo scambiano informazioni con il controllore tramite dei *segnali* d'*ingresso* e d'*uscita*. Un segnale in generale rappresenta una qualsiasi grandezza fisica variabile nel tempo a cui è associata un'informazione. Nel nostro caso abbiamo a che fare con segnali elettrici caratterizzati da una variazione di tensione o di corrente. Tecnicamente diciamo che tali segnali provengono dal *campo.*

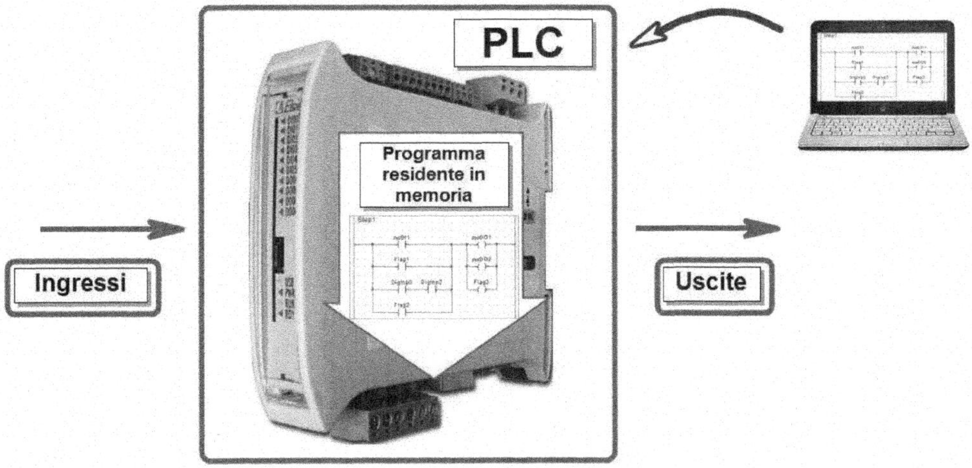

FIGURA 1.3: Modo di operare del PLC

Una possibile schematizzazione del sistema sopra descritto è mostrata nella FIGURA 1.3. Al PLC giungono i segnali d'ingresso, ossia delle tensioni, provenienti dal campo. La scheda elettronica del controllore elabora i dati in base a un programma residente nella memoria del dispositivo e invia opportuni segnali per attivare o disattivare una serie di periferiche elettriche posizionate sul campo.
Quindi, nel caso in esame, il PLC esegue le funzioni di:

- *comando* degli attuatori di potenza (alimentazione del motore e del lampeggiante in seguito al segnale di apertura);
- *controllo* costante delle operazioni logiche ed eventuale modifica della loro esecuzione (richiusura automatica del cancello dopo un certo tempo, fermo del motore nel caso di interruzione del fascio a infrarossi).

Le funzioni di controllo effettuate da un PLC possono essere molto più sofisticate di quelle appena descritte. In genere, durante il normale funzionamento, i valori delle uscite di un sistema automatico tendono a discostarsi dalle specifiche costruttive a causa delle variazioni delle grandezze fisiche in gioco. Con i PLC di ultima generazione si possono effettuare sofisticati controlli sulle grandezze di uscita (per esempio temperatura, luminosità, velocità ecc.), rilevando istantaneamente le variazioni tramite dei sensori e intervenendo per neutralizzarle con opportune modifiche dei livelli delle uscite stesse. Tecnicamente questo modo di operare prende il nome di processo di *retroazione*.

Il programma che stabilisce i legami logici tra gli ingressi e le uscite viene scritto con uno strumento di sviluppo (*tool*) fornito dal costruttore del PLC. Un tool di sviluppo è un software che consente di programmare il controllore, attraverso dei linguaggi grafici o testuali, che viene installato su un comune computer. Completata la scrittura ed eseguito il test del programma, il tool si occupa anche di consentire il trasferimento di questo nella memoria del PLC. A questo punto il PLC funziona in maniera autonoma e il computer non è più necessario.

1.3 – Gli strumenti forniti a corredo di questo testo

Nel CD-ROM allegato il lettore troverà il software LogicLab4, uno strumento di sviluppo **completamente gratuito** per i controllori a logica programmabile prodotti dalla Elsist (www.elsist.biz), un'azienda italiana con esperienza pluriennale nel settore dell'automazione, con cui è possibile sviluppare e testare i programmi, **senza la necessità di disporre fisicamente del PLC**.
LogicLab è un software sviluppato e distribuito dal 2001 da Axel (www.axelsw.it), unico produttore italiano di un ambiente di sviluppo per PLC IEC 61131-3. LogicLab è un software particolarmente semplice da utilizzare che funziona sui sistemi operativi Windows XP, Windows Vista, Windows 7, Windows 8, Windows 10.

Nei prossimi capitoli esploreremo tutte le sue potenzialità facendo costantemente ricorso ad esempi pratici per la realizzazione di programmi, i quali sono forniti **già sviluppati** anche in formato elettronico nel CD-ROM allegato.

Per assimilare i concetti e le tecniche legate all'utilizzo del PLC è infatti indispensabile disporre di un tool di programmazione, un software preposto alle operazioni di sviluppo e di test dei programmi destinati a stabilire le modalità di funzionamento del controllore.
Questi software sono forniti dai produttori dei PLC che spesso richiedono per il loro utilizzo l'acquisto di una licenza d'uso. Inoltre, per verificare se il programma sviluppato tramite il tool funziona correttamente, è necessario testarlo su un dispositivo reale. Questi due aspetti costituiscono un ostacolo notevole per i professionisti, gli hobbisti, gli appassionati della materia e gli studenti, a volte alle prime armi, che non sono certo disposti a spendere a cuor leggero cifre spesso considerevoli per acquistare un PLC e la licenza d'uso del relativo sistema di programmazione. Gli strumenti forniti a corredo di questo testo consentono al lettore di sopperire a tale difficoltà. In ogni momento si potrà sviluppare un'applicazione,

con il tool, e testarne il corretto funzionamento, con il simulatore software integrato, anche senza disporre fisicamente del controllore.
Sicuramente anche i professionisti che si occupano di formazione professionale e i docenti delle scuole tecniche, troveranno molto interessante la possibilità di poter disporre di un così versatile strumento informatico di libero utilizzo per le loro attività didattiche. In seguito saranno presentati esempi di programmazione che richiedono per il loro sviluppo soltanto l'utilizzo del software e del simulatore. Solo se lo si desidera si potrà poi, in un secondo momento, acquistare il PLC e trasferire rapidamente i programmi sul dispositivo reale. Infine nel CD-ROM allegato il lettore troverà anche una vasta e interessante raccolta di documenti tecnici d'approfondimento in formato elettronico.

1.4 – Il tool di sviluppo LogicLab

LogicLab è un compilatore PLC conforme al documento IEC 61131-3 che detta le regole per la standardizzazione dei linguaggi di programmazione nell'automazione industriale.

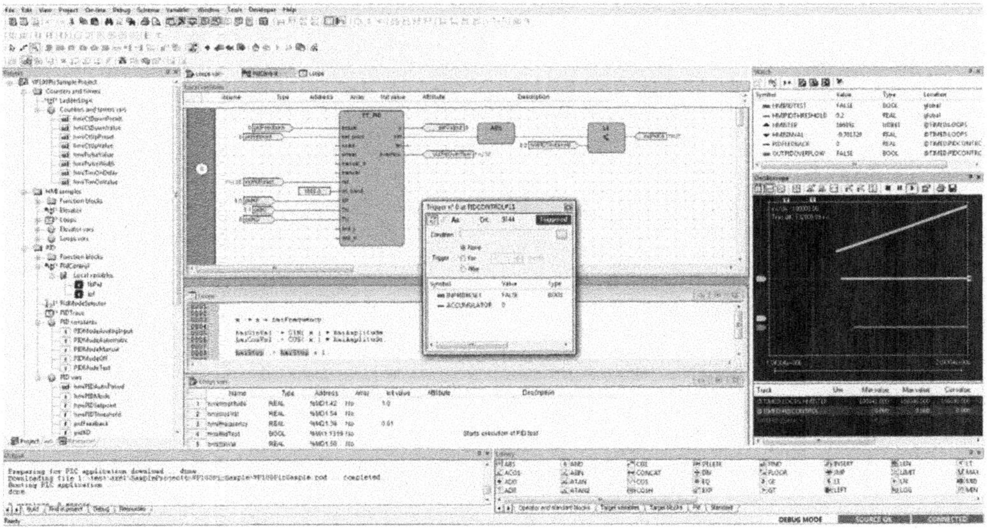

FIGURA 1.4: Finestra di programmazione principale del tool di sviluppo LogicLab

LogicLab integra il simulatore software SimuLab, un PLC virtuale che consente di testare rapidamente i programmi realizzati. In FIGURA 1.4 è visibile la finestra principale del software. La facilità e l'immediatezza d'uso degli *editor grafici e testuali*, le funzioni di *drag & drop*, le diverse *utility* integrate e i *debugger grafici e testuali* rendono LogicLab un ambiente di sviluppo particolarmente efficiente. L'utilizzo dello standard IEC 61131-3 comporta indubbi vantaggi, tra i quali, solo per citarne uno particolarmente gradito ai professionisti, la riusabilità dell'applicazione sviluppata, grazie alla facilità di migrazione da e verso differenti piattaforme hardware di diversi costruttori (Siemens, Omron, Schneider ecc.).

1.5 – Il PLC Elsist SlimLine Modulo CPU Compact Ethernet

Tutti gli esempi di programmazione presentati sono stati sviluppati con LogicLab4 e successivamente testati sia con il simulatore software, sia con un PLC Elsist della serie SlimLine Modulo CPU Compact Ethernet LLab (vers. Relé) che presenta un prezzo particolarmente contenuto. Il dispositivo, dotato di base di 6 ingressi digitali, 4 uscite digitali, 2 ingressi analogici e di web server integrato, consente la gestione dei moduli d'espansione degli ingressi e delle uscite e la connessione LAN Ethernet. Una peculiarità di tutti i PLC Elsist è che essi possono essere interfacciati con apparecchiature esterne e con software di controllo tramite Modbus, un protocollo di comunicazione seriale diventato di fatto, nel corso degli anni, uno standard nella comunicazione tra apparecchiature industriali, al punto da risultare attualmente il protocollo di connessione più diffuso fra i dispositivi elettronici industriali.

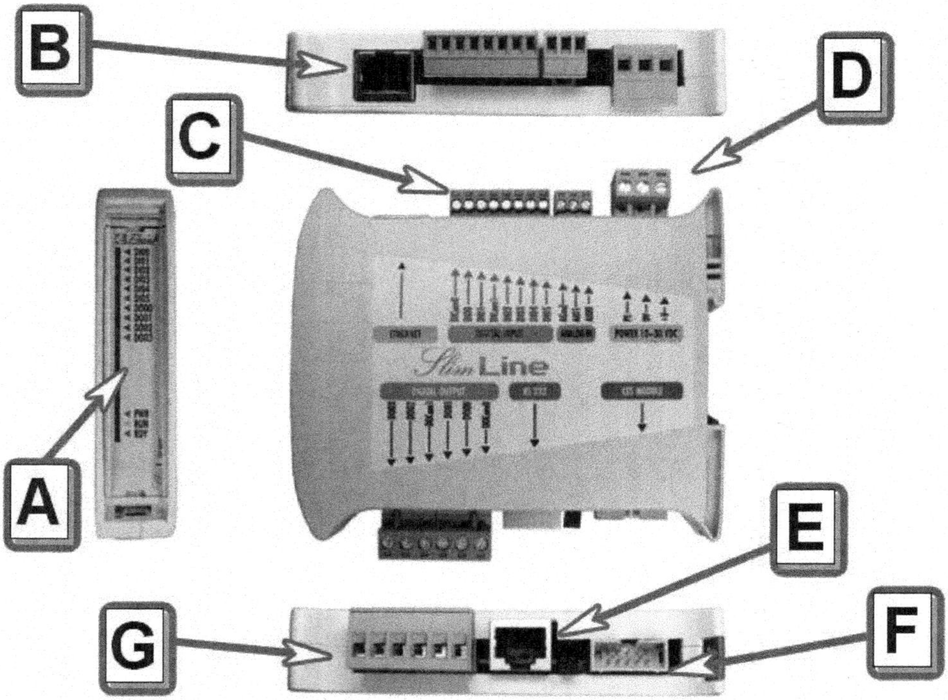

FIGURA 1.5: PLC SlimLine Elsist Modulo CPU Compact Ethernet LLab (vers. Relé cod. MPS053*110)

Con riferimento alla FIGURA 1.5, si possono individuare i connettori e gli indicatori dello stato di funzionamento del controllore come specificato di seguito.

- **A** Pannello frontale con led di segnalazione stato.
- **B** Porta Ethernet RJ45 10/100 base-T(x) Auto-MDIX.
- **C** Morsetti estraibili per collegamento ai dispositivi di campo dei 6 ingressi digitali e dei 2 ingressi analogici.
- **D** Morsetti estraibili per alimentazione modulo.

E Porta seriale RS232 – DTE su connettore RJ45.

F Connettore bus I^2C™ Fast Speed per collegamento moduli di espansione.

G Morsetti estraibili per collegamento ai dispositivi di campo delle 4 uscite digitali.

Nel capitolo seguente saranno esaminate nel dettaglio le caratteristiche tecniche di tale apparecchiatura.

1.6 – I moduli e le apparecchiature per il PLC SlimLine Elsist

Il PLC SlimLine può essere collegato – oltre ai moduli di espansione di ingresso e d'uscita di cui parleremo nel prossimo capitolo – a *pannelli operatori*, ad altri PLC, ad apparecchiature e sonde tramite le porte seriali, Ethernet e d'espansione di cui dispone.

TERMINALE OPERATORE PICOFACE

Si tratta di un *terminale operatore* (*HMI*) a basso costo espressamente progettato per l'abbinamento con le CPU Elsist (FIGURA 1.6).

FIGURA 1.6: Terminale operatore (HMI) Picoface Elsist

Esso consente l'interazione tra operatore e PLC tramite la visualizzazione di messaggi su display LCD retroilluminato a LED, dotato di due righe da 16 caratteri. Esso è inoltre dotato di una tastiera e di diverse porte di espansione I^2C, di porta seriale RS232/485, di porta 1-Wire, due input digitali isolati e due output digitali isolati.

TERMINALE TOUCH SCREEN

Tutti i PLC Elsist sono interfacciabili con *pannelli operatore* Weintek, dotati di display touch screen da 4,3", 7" e 10". Alcuni modelli sono dotati di *server VNC integrato* che permette di interagire con il terminale e con il PLC in qualsiasi momento e da qualsiasi luogo, attraverso l'ambiente di rete LAN o tramite Internet, collegandosi con PC, tablet o smartphone.

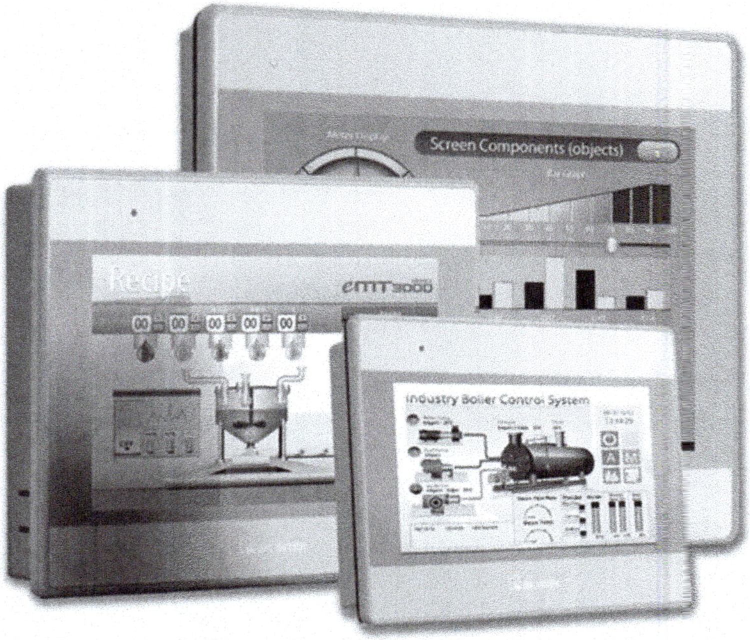

FIGURA 1.7: Pannelli operatore touch screen serie iE Weintek da 4,3", 7" e 10" distribuiti da Elsist

La serie di terminali touch screen Weintek è composta da dispositivi, alcuni dei quali vengono riportati in FIGURA 1.7, equipaggiati da moderni processori a 32 bit Cortex A8, dotati di display retroilluminati a LED in formato widescreen (16/9) a 16 milioni di colori e porta Ethernet integrata. Il tool di sviluppo dei progetti per HMI Weintek, consente l'emulazione su PC dell'applicazione realizzata. Questo permette di poter testare la funzionalità dei pannelli su un PC senza dover disporre fisicamente dell'apparecchio.

MODEM GSM/GPRS

Tutti i PLC Elsist PLC Elsist possono essere collegati ai *modem GSM/GPRS* utilizzati per la trasmissione dei dati. In FIGURA 1.8 è riportato uno dei dispositivi di comunicazione modem per reti wireless GSM/GPRS distribuiti da Elsist, il terminale Gemalto BGS2 Terminal. Si tratta di un modem ultracompatto che incorpora la più recente generazione dei moduli wireless 2G dotati di GSM baseband/GPRS Quad-Band, connettività TCP/IP basata su trasmissione dati GPRS in classe 10. Il consumo energetico dell'apparecchiatura è estremamente basso e il suo prezzo di vendita è particolarmente contenuto.

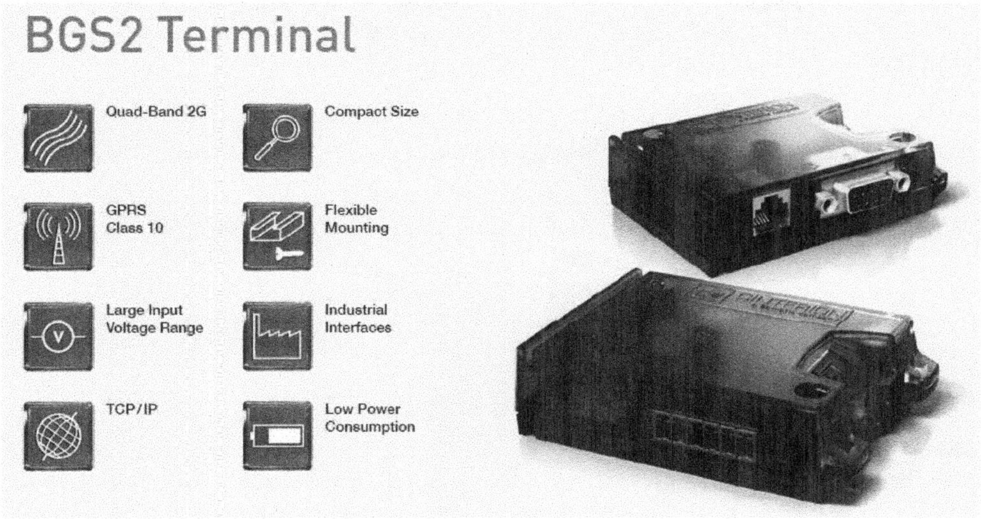

FIGURA 1.8: Modem GSM/GPRS Gemalto BGS2 Terminal

Le molteplici applicazioni industriali e domestiche del dispositivo vanno dalla misura di parametri fisici ed elettrici, alla sicurezza, al monitoraggio e al controllo remoto.

SIMULATORE DI INGRESSI E USCITE

Il dispositivo (FIGURA 1.9) permette la forzatura degli ingressi e delle uscite dei PLC Elsist, consentendo così un agevole test delle applicazioni realizzate.

FIGURA 1.9: Simulatore di ingressi e uscite Elsist

Esso è dotato di 16 interruttori a doppia posizione (una monostabile e una bistabile), 1 generatore di tensione 0-10 Vcc, 1 potenziometro da 1 kΩ e un encoder bidirezionale 16 impulsi/giro.

I PLC ELSIST PER LA FORMAZIONE PROFESSIONALE

Esiste in commercio un PLC appositamente sviluppato per la formazione professionale che impiega il Modulo SlimLine CPU Compact ARM7 della Elsist.

FIGURA 1.10: Il PLC SM-LINE prodotto dalla SAMAR che impiega i moduli SlimLine Elsist

Esso è prodotto da un'azienda italiana, la Samar (www.samar-instruments.it), con esperienza pluriennale nel settore delle apparecchiature tecniche destinate alla formazione professionale e alla didattica. Il PLC SM-LINE, visibile in FIGURA 1.10, è un PLC industriale a cui, per facilitare la connessione degli ingressi e delle uscite, sono abbinate morsettiere didattiche costituite da morsetti adatti per il cablaggio con normali cavetti da laboratorio. Viene distribuito in varie versioni e può essere dotato di moduli di espansione d'ingresso e d'uscita e di terminale operatore touch screen.

CAPITOLO 2

La programmazione del PLC

2.1 – Architettura di un PLC di tipo compatto

Un PLC *compatto* in versione *espandibile* presenta, in generale, caratteristiche tecniche idonee a consentire il suo impiego nella gestione di sistemi d'automazione di piccole o medie dimensioni, presentando un prezzo contenuto. Con riferimento alla FIGURA 2.1, tale dispositivo, semplificando la trattazione, è costituito nella sua forma essenziale da:

- un'unità centrale di processo (*CPU*);
- una sezione di memoria;
- una sezione d'ingresso;
- una sezione d'uscita;
- una porta di programmazione;
- una porta di espansione per il collegamento di moduli di ingresso e uscita;
- un alimentatore.

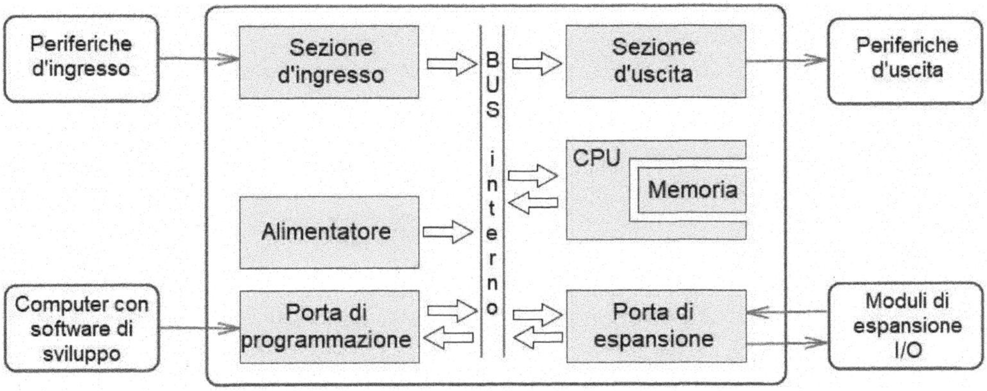

FIGURA 2.1: Architettura di un PLC di tipo compatto

Nella FIGURA 2.2 è visibile l'elettronica presente all'interno di un PLC SlimLine Elsist, Modulo CPU Compact Ethernet LLab (vers. Relé cod. MPS053*110). Le caratteristiche tecniche di tale apparecchiatura sono riportate nella cartella ***Documentazione tecnica*** del CD Rom allegato (file ***Mnl176b100.pdf***).

FIGURA 2.2: Scheda elettronica del PLC SlimLine Elsist Modulo CPU Compact Ethernet LLab - Relé

I costruttori producono anche apparecchiature modulari, adibite al controllo di impianti complessi e caratterizzate da un costo notevolmente più elevato rispetto ai PLC compatti. I PLC *modulari* sono composti da moduli funzionali assemblati in un telaio detto *rack*. Essi presentano una struttura modulare altamente flessibile e un elevato numero di ingressi e uscite, ma il loro funzionamento è del tutto analogo a quello dell'apparecchiatura compatta ed espandibile a cui si fa riferimento in questo testo.

UNITÀ CENTRALE DI PROCESSO (CPU)

Il PLC, così come tutti i dispositivi informatici, utilizza come base del suo funzionamento una modalità d'elaborazione dell'informazione basata sulla più piccola unità d'informazione digitale, il *bit*, che può assumere solo *due stati logici*.
La *CPU* presiede a tutte le operazioni svolte dal PLC. I circuiti elettronici che la compongono sono in grado di elaborare esclusivamente informazioni basate su due livelli di tensione differenti. Comunemente a tali livelli di tensione si associano i concetti logici di *0 – 1*, *Spento – Acceso (Off – On)*, *Falso – Vero (False – True)*, *Basso – Alto (Low – High)*. Quando la tensione è bassa la CPU associa il numero 0, quando la tensione è alta la CPU associa il numero 1.
Facendo un parallelo con il funzionamento di una lampadina possiamo associare a essa soltanto due stati: luce accesa e luce spenta. Se però utilizziamo due lampadine, avremo un'informazione composta da 2 bit, e gli stati rappresentabili diventano 4:

Lampadina 1	Lampadina 2
SPENTA	SPENTA
SPENTA	ACCESA
ACCESA	SPENTA
ACCESA	ACCESA

Se utilizziamo un gruppo di 8 bit (8 informazioni elementari) il numero di possibili stati rappresentabili (numero massimo di combinazioni diverse) diventa 256 (da 0 a 255). Tale gruppo di 8 bit prende il nome di *Byte*. Per esempio ogni carattere alfabetico, numero, segno di punteggiatura o carattere speciale che viene trasferito tramite la tastiera al computer, è associato a un Byte, che ne rappresenta l'equivalente in forma digitale da esso comprensibile, l'associazione viene effettuata rispettando una tabella nota come *codice ASCII*.

MEMORIE

Nella programmazione dei PLC si ha la necessità di memorizzare ed elaborare diversi tipi di dati corrispondenti a stati logici, caratteri, numeri interi e con virgola, come vedremo nel seguito. Un gruppo di 2 Byte è detto *Word*, tramite i 16 bit totali possono essere rappresentati numeri interi tra -32768 e +32767 o numeri interi senza segno da 0 a 65.365.
Un gruppo di 4 Byte è detto *Double Word*, tramite i 32 bit totali possono essere rappresentati numeri interi o numeri reali con la virgola.
Per elaborare le informazioni il PLC deve prima memorizzarle. La CPU, infatti, elabora i dati grazie a un programma che risiede nella memoria e che accede alle informazioni logiche contenute in essa. La capacità di memoria è il numero di Byte che il PLC può memorizzare. Le memorie sono costituite da dispositivi a semiconduttore con caratteristiche differenti (RAM, ROM, EEPROM ecc.) a seconda che siano adibite alla memorizzazione del programma, all'elaborazione delle informazioni o al funzionamento del sistema operativo di macchina.

LA SEZIONE D'INGRESSO

Al PLC giungono dei segnali d'ingresso provenienti dal campo. Si tratta di segnali elettrici, caratterizzati quindi da una variazione di tensione o di corrente, inviati dai sensori, dai selettori e dai pulsanti di comando.

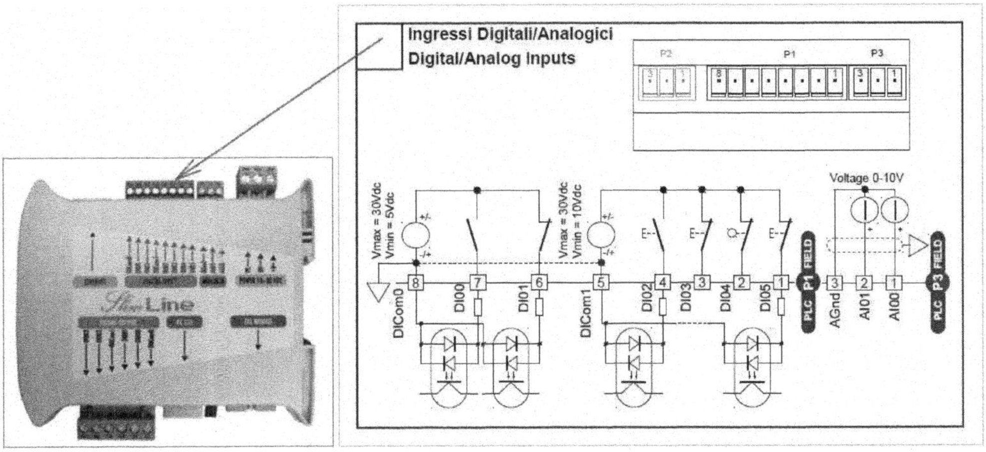

FIGURA 2.3: Collegamento dei segnali d'ingresso al PLC SlimLine CPU Compact Ethernet LLab

Nella FIGURA 2.3 sono riportati i collegamenti da eseguire per consentire al PLC di leggere correttamente tali segnali elettrici. Come vedremo in seguito i segnali possono essere di tipo *digitale* o *analogico*.

LA SEZIONE D'USCITA

Dal PLC partono dei segnali d'uscita diretti verso il campo. Si tratta, anche in questo caso, di segnali elettrici, caratterizzati quindi da una variazione di tensione o di corrente, inviati dai circuiti elettronici del controllore agli apparecchi elettrici, agli attuatori e ai motori disposti in campo. Nella FIGURA 2.4 sono riportati i collegamenti da eseguire per consentire al PLC di inviare correttamente tali segnali elettrici. In generale i segnali possono essere di tipo digitale o analogico, anche se l'apparecchiatura SlimLine Modulo CPU Compact Ethernet LLab Relé, a cui ci riferiamo in questo libro, gestisce soltanto uscite digitali.

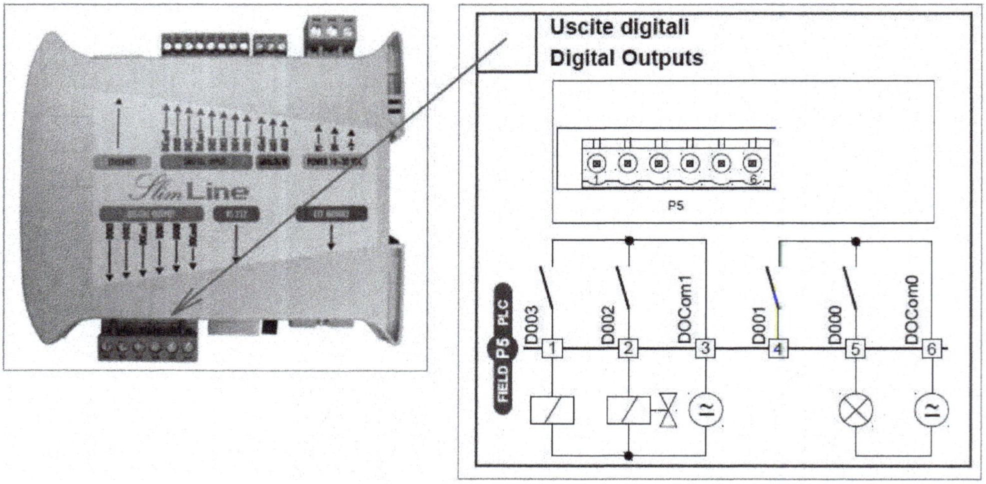

FIGURA 2.4: Collegamento dei segnali d'uscita al PLC SlimLine CPU Compact Ethernet LLab - Relè

PORTE DI PROGRAMMAZIONE E DI ESPANSIONE

Attraverso il collegamento con le porte d'espansione di cui è dotato il PLC è possibile ampliare il numero degli ingressi e delle uscite. I moduli sono collegabili ai PLC della famiglia SlimLine tramite il bus d'espansione I^2C™ High-Speed di sistema. In particolare, al PLC SlimLine Modulo CPU Compact Ethernet LLab Relé possono essere collegati un massimo di quattro moduli di espansione. Per la connessione di tali moduli occorre utilizzare gli appositi cavi di espansione *bus* precablati. Il PLC SlimLine dispone, a seconda dei modelli, di porte destinate alla programmazione del dispositivo e al collegamento di ulteriori moduli che dialogano tra di loro attraverso un *bus di espansione*, come visibile in FIGURA 2.5. Si possono avere quindi porte Ethernet 10/100 base-T(x) Auto-MDIX, porte seriali RS232 – DTE, porte USB, porte per bus di campo RS485 o CAN Bus. In particolare, il PLC SlimLine Modulo CPU Compact Ethernet LLab Relé dispone di una porta Ethernet su connettore RJ45 e di una porta seriale RS232C di tipo DTE su connettore RJ45. Attraverso queste porte è possibile stabilire una connessione tra il PC e il processore del sistema da programmare (*target device*), per eseguire il *download* e il *debug* delle applicazioni sviluppate.

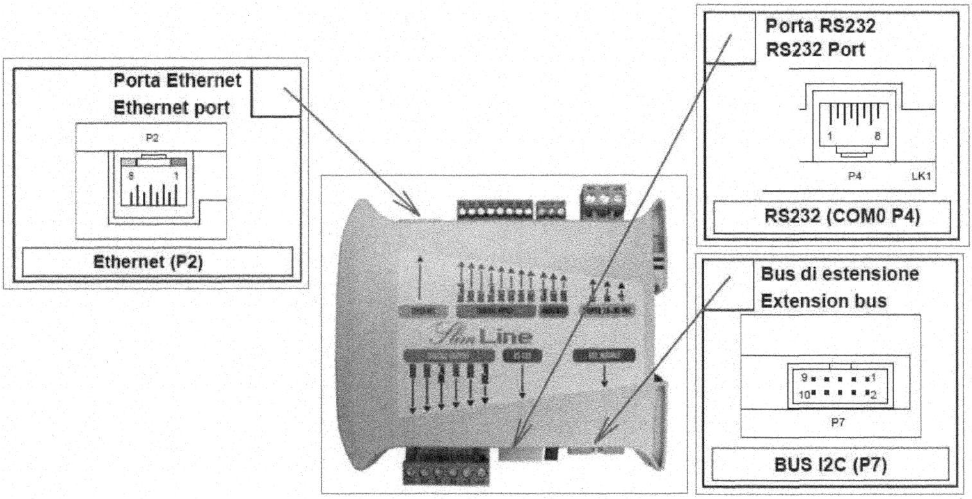

FIGURA 2.5: Porte di programmazione e d'espansione del PLC SlimLine CPU Compact Ethernet LLab

ALIMENTATORE

L'alimentatore è in grado di fornire tutte le tensioni continue necessarie al funzionamento dei circuiti elettronici a partire da una tensione di alimentazione variabile tra 10 e 30 Volt in corrente continua. La FIGURA 2.6 mostra come eseguire correttamente i collegamenti per alimentare il PLC.

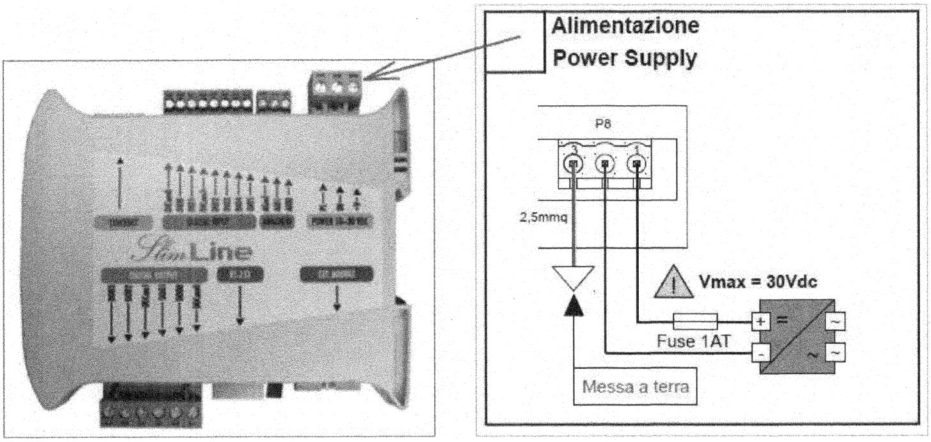

FIGURA 2.6: Collegamento alimentazione al PLC SlimLine CPU Compact Ethernet LLab

2.2 – Gli ingressi e le uscite in un PLC

Al PLC giungono dei segnali d'ingresso, ossia delle tensioni, provenienti dal campo

e da esso partono dei segnali di uscita verso il campo. I segnali possono essere digitali e analogici. Un segnale digitale assume solo due stati contrapposti definibili dalla più piccola unità d'informazione digitale, il bit, che come già visto può assumere solo due stati. Una lampadina elettrica accesa o spenta rappresenta perfettamente il concetto di segnale digitale, alla sua accensione corrisponde la presenza di tensione e al suo spegnimento la mancanza di essa. L'informazione, come si conviene a un segnale elettrico, è legata alla variazione di tensione.
Tutti i moduli della famiglia SlimLine hanno gli ingressi digitali *optoisolati* (ossia isolati elettricamente dal campo attraverso dispositivi elettronici realizzati accoppiando otticamente una coppia di *led* con un *fototransistor*) che accettano una tensione massima di 30 Vcc. La tensione minima d'eccitazione dell'ingresso è di 10 Vcc, la corrente tipica di eccitazione a 24 Vcc è di 7 mA.

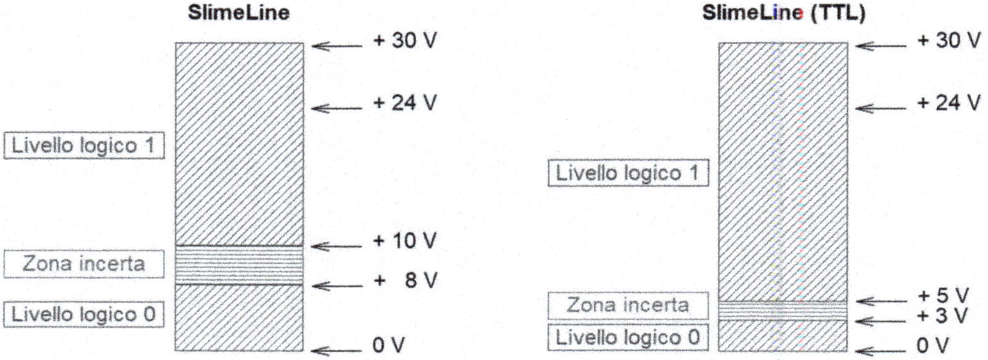

FIGURA 2.7: Definizione dei livelli di tensione per gli ingressi digitali dei PLC SlimLine Elsist

Questo comporta che applicando la tensione d'ingresso di 10 Vcc l'ingresso è da considerarsi sicuramente attivo, ma il valore a cui l'ingresso è da considerarsi non attivo – data la presenza degli optoisolatori – può, in alcuni casi, essere anche di un paio di volt inferiore al valore minimo definito. Su alcuni moduli sono presenti anche degli ingressi attivabili a 5 Vcc, per poter essere connessi a segnali TTL con livello di 5 Vcc. La definizione dei livelli di tensione per gli ingressi dei PLC SlimLine Elsist è mostrata in FIGURA 2.7, in cui sono evidenziate anche le zone in cui il segnale è indeterminato.

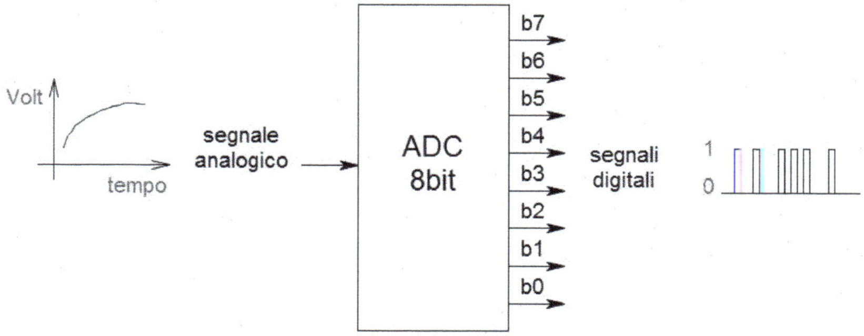

FIGURA 2.8: Convertitore analogico-digitale ADC (Analog to Digital Converter) a 8 bit

Nell'automazione di processi il PLC, tramite gli *ingressi analogici* di cui dispone, è chiamato ad analizzare anche segnali che variano con continuità. I *segnali analogici* sono legati a variazioni di grandezze fisiche misurabili (temperatura, pressione, velocità, portata ecc.) che vengono trasformate in variazioni di grandezze elettriche tramite *trasduttori* (termocoppie, pressostati, dinamo tachimetriche, flussostati ecc.). Affinché il controllore possa elaborare tali segnali analogici occorre un dispositivo che converta le grandezze elettriche variabili con continuità in informazioni digitali. Tale dispositivo, illustrato nella FIGURA 2.8, prende il nome di *convertitore analogico-digitale* – noto con l'acronimo *ADC* (*Analog to Digital Converter*) – e può essere integrato sia sulla scheda del modulo CPU sia su quella dei moduli d'espansione.

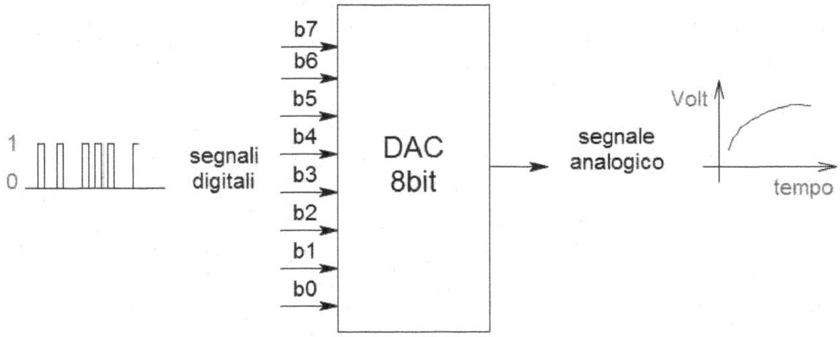

FIGURA 2.9: Convertitore digitale-analogico DAC (Digital to Analog Converter) a 8 bit

Inoltre il PLC spesso deve comandare, tramite le *uscite analogiche* di cui dispone, dispositivi elettronici di potenza non più attraverso dei segnali di tipo ON/OFF, ma attraverso una modulazione continua dei valori delle sue uscite (variatori di velocità, valvole proporzionali, variatori di luminosità, riscaldatori, ventilatori ecc.). Affinché il controllore possa fornire agli attuatori di campo tali *segnali analogici* occorre un dispositivo che converta le informazioni digitali elaborate dalla CPU in grandezze elettriche variabili con continuità. Tale dispositivo, illustrato nella FIGURA 2.9, prende il nome di *convertitore digitale-analogico* – noto con l'acronimo *DAC* (*Digital to Analog Converter*) – e può essere integrato sulla scheda del modulo CPU e su quella dei moduli di espansione.

Le grandezze elettriche maggiormente utilizzate variano in maniera continua entro due valori limite, in genere da 0 a 10 V per segnali in tensione continua e da 4 a 20 mA per segnali in corrente continua.

La precisione di conversione degli ADC e dei DAC dipende dal numero di bit. Per esempio, supponiamo di disporre di un ADC a 4 bit, a cui è possibile associare 2^4=16 combinazioni (ossia un massimo di 16 segnali digitali differenti) e un ADC a 8 bit, a cui è possibile associare 2^8=256 combinazioni (ossia un massimo di 256 segnali digitali differenti). Considerando un intervallo di variazione compreso tra 0 e 10 Vcc, il livello minimo di tensione che può essere letto dai due convertitori è pari a:

- 10:16 = 0,625 V, per il convertitore a 4 bit;
- 10:256 = 0,039 V, per il convertitore a 8 bit.

Tali valori corrispondono alla risoluzione dei due convertitori. La precisione di lettura dipende ovviamente dalla risoluzione. Per esempio una tensione di 4 V sarà trasmessa alla CPU, a seconda dell'approssimazione operata, come:

- (0,0625x6) = 3,750 V o (0,0625x7) = 4,375 V, per il convertitore a 4 bit;
- (0,039x102) = 3,978 V o (0,039x103) = 4,017 V, per il convertitore a 8 bit.

In particolare, il PLC SlimLine Modulo CPU Compact Ethernet LLab Relé che stiamo analizzando, dispone di due ingressi analogici 0-10Vdc a 10 bit. Esso non dispone di uscite analogiche che però possono essere aggiunte tramite i moduli di espansione.

2.3 – Moduli di espansione degli ingressi e delle uscite

Il PLC SlimLine Modulo CPU Compact Ethernet LLab Relé può essere collegato ad appositi moduli per espandere il numero degli ingressi e delle uscite. Nella FIGURA 2.10 è riportato il modulo d'espansione 20 I/O mixed signal della famiglia SlimLine che permette l'acquisizione di 20 I/O digitali e 6 I/O analogici attraverso il bus I²C™ High-Speed di sistema da parte della CPU. Il dispositivo è dotato di 12 ingressi digitali optoisolati, 8 uscite logiche a relè, 4 ingressi analogici a 16 bit; 2 uscite analogiche 0-10V (la prima realizzata tramite DAC a 12 bit, la seconda, realizzata con tecnica PWM, con risoluzione a 16 bit) e di una porta RS232. Gli stati degli I/O digitali sono visualizzati attraverso led.

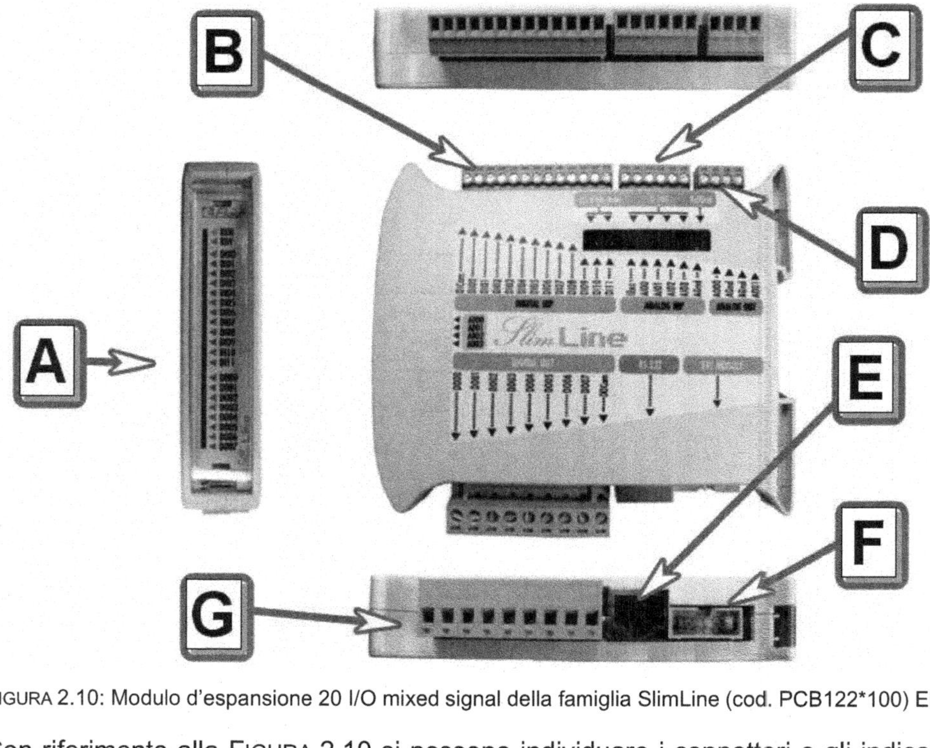

FIGURA 2.10: Modulo d'espansione 20 I/O mixed signal della famiglia SlimLine (cod. PCB122*100) Elsist

Con riferimento alla FIGURA 2.10 si possono individuare i connettori e gli indicatori dello stato di funzionamento del modulo d'espansione come specificato di seguito.

A Stato degli I/O del modulo. All'interno del modulo, accessibile con la rimozione del frontalino anteriore, è presente il selettore di settaggio dell'indirizzo.

B Morsetti estraibili per collegamento ai dispositivi di campo dei 12 ingressi digitali.

C Morsetti estraibili per collegamento ai dispositivi di campo dei 4 ingressi analogici.

D Morsetti estraibili per collegamento ai dispositivi di campo delle 2 uscite analogiche.

E Porta seriale RS232.

F Connettore bus per il collegamento tramite cavo di espansione al Modulo CPU.

G Morsetti estraibili per collegamento ai dispositivi di campo delle 8 uscite digitali.

Le caratteristiche tecniche di tale apparecchiatura sono riportate nella cartella ***Documentazione tecnica*** del CD Rom allegato (file ***Mnl150d100.pdf***).

2.4 – Ciclo di scansione e accesso alla memoria nei PLC Elsist

Nei PLC SlimLine Elsist la gestione degli ingressi e delle uscite è effettuata, grazie all'*immagine di processo*, automaticamente dal sistema operativo che provvede a trasferire gli stati degli *ingressi logici*, presenti nell'*immagine degli ingressi*, nella *memoria di sistema* e a trasferire i valori delle uscite, presenti nell'*immagine delle uscite,* dalla *memoria di sistema* alle *uscite logiche*.

Il funzionamento del controllore è caratterizzato dalla capacità di eseguire la scansione ciclica del programma: il PLC esegue le funzioni per cui è stato programmato in modo sequenziale e ripetitivo. Il tempo necessario per eseguire un *ciclo di scansione*, ossia un ciclo del programma, è detto *tempo di scansione*.
SlimLine esegue la lettura degli ingressi logici all'inizio di ogni ciclo di esecuzione del programma. Tali dati sono memorizzati in un'area di memoria, creando l'immagine di processo degli ingressi logici. Queste informazioni sono trasmesse alla CPU che le elabora in base alle istruzioni fornite in precedenza dallo sviluppatore tramite il programma.

Tali dati sono memorizzati in un'area di memoria, creando l'immagine di processo delle uscite logiche. SlimLine esegue la scrittura delle uscite logiche alla fine di ogni ciclo di esecuzione del programma. Tale tipologia di scansione, rappresentata in FIGURA 2.11, è detta *scansione sincrona degli ingressi e delle uscite.*

Le informazioni non vengono scritte nella memoria in modo casuale, ma seguendo delle regole rigorose che stabiliscono dei legami logici tra ingressi, uscite e indirizzi di memoria. Non preoccupatevi se quanto segue non vi apparirà subito del tutto chiaro, nel capitolo seguente vedremo che l'assegnazione è effettuata tramite il software di sviluppo LogicLab4 in maniera estremamente semplice.
Le unità d'ingresso sono interrogate dal programma attraverso gli *indirizzi assoluti*

d'ingresso (indicati da ***%I***). Le unità d'uscita vengono indirizzate dagli *indirizzi assoluti di uscita* (indicati da ***%Q***). Testando lo stato dell'immagine di memoria degli ingressi logici si testa lo stato del relativo punto d'ingresso. Scrivendo lo stato nell'immagine di memoria delle uscite logiche si setta lo stato del relativo punto di uscita.

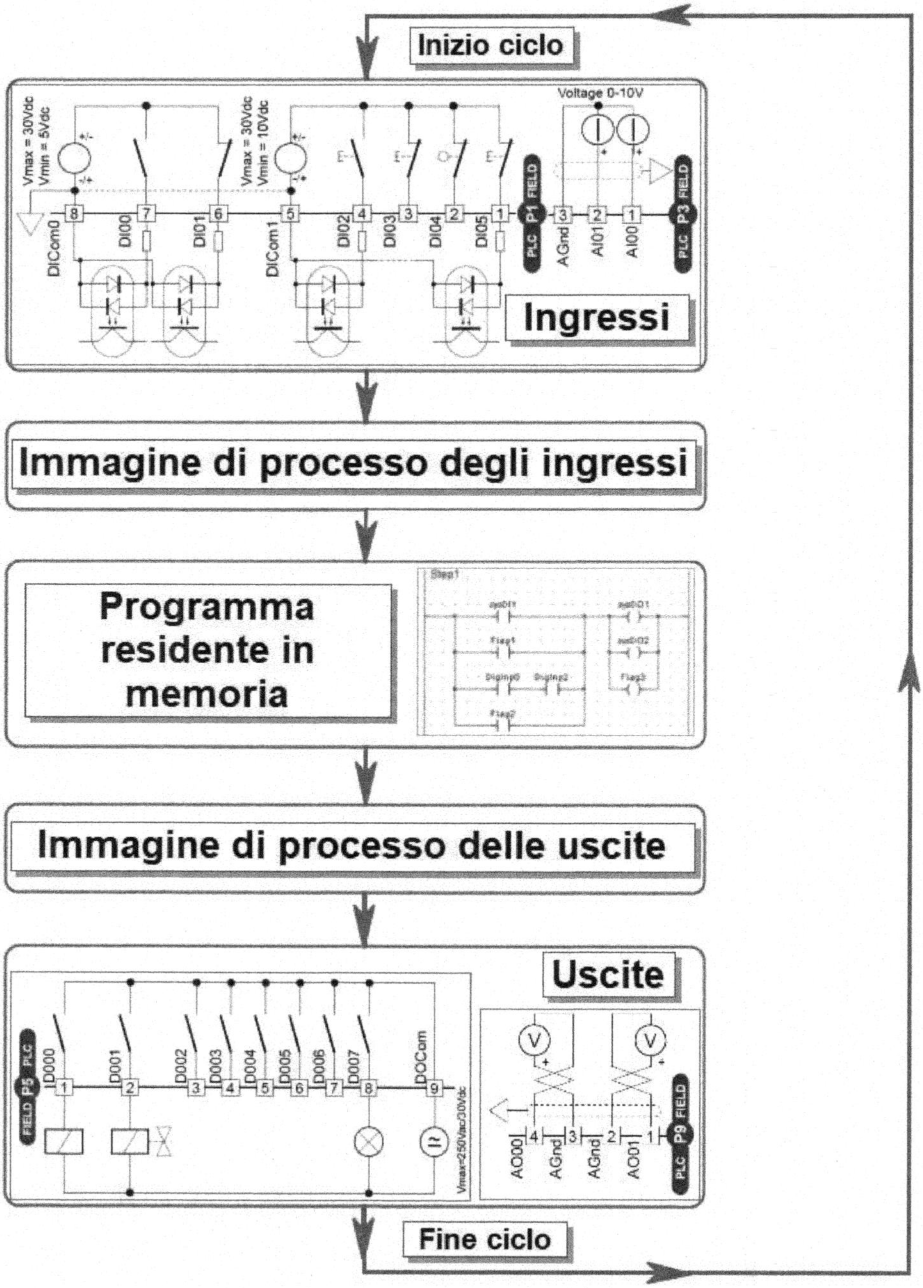

FIGURA 2.11: Elaborazione ciclica del programma nei PLC SlimLine Esist

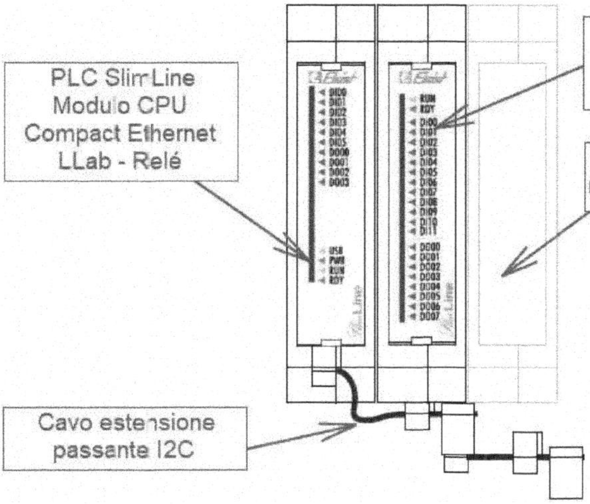

FIGURA 2 12: Modulo CPU e modulo d'espansione I/O settato con indirizzo 0

Vediamo degli esempi riferiti al sistema costituito da un modulo CPU compatto e da un modulo d'espansione degli ingressi e delle uscite illustrato in FIGURA 2.12.

- L'indirizzo di memoria ***%IX255.0*** corrisponde all'ingresso 0 del modulo CPU; l'indirizzo ***%IX255.5*** corrisponde all'ingresso 5 del modulo CPU.
- L'indirizzo di memoria ***%QX255.0*** corrisponde all'uscita 0 del modulo CPU; l'indirizzo ***%QX255.3*** corrisponde all'uscita 3 del modulo CPU.
- L'indirizzo di memoria ***%IX0.0*** corrisponde all'ingresso 0 del modulo di espansione ingressi e uscite 0; l'indirizzo ***%IX0.5*** corrisponde all'ingresso 5 del modulo di espansione ingressi e uscite 0. Ovviamente il modulo è stato settato con indirizzo 0, predisposto cioè per essere usato come primo modulo di espansione della CPU.
- L'indirizzo di memoria ***%QX0.1*** corrisponde all'uscita 1 del modulo di espansione ingressi e uscite 0; l'indirizzo ***%QX0.5*** corrisponde all'uscita 5 del modulo di espansione ingressi e uscite 0. Ovviamente il modulo è stato settato con indirizzo 0, predisposto cioè per essere usato come primo modulo di espansione della CPU.

Nella moderna programmazione non si utilizzano gli *indirizzi assoluti*, ma le *variabili*. Una variabile è costituita da:

- un identificatore, cioè un nome descrittivo – costituito da un insieme di caratteri, simboli e numeri – che rappresenta l'indirizzo di memoria;
- un valore, cioè il contenuto della cella di memoria associata;
- il tipo di variabile, che indica alla CPU quanto spazio della memoria deve essere riservato alla memorizzazione della variabile.

Tramite il sistema di sviluppo vengono quindi definite le variabili PLC *globali*, ossia nomi descrittivi, meglio se corredati di commento, associati agli ingressi e alle uscite che vengono utilizzati nel programma.

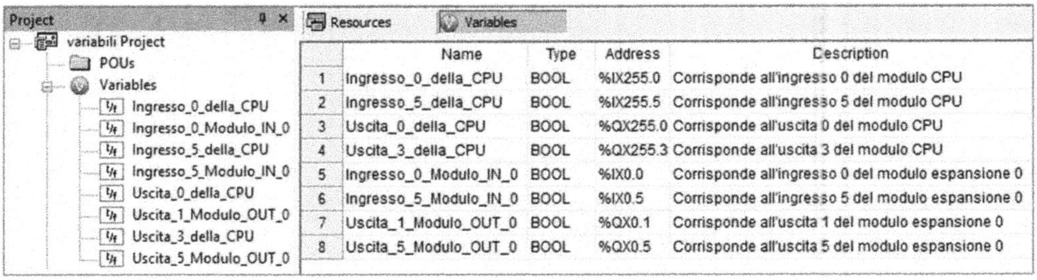

FIGURA 2.13: Finestre di LogicLab con la tabella di definizione delle variabili globali

Queste variabili possono essere in ogni momento visualizzate e consultate. La FIGURA 2.13 riporta la schermata relativa alla tabella di definizione delle *variabili globali* indicate negli esempi sopra riportati. Si noti che sono state definite delle variabili *booleane* (**BOOL**), caratterizzate dal poter assumere solo i valori FALSE e TRUE, in grado perciò di implementare operazioni in logica binaria.

2.5 – Un primo esempio di programmazione

L'organismo internazionale *IEC* (*Internation Electrotechnical Commission*) ha definito uno standard per la programmazione dei PLC tramite il documento, denominato IEC 61131. I PLC Elsist serie SlimLine devono essere programmati conformemente alle specifiche dei linguaggi di programmazione fissate nella parte terza del documento (IEC 61131-3), che definisce cinque linguaggi di programmazione PLC, di cui tre grafici:

- *LD* *Ladder Diagram (diagramma a contatti);*
- *FBD* *Function Block Diagram (diagramma a blocchi funzione);*
- *SFC* *Sequential Function Chart* (*Diagramma funzionale sequenziale*);

e due testuali:

- *IL* *Instruction List (lista istruzioni);*
- *ST* *Structured Text* (*testo strutturato*).

PROGRAMMA IN LINGUAGGIO GRAFICO LD

Il linguaggio di programmazione grafico usato in questo testo è il Ladder Diagram - LD (diagramma a contatti). Esso deve il suo nome al fatto di rammentare una scala a pioli (*ladder* in inglese).

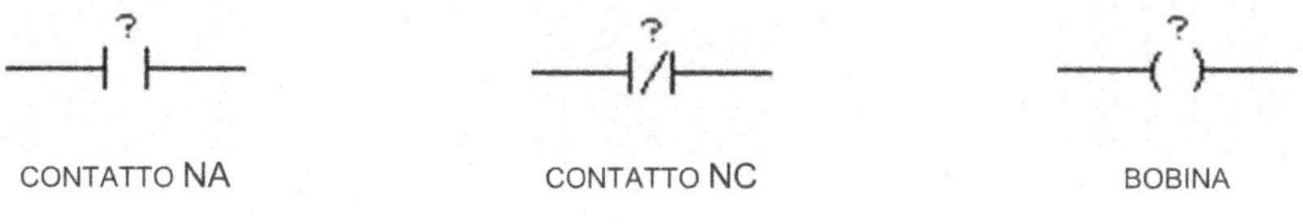

FIGURA 2.14: I simboli di contatto NA, contatto NC e bobina usati nei Ladder Diagram

Viene usualmente conosciuto anche come *schema a contatti*, *schema ladder*,

diagramma ladder, linguaggio ladder o *linguaggio KOP*. La logica di programmazione viene implementata attraverso una serie limitata di simboli grafici che richiamano i concetti tipici dell'impiantistica elettromeccanica.
Nella FIGURA 2.14 sono riportati alcuni simboli di uno schema a contatti, tramite i quali è possibile scrivere un primo programma: il *contatto NA* (*Normalmente Aperto*), il *contatto NC* (*Normalmente Chiuso*) e la *bobina*. Il punto interrogativo indica che al simbolo non è stata ancora associata una variabile.
Nei circuiti elettrici l'informazione binaria è caratterizzata dal flusso della corrente, la presenza di corrente equivale a 1 e la sua assenza a 0. Analogamente il meccanismo intuitivo che sta alla base del linguaggio LD è quello di rappresentare graficamente un flusso virtuale di corrente elettrica, corrispondente a un flusso di *informazione*, regolato da contatti e bobine, in modo da implementare una logica *booleana*: passaggio di corrente (*informazione*) = TRUE, assenza di corrente (*informazione*) = FALSE.

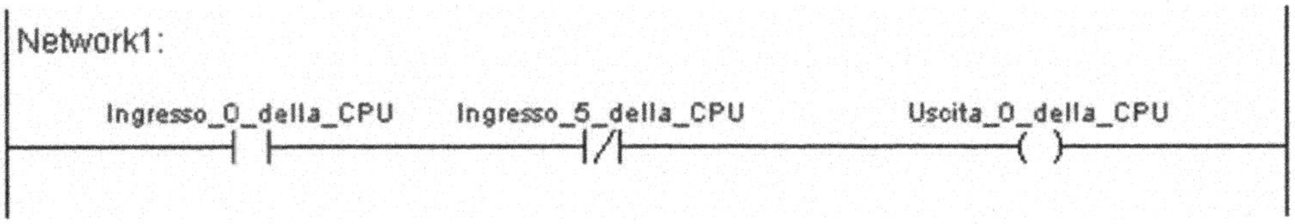

FIGURA 2.15: Esempio di riga di istruzione con un contatto NA, un contatto NC e una bobina

Una riga di programma viene scritta ponendo i simboli tra due barre verticali, in modo da costituire un "segmento" a cui viene dato il nome di *Network* (sono usati anche i termini *Rete*, *Riga* e *Rung*). Il programma esegue un network alla volta, procedendo dalla barra sinistra a quella destra e dal network posto più in alto a quello posto più in basso, a meno che non siano presenti istruzioni di salto o di termine forzato dell'esecuzione. Quando la CPU raggiunge la fine dei network si riparte dall'inizio.
Per comprendere la logica del linguaggio LD si analizzi la riga d'istruzione, implementata nel Network1, della FIGURA 2.15, in cui ai simboli dello schema a contatti sono state associate alcune delle variabili della tabella riportata in FIGURA 2.13 come segue:

- al contatto NA è stata associata la variabile *Ingresso_0_della_CPU* (a cui è stato assegnato l'indirizzo di memoria ***%IX255.0*** che corrisponde all'ingresso 0 del modulo CPU);
- al contatto NC è stata associata la variabile *Ingresso_5_della_CPU* (a cui è stato assegnato l'indirizzo di memoria ***%IX255.5*** che corrisponde all'ingresso 5 del modulo CPU);
- alla bobina è stata associata la variabile *Uscita_0_della_CPU* (a cui è stato assegnato l'indirizzo di memoria ***%QX255.0*** che corrisponde all'uscita 0 del modulo CPU).

Si può osservare che:

- la corrente virtuale (l'informazione) "attraversa" il primo contatto (NA) solo se il valore della variabile *Ingresso_0_della_CPU* è TRUE, ossia se sui morsetti dell'ingresso 0 della CPU è presente una tensione tra 10 e 30 V (la variabile, in assenza di tale tensione sui morsetti dell'ingresso 0 della CPU, assume il valore FALSE);

- la corrente virtuale (l'informazione) "attraversa" il secondo contatto (NC) solo se il valore della variabile *Ingresso_5_della_CPU* è TRUE, ossia se sui morsetti dell'ingresso 5 della CPU non è stata applicata una tensione (la variabile, in presenza di tale tensione sui morsetti dell'ingresso 5 della CPU, assume il valore FALSE);
- la corrente virtuale (l'informazione) può pertanto attivare la bobina e di conseguenza l'uscita 0 della CPU, facendo inoltre assumere alla variabile *Uscita_0_della_CPU* il valore TRUE, solo se sui morsetti dell'ingresso 0 della CPU è presente una tensione tra 10 e 30 V e sui morsetti dell'ingresso 5 della CPU non è applicata alcuna tensione.

La prassi comune quando si presentano i programmi in LD è quella di considerare questo linguaggio di programmazione come un'estensione dei tradizionali circuiti in logica cablata. Questa consuetudine ha una sua motivazione storica dovuta al fatto che, inizialmente, il PLC andava a sostituire i tradizionali circuiti in logica cablata realizzati con componenti elettromeccanici. Ovviamente non è assolutamente necessario apprendere prima la tecnica della logica cablata per poi programmare il PLC in linguaggio LD.
Consideriamo un semplice circuito elettromeccanico, un classico circuito per l'avvio e lo stop di un motore, realizzato tramite un *contattore* (o *teleruttore*), ossia un dispositivo elettromeccanico in grado di aprire e chiudere dei contatti elettrici, grazie all'azione meccanica esercitata da un elettromagnete, in seguito all'applicazione di una tensione elettrica di comando a una bobina elettrica. In FIGURA 2.16 è visibile lo schema elettrico di un contattore in cui sono distinguibili:

- i *contatti principali*, destinati ad aprire il circuito elettrico su cui è inserito il carico, essi sono in genere normalmente aperti (NA);
- i *contatti ausiliari*, che possono essere normalmente aperti (NA) o normalmente chiusi (NC), destinati a comandare i circuiti di *autoritenuta*, *segnalazione*, *allarme* ecc;
- i morsetti per l'alimentazione della bobina di eccitazione.

Quando la bobina K viene eccitata, a seguito dell'applicazione di una tensione elettrica ai morsetti A1 e A2, il contattore si porta, dalla posizione iniziale di riposo, alla posizione di lavoro, facendo cambiare stato a tutti i suoi contatti.

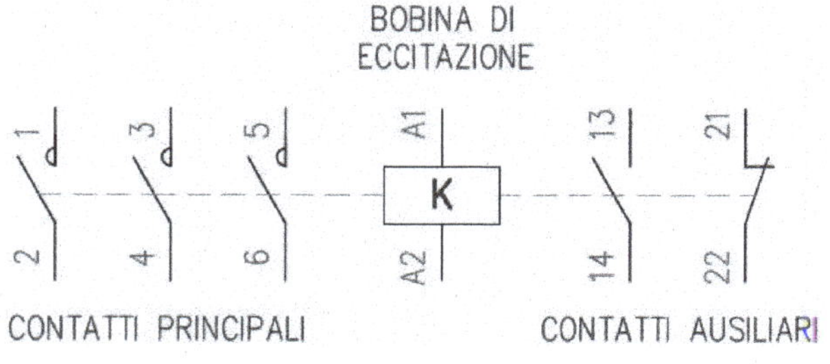

FIGURA 2.16: Schema elettrico di un contattore

In FIGURA 2.17 è riportato lo schema elettrico, relativo alla sola sezione di comando, per l'avvio e lo stop di un motore. Un circuito di questo tipo, pur nella sua semplicità, realizza una fondamentale caratteristica di sicurezza intrinseca – condizione non ottenibile utilizzando semplicemente un interruttore – garantendo in caso di mancanza di tensione il fermo del motore e impedendone al contempo la ripartenza indesiderata al ritorno dell'alimentazione.

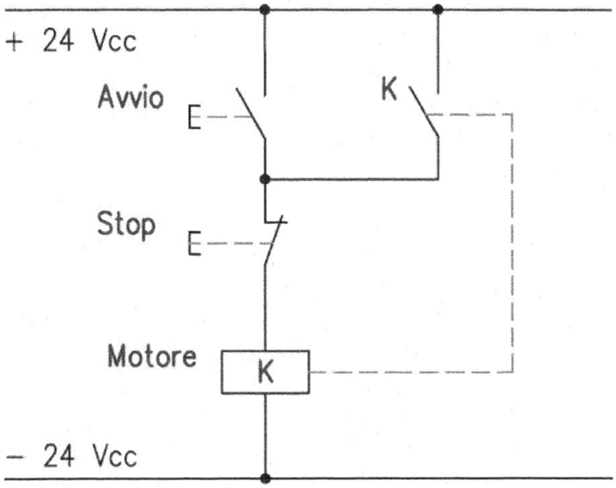

FIGURA 2.17: Schema elettrico del circuito di comando della bobina di un contattore

Il contattore infatti si porta in posizione di lavoro quando, in seguito alla pressione del pulsante *Avvio*, la bobina viene eccitata. Essa rimane alimentata anche dopo il rilascio del pulsante *Avvio*, grazie al contatto ausiliario normalmente aperto del contattore (posto in parallelo al pulsante) che, chiudendo i suoi contatti a seguito dell'eccitazione della bobina, realizza la funzione di *autoritenuta*. Il contattore può tornare nella sua posizione di riposo solo se si toglie la tensione di alimentazione alla bobina, premendo il pulsante normalmente chiuso *Stop* in modo da aprire il circuito elettrico.
Per implementare un programma in linguaggio LD che svolga le medesime funzioni del circuito di FIGURA 2.16 occorreranno tre variabili booleane: le prime due associate allo stato dei due pulsanti *Avvio* e *Stop*, che rappresentano gli ingressi del PLC, e la terza legata allo stato assunto della bobina *K*, indicata con *Motore*, che rappresenta l'uscita del PLC.

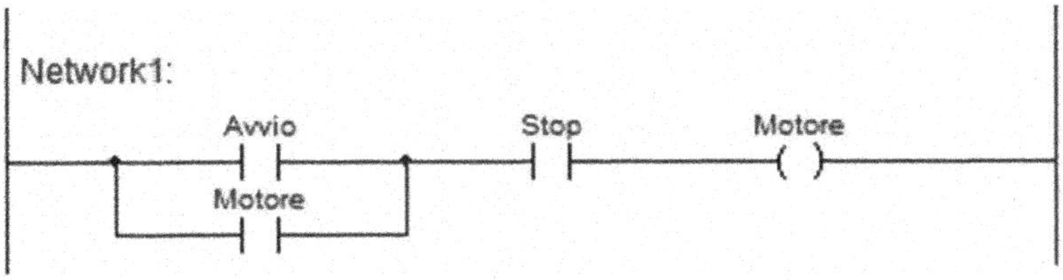

FIGURA 2.18: Programma in linguaggio LD per l'avvio e lo stop di un motore

Nella FIGURA 2.18 è visibile la riga di istruzione che realizza il programma, mentre nella FIGURA 2.19 sono illustrati i collegamenti con il PLC dei pulsanti *Avvio* e *Stop* (sulla morsettiera degli ingressi) e della bobina per l'alimentazione del contattore del motore (sulla morsettiera delle uscite).

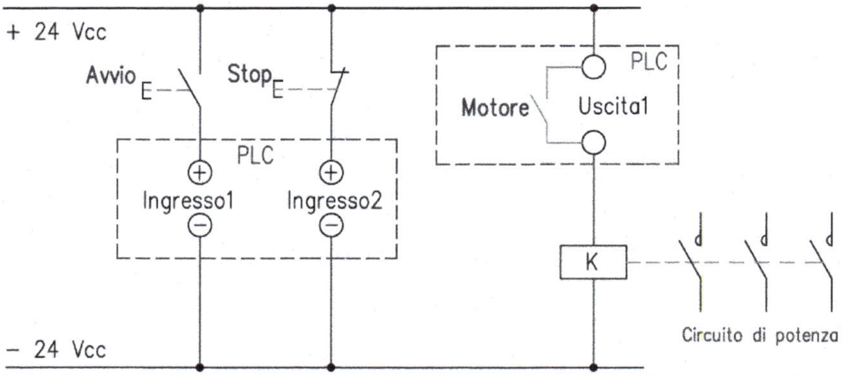

FIGURA 2.19: Collegamento al PLC dei pulsanti *Avvio* e *Stop* e della bobina *K* del contattore del motore

Si può osservare che:

- la corrente virtuale (l'informazione) "attraversa" il contatto NA *Avvio* solo se il valore della variabile *Avvio* è TRUE, ossia se sui morsetti dell'*Ingresso1* della CPU, associato alla variabile, è presente una tensione tra 10 e 30 V (questa condizione corrisponde alla pressione del pulsante *Avvio* e provoca la partenza del motore);
- la corrente virtuale (l'informazione) "attraversa" il contatto NA *Motore* solo se il valore della variabile *Motore* è TRUE, ossia se la corrente virtuale (l'*informazione*) ha attivato la bobina *Motore* e, di conseguenza, l'*Uscita1* della CPU (questa condizione si origina con la pressione del pulsante *Avvio* e si mantiene anche al rilascio di esso, consentendo l'autoritenuta della bobina);
- la corrente virtuale (l'informazione) non "attraversa" il contatto NA *Stop* solo se il valore della variabile *Stop* è FALSE, ossia se sui morsetti dell'*Ingresso2* della CPU, associato alla variabile, non è più presente una tensione tra 10 e 30 V (questa condizione si origina con la pressione del pulsante *Stop* e provoca l'arresto del motore).

PROGRAMMA IN LINGUAGGIO TESTUALE ST

Nelle moderne tecniche di programmazione dei PLC sempre più frequentemente viene utilizzato il linguaggio testuale Structured Text - ST (testo strutturato).
Se avete una anche minima conoscenza di un qualsiasi linguaggio di programmazione (per esempio il Basic, il Pascal o il linguaggio C/C++ dell'IDE di Arduino) non incontrerete particolari difficoltà nell'affrontare la programmazione con il linguaggio ST della norma IEC61131-3, in quanto esso presenta molte delle regole sintattiche del C e del Pascal. In caso contrario non preoccupatevi: in questo libro, per non appesantire la trattazione, parleremo delle modalità di utilizzo del linguaggio ST direttamente durante lo sviluppo delle applicazioni pratiche. Comunque, la trattazione rigorosa delle caratteristiche del linguaggio è disponibile nell'APPENDICE del testo.

Osservando la riga di istruzioni in LD della FIGURA 2.18, si può osservare che lo stato in cui si trova l'*Uscita1* della CPU di FIGURA 2.19 è determinato completamente dalla seguente condizione:

SE

la variabile *Avvio* è TRUE **OPPURE** la variabile *Motore* è TRUE
E INOLTRE la variabile *Stop* è TRUE

ALLORA

la variabile *Motore* deve assumere il valore TRUE ;

ALTRIMENTI

la variabile *Motore* deve assumere il valore FALSE ;

FINE ;

In altre parole più tecniche possiamo dire che:

- due contatti in parallelo corrispondono a una operazione logica **OR**, il cui risultato vale TRUE se almeno uno degli operatori assume il valore TRUE;
- due contatti in parallelo corrispondono a una operazione logica **AND**, il cui risultato vale TRUE solo se tutti gli operatori assumono il valore TRUE;
- esiste una differenza logica tra l'operazione di *confronto* del valore che presenta una variabile in un dato istante e l'operazione di *assegnazione* di un determinato valore a una variabile.

Utilizzando le regole sintattiche del linguaggio ST la condizione riportata sopra diventa:

```
IF ( (Avvio=TRUE OR Motore=TRUE) AND (Stop=TRUE) ) THEN
        Motore:= TRUE;
ELSE
        Motore:= FALSE;
END_IF;
```

Nella prima riga, racchiusa tra le parentesi esterne, si trova l'espressione booleana associata all'istruzione di selezione **IF**, composta da due espressioni con gli operatori logici **OR** e **AND**. Trattandosi di variabili booleane tale condizione può essere espressa più sinteticamente come:

```
IF ( (Avvio OR Motore) AND (Stop) ) THEN
```

Si osservi che nel linguaggio ST:

- l'operazione *confronto* di uguaglianza è espressa tramite il simbolo " = ";
- l'operazione di *assegnazione* di un valore è espressa tramite il simbolo " := ";
- tutte le istruzioni del linguaggio ST terminano con il simbolo " ; ".

Nel capitolo seguente questi due esempi di programmazione verranno implementati con il software LogicLab4.

CAPITOLO 3

La programmazione dei PLC Elsist con LogicLab4

3.1 – Cos'è LogicLab4

LogicLab è un ambiente integrato per lo sviluppo di applicazioni PLC conformi allo standard IEC 61131-3 di cui supporta tutti e cinque i linguaggi.
Il tool è stato sviluppato da Axel (www.axelsw.it), un'azienda italiana con pluriennale esperienza nella produzione di software per automazione industriale, e personalizzato, con il nome LogicLab4, per l'utilizzo sui controllori programmabili delle serie SlimLine e Netlog III della Elsist (www.elsist.biz). LogicLab4 è fornito dalla Elsist agli utenti a corredo dei PLC di sua produzione, per consentirne la programmazione.

FIGURA 3.1: Schermata di avvio di LogicLab4

La licenza d'uso di LogicLab4 è completamente gratuita, il pacchetto d'installazione *Suite IEC61131-3 Ver. 2.5.0* (*LogicLab Ver. 4.4.0.16*) può essere installato su un PC e utilizzato liberamente e illimitatamente. LogicLab4 è un ambiente di sviluppo efficiente e particolarmente gradevole da usare. Nei prossimi paragrafi ci soffermeremo a lungo sul suo utilizzo.

3.2 – Come procurarsi il software LogicLab4

LogicLab4 è fornito al lettore con il CD-ROM allegato. Esso può anche essere scaricato gratuitamente dal sito web della Elsist S.r.l., effettuando il *Login* dopo essersi registrati, dalla sezione **Supporto ⇒ Downloads**, come mostrato nella FIGURA 3.2.

FIGURA 3.2: Finestra sul sito www.elsist.biz per effettuare la registrazione e il Login

La registrazione al sito consente anche di consultare on-line tutti i prezzi; verificare la disponibilità dei prodotti e acquistarli; effettuare download di dimostrativi, documentazione e programmi; interagire con il forum di discussione.

3.3 – Caratteristiche del software

LogicLab4 è un software poco impegnativo per il computer e richiede una macchina con requisiti minimi veramente modesti. In base alle indicazioni fornite da Axel e da Elsist vengono ritenute più che sufficienti le caratteristiche richieste al computer dai vari sistemi operativi su cui il software può girare (Windows XP, Windows Vista, Windows 7, Windows 8, Windows 10). Lo spazio libero richiesto sul disco rigido è di almeno 75,1 MB. Una caratteristica di questo compilatore PLC IEC 61131-3 è costituita dall'efficienza del codice generato, LogicLab4 produce direttamente il codice macchina per il *target device*, ovvero il processore del sistema da programmare e i relativi moduli di espansione (in questo caso il PLC SlimLine Elsist), o un *target virtuale*, ovvero un software che emula il controllore programmabile.

3.4 – Installazione del software

Si apra il file ***Setup_LogicLab_Suite_2.5.0.0.exe***, contenuto nella cartella ***Installazione LogicLab Elsist*** del CD-ROM allegato, come mostrato nella FIGURA 3.3, tramite un doppio clic con il tasto sinistro del mouse.

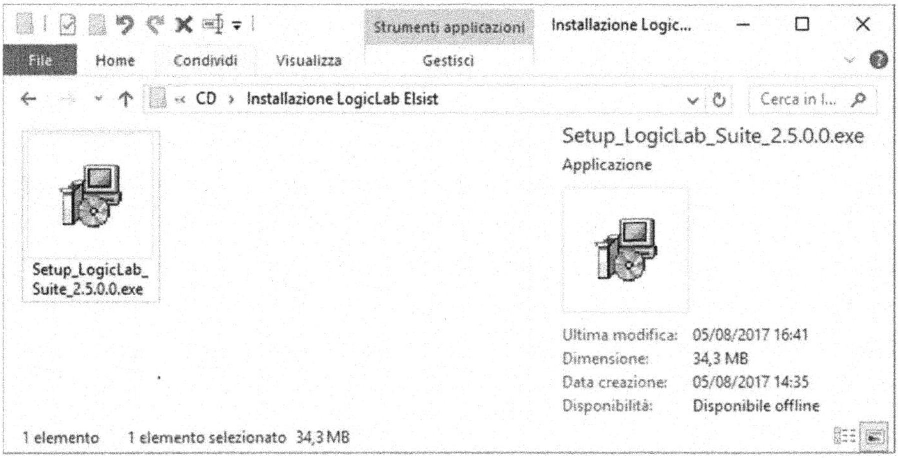

FIGURA 3.3: File ***Setup_LogicLab_Suite_2.5.0.0.exe*** d'installazione di LogicLab4

Seguire le istruzioni che compariranno a video nelle varie finestre esplicative, confermando le opzioni proposte o indicandone di diverse.

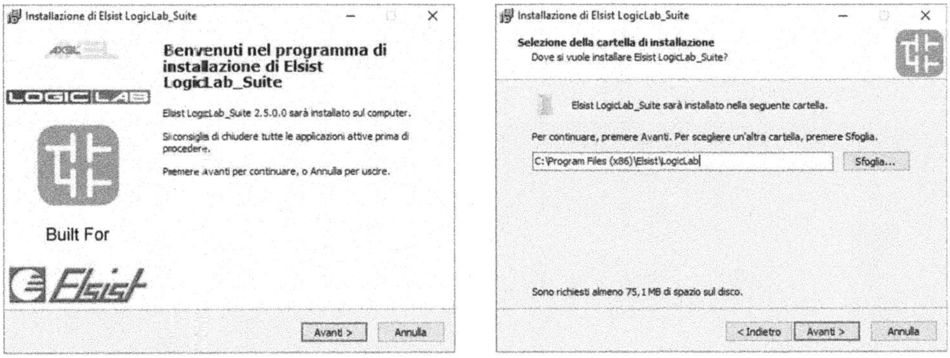

FIGURA 3.4: Finestre di dialogo di scelta della cartella di destinazione del software

Da più di 10 anni Axel produce software per automazione industriale ad alto contenuto tecnologico. I suoi prodotti sono caratterizzati da una notevole semplicità e facilità di utilizzo unite a una grande efficienza nell'esecuzione.

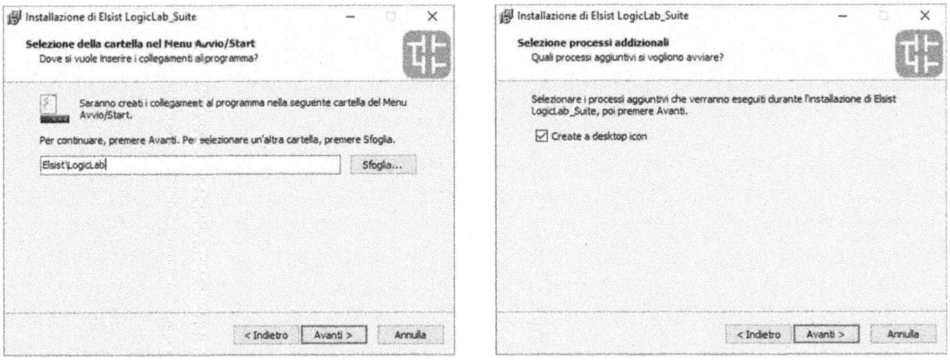

FIGURA 3.5: Finestre di dialogo per la scelta dei collegamenti proposte dal programma d'installazione

3.5 – Creare un nuovo progetto

Immediatamente dopo la comparsa della finestra di dialogo di avvenuta installazione con successo di LogicLab4, sarà possibile avviare il programma.

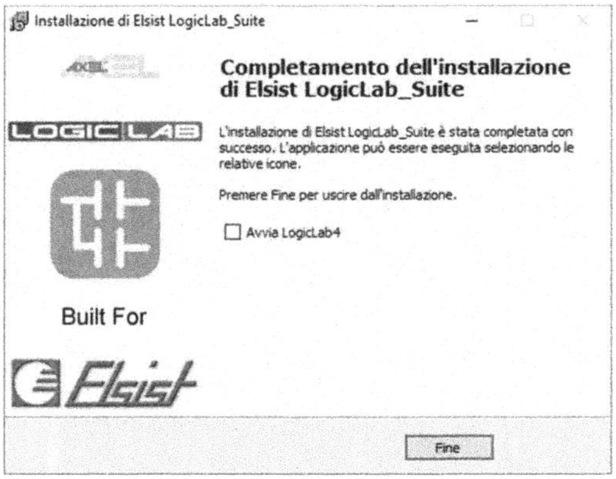

FIGURA 3.6: Finestra di dialogo di avvenuta installazione con successo di LogicLab4

Dal bottone di **Avvio** sulla **Barra degli Strumenti**, posto in basso a sinistra sullo schermo, cliccare su **Programmi ⇒ Elsist ⇒ LogicLab4**. In alternativa è possibile utilizzare il collegamento sul desktop creato dal programma di installazione.

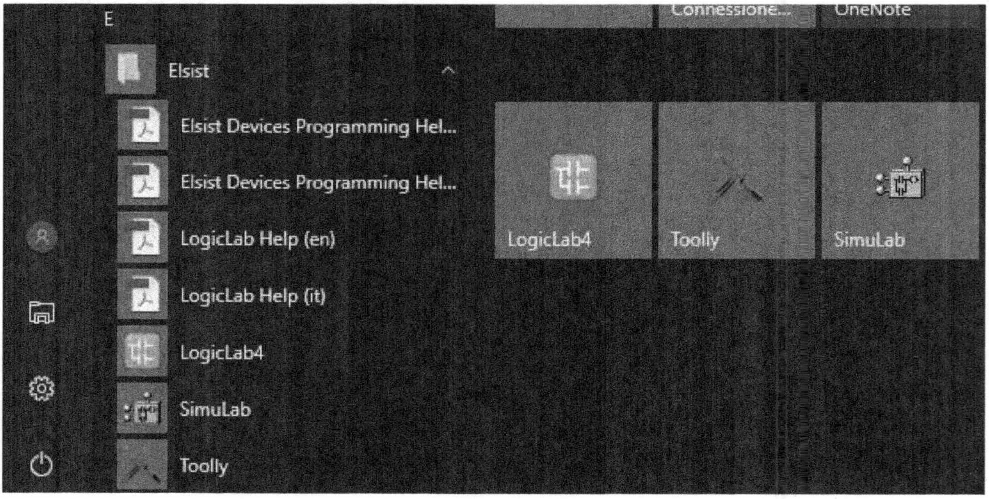

FIGURA 3.7: Avvio di LogicLab4

La schermata iniziale di LogicLab4 è visibile nella FIGURA 3.8. Per creare un nuovo progetto selezionare il bottone **New project**. Assegnare un nome al progetto, scrivendolo nel campo corrispondente, e selezionare il target, ossia il sistema che si intende programmare o simulare. Tutti i progetti basati sulla categoria di controllori PLC **XTarget 12.0** possono essere simulati direttamente tramite SimuLab, un simulatore di PLC integrato in LogicLab4. I progetti presentati in questo testo fanno riferimento al PLC Elsist **SlimLine Mps053XTarget 12.0**. Anche se la norma IEC

61131-3 non lo richiede come condizione di default, è opportuno spuntare la casella **Case sensitive**. Con questa impostazione la maiuscola e la minuscola della stessa lettera verranno interpretate dai programmi come due caratteri differenti.

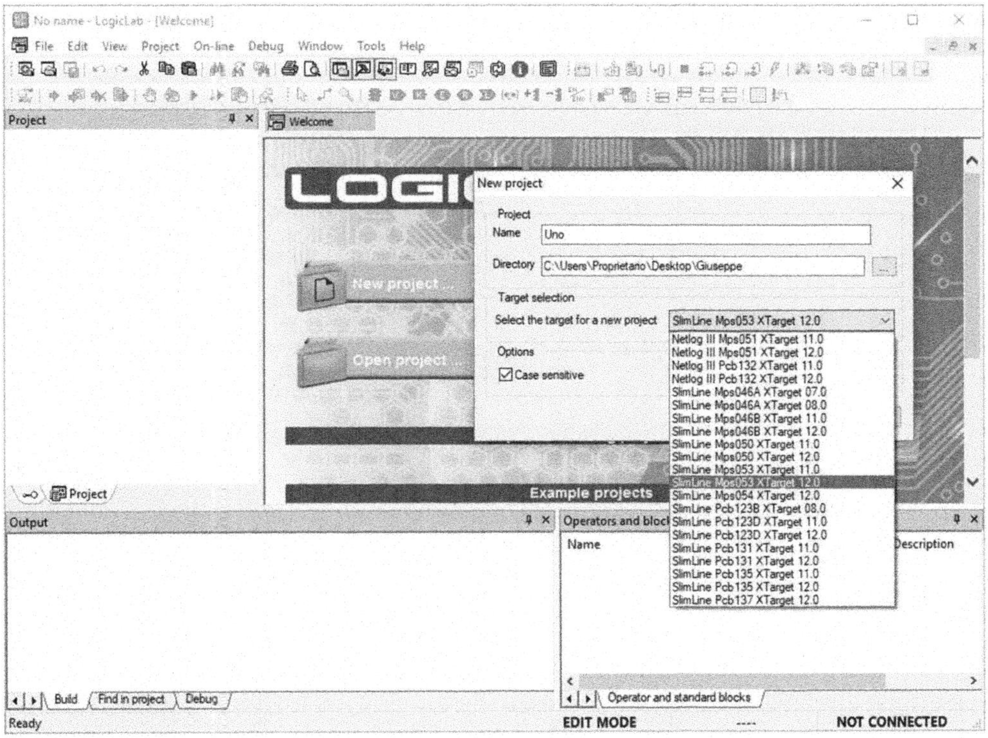

FIGURA 3.8: Schermata di avvio del software LogicLab4

Una volta aperto il progetto è possibile selezionare quali *barre degli strumenti* dovranno essere visualizzate. Tramite il menu **View ⇒ Toolbars ⇒ LD bar** attivare la vista della *barra dei comandi ladder*, come mostrato in FIGURA 3.9. Si può ottenere lo stesso risultato, tramite la combinazione di scelta rapida, premendo i tasti <Ctrl>+<A>.

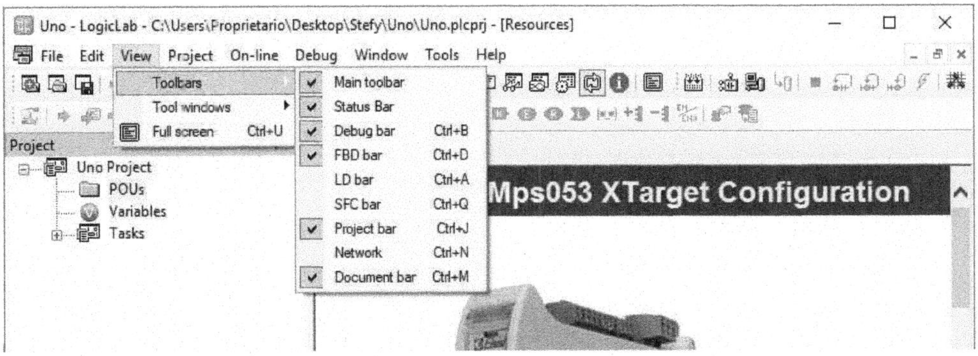

FIGURA 3.9: Attivazione della vista della barra dei comandi ladder dal menu **View**

L'area di lavoro di LogicLab4 è costituita da diverse *finestre degli strumenti* che possono essere visualizzate o nascoste tramite il menu **View ⇒ Tool windows**, come illustrato in FIGURA 3.10.

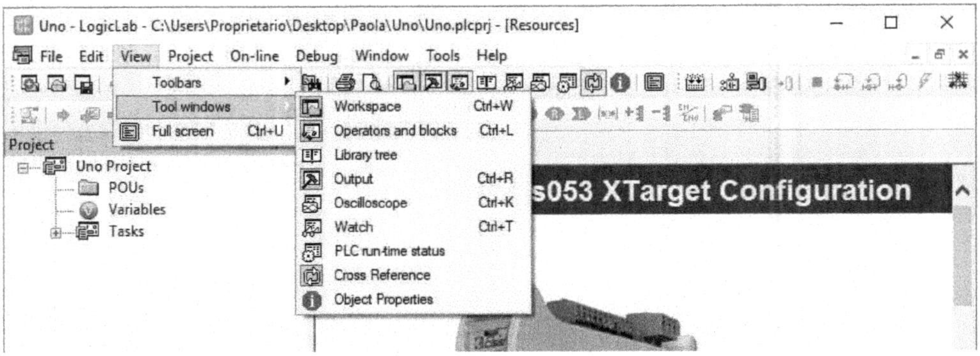

FIGURA 3.10: Attivazione della vista delle finestre degli strumenti dal menu **View**

Al fine di non appesantire l'esposizione, le singole funzionalità delle barre degli strumenti e delle finestre degli strumenti saranno analizzate nel dettaglio nel corso dello sviluppo dei progetti proposti ogni qual volta sarà necessario.

3.6 – Creare un primo programma in LD

Vogliamo adesso implementare, come primo programma in LD, il semplice schema di avvio e di stop di un motore con autoritenuta, presentato nel PARAGRAFO 2.5.

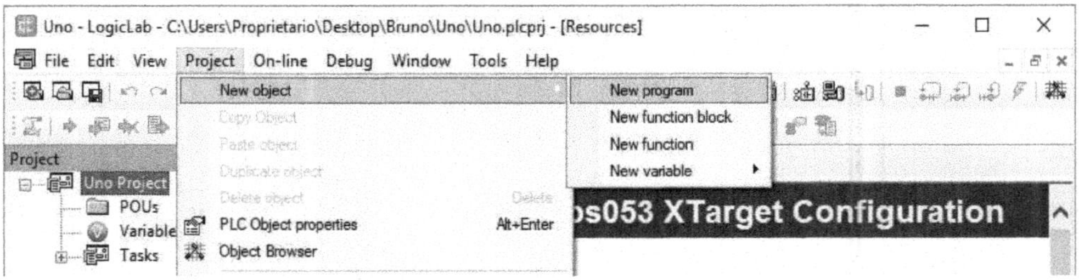

FIGURA 3.11: Creazione di un nuovo programma dal menu **Project**

Si può creare un nuovo programma dal menu **Project ⇒ New object ⇒ New program**, come mostrato in FIGURA 3.11.

In alternativa si può procedere cliccando con il tasto destro del mouse sul nome del progetto (nel nostro caso **Uno Project**) o sull'icona della cartella **POUs**, contenuta nella finestra degli strumenti **Workspace**, e in seguito selezionare la voce **Add ⇒ New program** del menu di scelta rapida apparso, come mostrato in FIGURA 3.12.

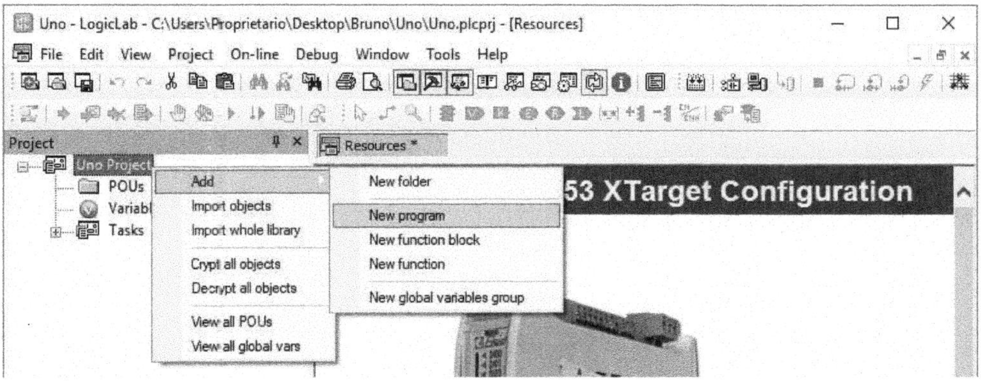

FIGURA 3.12: Creazione di un nuovo programma dalla *finestra degli strumenti* ***Workspace***

In entrambi i casi apparirà una finestra di dialogo da cui è possibile impostare il nome del programma, il linguaggio da usare per la programmazione e il *task* a cui assegnare il programma.

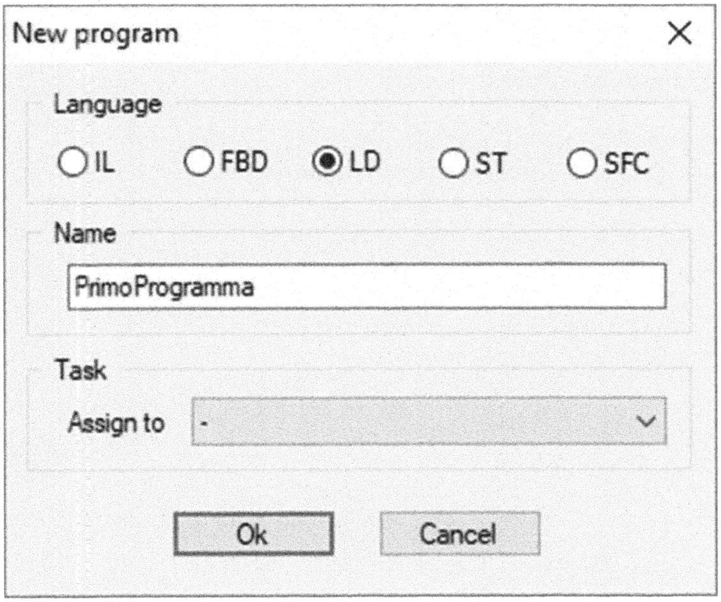

FIGURA 3.13: Finestra di dialogo associata alla creazione di un nuovo programma in LD

Selezionare, tra i cinque presenti, il linguaggio ladder, spuntando la casella **LD** e assegnare il nome al programma, come mostrato in FIGURA 3.13. L'assegnazione del programma a un *task* sarà effettuata in un secondo momento.

La FIGURA 3.14 mostra come nell'area di lavoro di LogicLab4 compare la barra dell'**Editor LD** (**Editor Ladder Diagram**) che permette di programmare i PLC Elsist in linguaggio ladder.

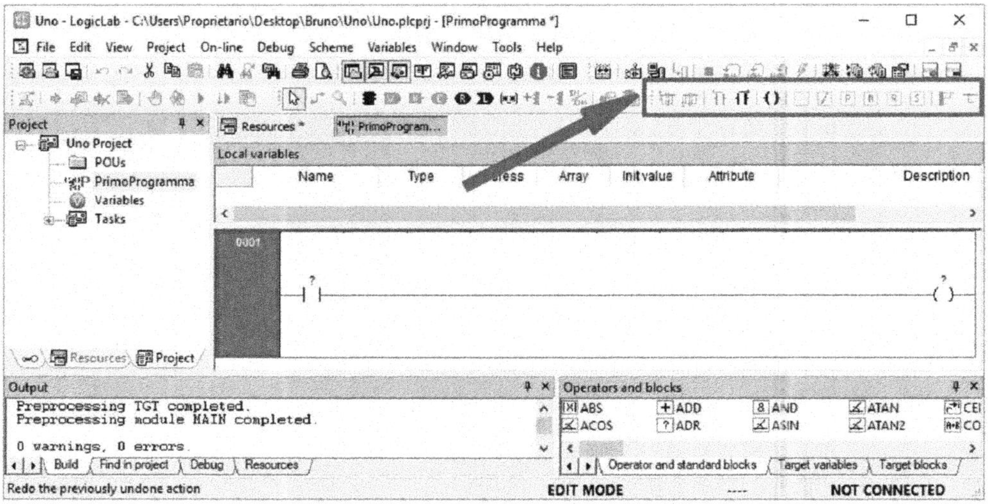

FIGURA 3.14: Barra dell'**Editor Ladder Diagram**

3.7 – Definizione delle variabili globali

Come già detto nella moderna programmazione non si utilizzano gli indirizzi assoluti, ma le variabili. Occorre pertanto definire delle *variabili globali mappate* (*mapped variables*), accessibili da qualsiasi modulo del progetto. Esse hanno una precisa collocazione nel sistema logico degli indirizzi del target device che deve essere specificata dallo sviluppatore.

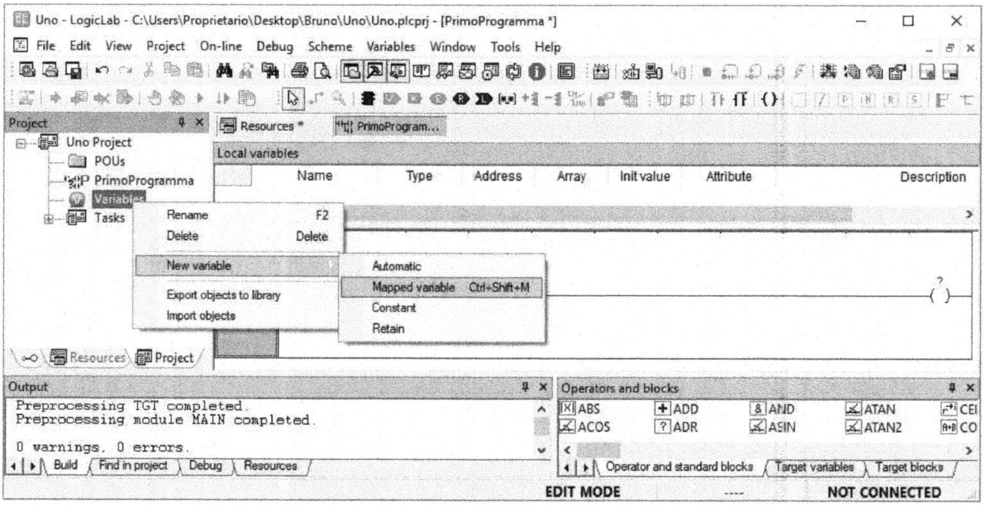

FIGURA 3.15: Creazione di una nuova variabile mappata dalla finestra **Workspace**

Vogliamo riferire il nostro primo programma a un sistema costituito da un modulo

CPU compatto. Pertanto stabiliamo di utilizzare:

- l'indirizzo di memoria ***%IX255.0***, corrispondente all'ingresso 0 del modulo CPU per la prima variabile d'ingresso *Avvio*;
- l'indirizzo di memoria ***%IX255.1***, corrispondente all'ingresso 1 del modulo CPU per la seconda variabile d'ingresso *Stop*;
- l'indirizzo di memoria ***%QX255.0***, corrispondente all'uscita 0 del modulo CPU per la variabile d'uscita *Motore*.

Si può creare una nuova variabile mappata cliccando con il tasto destro del mouse sull'icona della cartella delle variabili **Variables**, contenuta nella finestra **Workspace** e, di seguito, sulla voce **New variable ⇒ Mapped variable** del menu di scelta rapida apparso. Si può ottenere lo stesso risultato, tramite la combinazione di scelta rapida, premendo i tasti <Ctrl>+<Shift>+<M>.

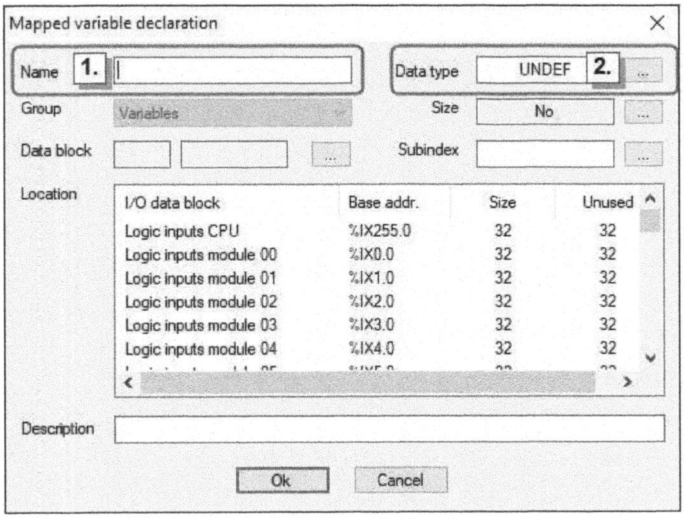

FIGURA 3.16: Finestra di dialogo associata alla creazione di una nuova variabile mappata

In entrambi i casi apparirà una finestra di dialogo da cui è possibile impostare le caratteristiche della variabile mappata. Con riferimento alla FIGURA 3.16, eseguire le seguenti operazioni:

1. posizionarsi con il mouse sul riquadro **Name** e digitare il nome da assegnare alla nuova variabile;
2. cliccare sul bottone della sezione **Data type** e specificare quale tipo di dati si vuole assegnare alla nuova variabile.

A seguito dell'ultima operazione apparirà la finestra di dialogo mostrata nella FIGURA 3.17 seguente. Assegnare alla nuova variabile il tipo di dati booleano selezionando **BOOL** dal riquadro di scelta multipla e completare l'operazione con la pressione del bottone **OK**.

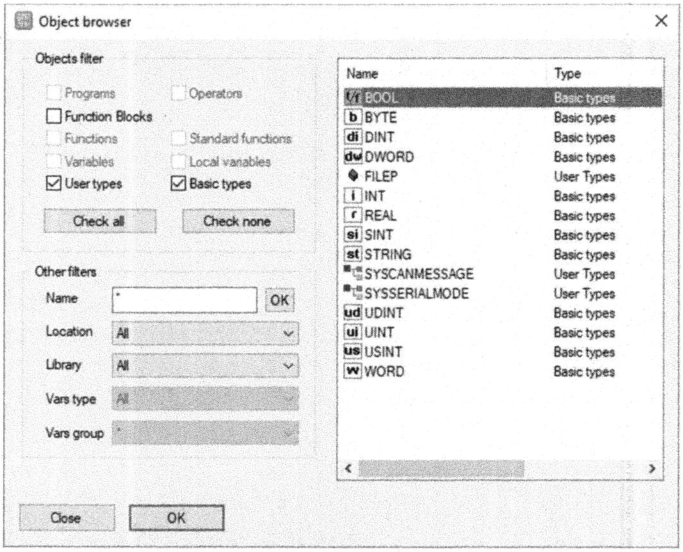

Figura 3.17: Finestra di dialogo da cui effettuare l'assegnazione di tipo alla nuova variabile mappata

Lo stesso risultato si sarebbe ottenuto specificando direttamente il tipo di variabile, digitando *BOOL* nel riquadro **Data type** mostrato in FIGURA 3.16.
Stabiliamo adesso il collegamento della nuova variabile mappata a un preciso indirizzo assegnato nel sistema logico degli indirizzi del target device.

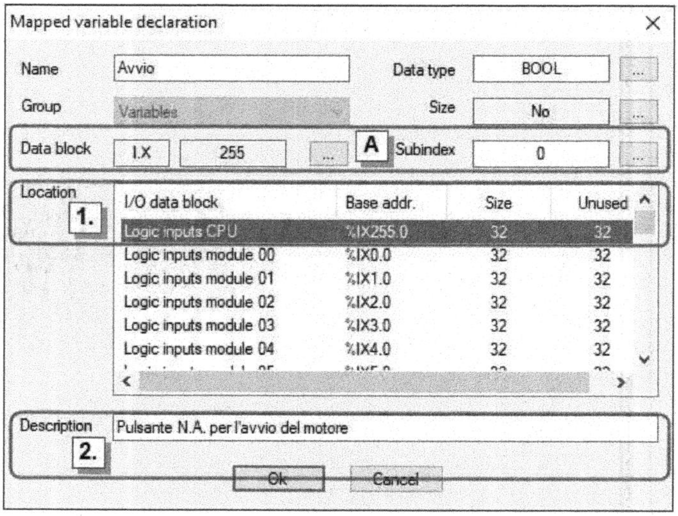

FIGURA 3.18: Assegnazione dell'indirizzo e del commento alla nuova variabile mappata

Con riferimento alla FIGURA 3.18, eseguire le seguenti operazioni:

1. selezionare nel riquadro di scelta **Location** l'opzione **Logic inputs CPU**, cliccando sulla riga corrispondente;

2. posizionarsi sul riquadro **Description** e inserire una descrizione di commento alla variabile.

Si noti come nel riquadro individuato dalla lettera **A** sono riportati i riferimenti all'area di memoria ***%IX255.0*** corrispondente, nel sistema logico degli indirizzi del target device, all'ingresso 0 del modulo CPU.

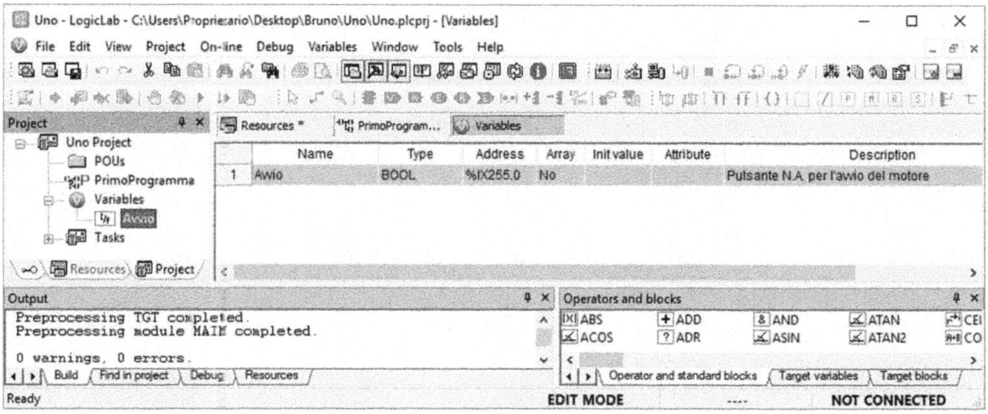

FIGURA 3.19: Tabella delle variabili mappate globali

Appena completata l'operazione sarà visualizzato l'*editor delle variabili globali* di FIGURA 3.19, che riassume sotto forma di tabella tutte le proprietà della nuova variabile. Questo editor grafico fornisce un'interfaccia semplice per dichiarare e modificare le variabili. L'editor grafico di LogicLab si occupa della traduzione automatica dei dati contenuti in codice sorgente IEC 61131-3 sintatticamente corretto, sia per le variabili *globali* sia per le variabili *locali*.

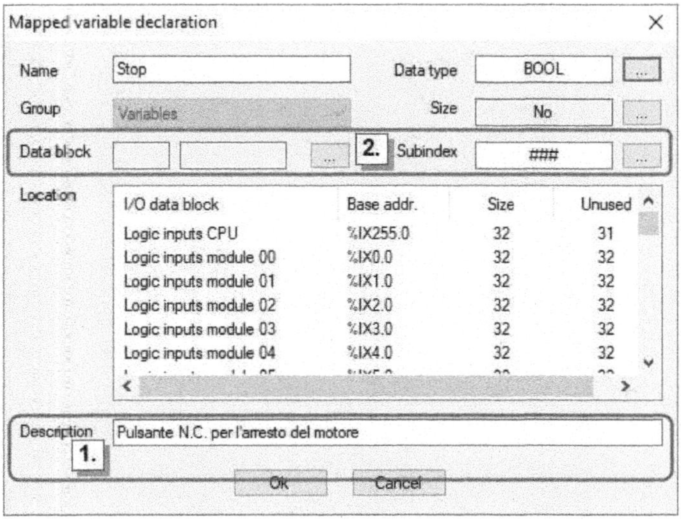

FIGURA 3.20: Finestra di dialogo associata alla creazione di una nuova variabile mappata

Inseriamo la seconda variabile d'ingresso mappata usando una procedura alternativa a quella appena vista per definire il collegamento della nuova variabile a un indirizzo assegnato nel sistema logico degli indirizzi del target device.
Appena sarà apparsa la finestra di dialogo da cui è possibile impostare le caratteristiche della variabile, come mostrato in FIGURA 3.20, eseguire le seguenti operazioni:

1. assegnare il nome nel riquadro **Name**, specificare il tipo di dati assegnabili alla nuova variabile nella sezione **Data type** e inserire nel riquadro **Description** una descrizione di commento alla variabile;
2. cliccare sul bottone della sezione **Data block** per visualizzare l'*editor dell'indirizzo della variabile* (**Variable adress**), e inserire il valore desiderato.

Con riferimento alla FIGURA 3.21, eseguire le seguenti operazioni:

1. selezionare nel riquadro di scelta **Size** l'opzione **Bit**, spuntando la casella corrispondente;
2. selezionare nel riquadro di scelta **Location** l'opzione **Input**, spuntando la casella corrispondente;
3. posizionarsi sul riquadro **Data block** e immettere il numero **255**;
4. posizionarsi sul riquadro **Index** e immettere il numero **1**.

Si noti come anche in questo caso sono stati impostati i riferimenti all'area di memoria ***%IX255.1*** corrispondente, nel sistema logico degli indirizzi del target device, all'ingresso 1 del modulo CPU.

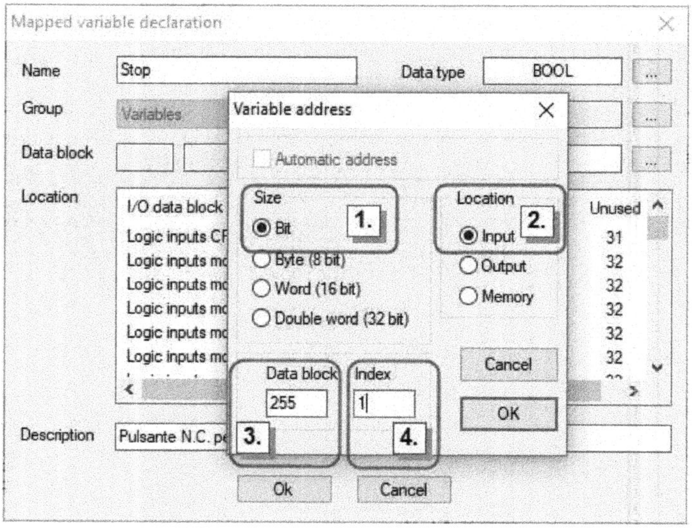

FIGURA 3.21: Finestra di dialogo **Variable adress**

Con riferimento alla FIGURA 3.22 si eseguiranno operazioni analoghe a quelle descritte sopra per definire la variabile d'uscita.

Poiché è stata selezionata l'opzione **Logic outputs CPU**, cliccando sulla riga corrispondente nel riquadro di scelta **Location**, nei riquadri **Data block** e **Subindex** sono riportati i riferimenti all'area di memoria ***%QX255.0*** corrispondente, nel sistema logico degli indirizzi del target device, all'uscita 0 del modulo CPU.

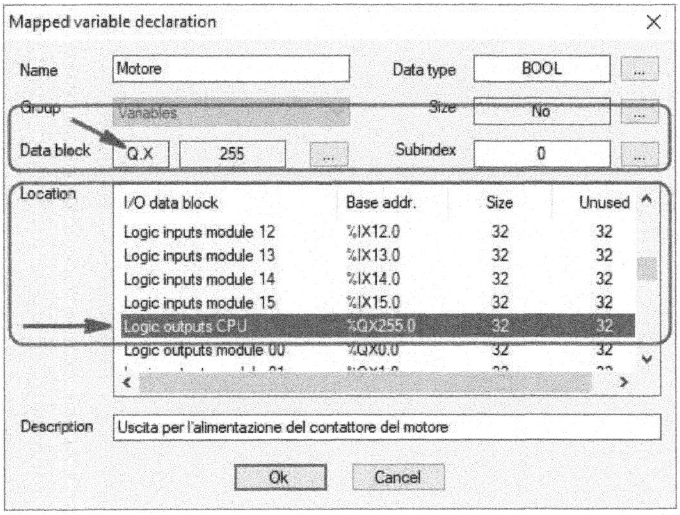

FIGURA 3.22: Assegnazione del nome, dell'indirizzo e del commento alla variabile d'uscita

Nella FIGURA 3.23 è visualizzato l'editor delle variabili globali, che riassume sotto forma di tabella tutte le proprietà delle tre variabili.

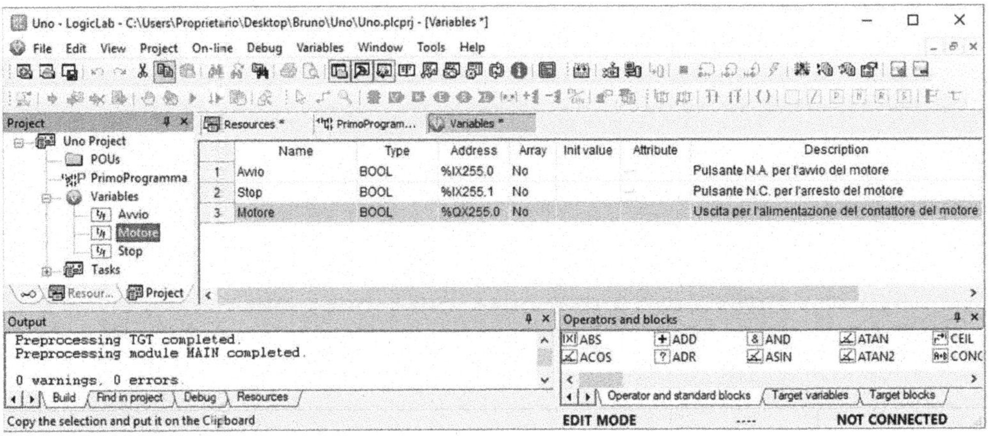

FIGURA 3.23: Tabella delle variabili globali con le tre variabili create

3.8 – Costruzione dello schema a contatti

Per inserire lo schema a contatti riportato al PARAGRAFO 2.5 occorre far apparire la finestra dell'**Editor LD**. Con riferimento alla FIGURA 3.24 si può procedere cliccando sulla scritta **PrimoProgramma**, posizionata sotto l'icona della cartella **POUs** nella finestra degli strumenti **Workspace** (lettera **A** in figura) o sul bottone **PrimoProgramma** della barra **Document Bar** che elenca l'insieme dei documenti aperti in LogicLab (lettera **B** in figura).

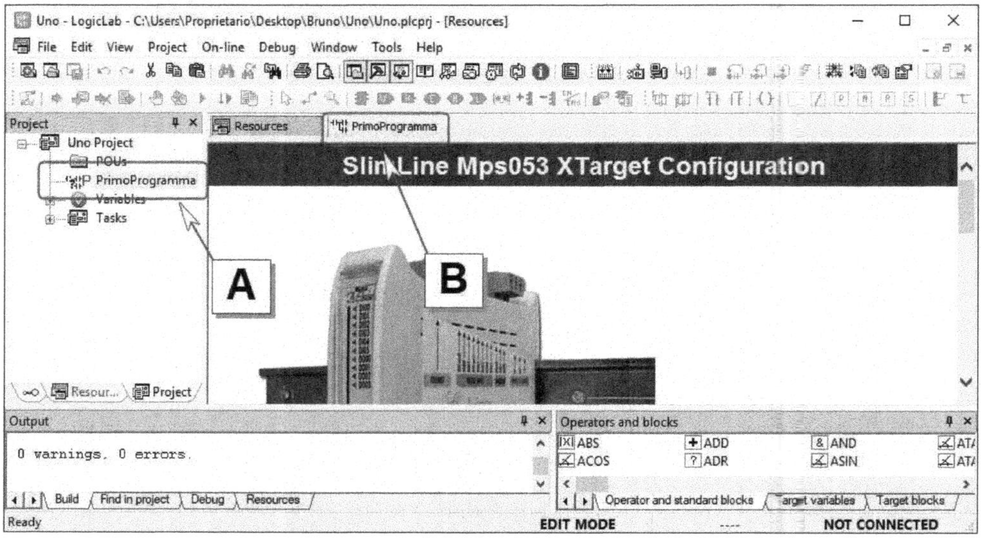

FIGURA 3.24: Modalità di ritorno allo schema a contatti

Lo stesso risultato si può ottenere anche tramite il menu **Window ⇒ PrimoProgramma**.

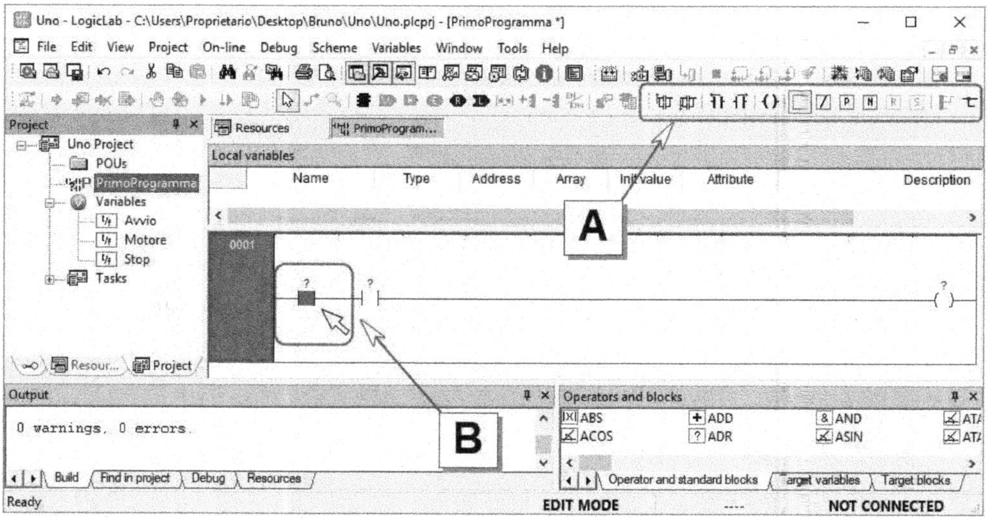

FIGURA 3.25: Modalità di costruzione dello schema a contatti

Con riferimento alla FIGURA 3.25, in cui è stata evidenziata la barra dei comandi ladder **LD Bar**, indicata dalla lettera **A**, si eseguano le seguenti operazioni. Posizionarsi con il mouse sul primo contatto, indicato dalla lettera **B**, e cliccare sopra il simbolo evidenziandolo.

Selezionare il bottone **Serie contact after** per aggiungere un nuovo contatto in serie posto a destra di quello selezionato. Lo stesso risultato può essere ottenuto tramite il menu **Scheme ⇒ Object ⇒ New ⇒ Serie contact after** o, utilizzando la combinazione di scelta rapida, premendo i tasti <Shift>+<C>.

Posizionarsi nuovamente con il mouse sul primo contatto, indicato dalla lettera **B**, e cliccare sopra il simbolo evidenziandolo.

Selezionare il bottone **Parallel contact after** per aggiungere un nuovo contatto in parallelo posto sotto quello selezionato. Lo stesso risultato può essere ottenuto tramite il menu **Scheme ⇒ Object ⇒ New ⇒ Parallel contact after** o, utilizzando la combinazione di scelta rapida, premendo i tasti <Shift>+<P>.

I punti interrogativi indicano che ai simboli non sono state ancora associate le variabili. Con riferimento alla FIGURA 3.26, si proceda ad assegnare le variabili globali mappate ai simboli dello schema a contatti come di seguito indicato.

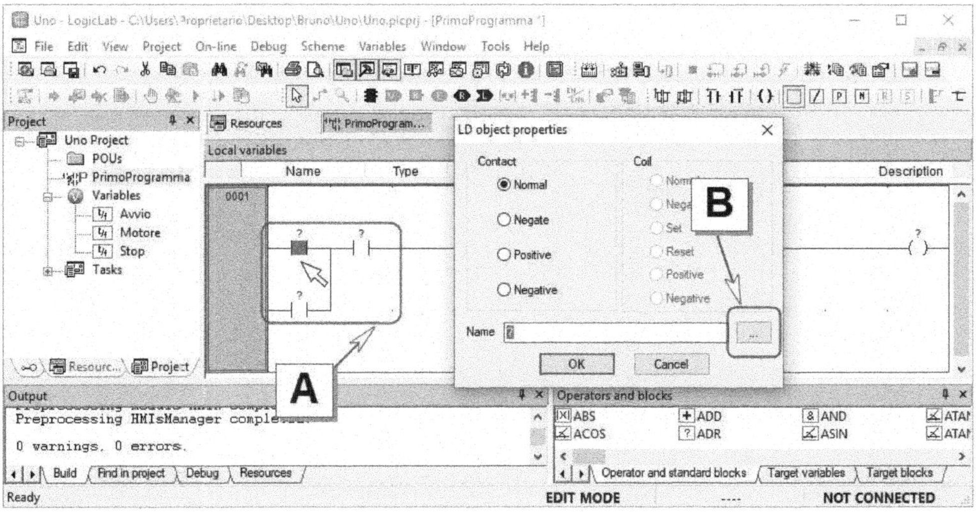

FIGURA 3.26: Finestra **LD object propertis** per l'assegnazione delle variabili ai simboli dello schema

Si esegua un doppio clic sul primo simbolo dello schema a contatti, indicato in figura dalla lettera **A**, e si aprirà la finestra di dialogo **LD object propertis**. Cliccando sul bottone indicato dalla lettera **B** si aprirà la finestra dell'**Object browser**, uno strumento di LogicLab per navigare tra gli oggetti del progetto. In esso sono elencate anche tutte le variabili a cui si può accedere. È opportuno, per facilitare la ricerca, procedere a inserire dei filtri in modo da visualizzare, fra tutti gli oggetti contenuti nel progetto, solo le variabili di nostro interesse.

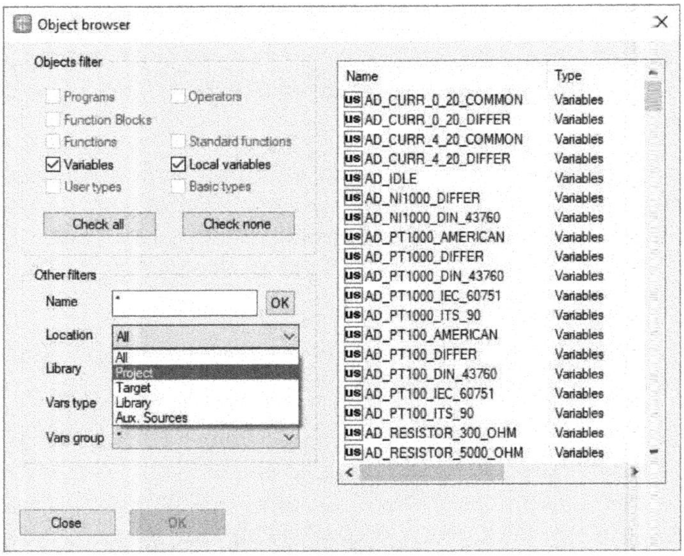

FIGURA 3.27: Finestra **Object browser** con elencate tutte le variabili accessibili

Con riferimento alla FIGURA 3.27, selezionando nel riquadro di scelta multipla **Location** la voce **Project** otterremo il risultato voluto, come illustrato dalla FIGURA 3.28.

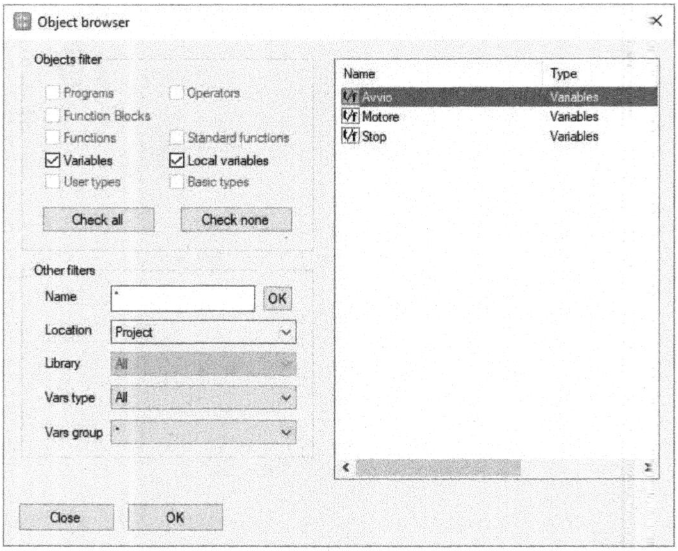

FIGURA 3.28: Finestra **Object browser** con elencate tutte le variabili di progetto

Selezionare la variabile *Avvio* nel riquadro che contiene le variabili e cliccare sul bottone **OK** per ritornare di nuovo alla finestra di dialogo **LD object propertis** di FIGURA 3.29. Cliccare sul bottone **OK** e ripetere le operazioni per assegnare le variabili a tutti i rimanenti simboli dello schema a contatti.

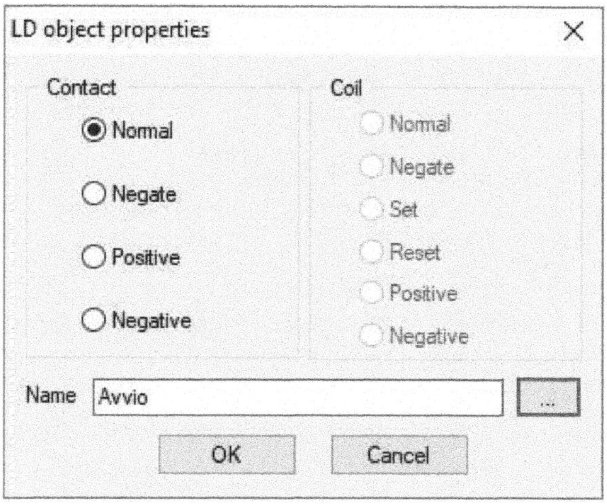

FIGURA 3.29: Finestra **LD object propertis** dopo l'assegnazione della variabile *Avvio* al primo simbolo

Il risultato finale ottenuto è riportato in FIGURA 3.30.

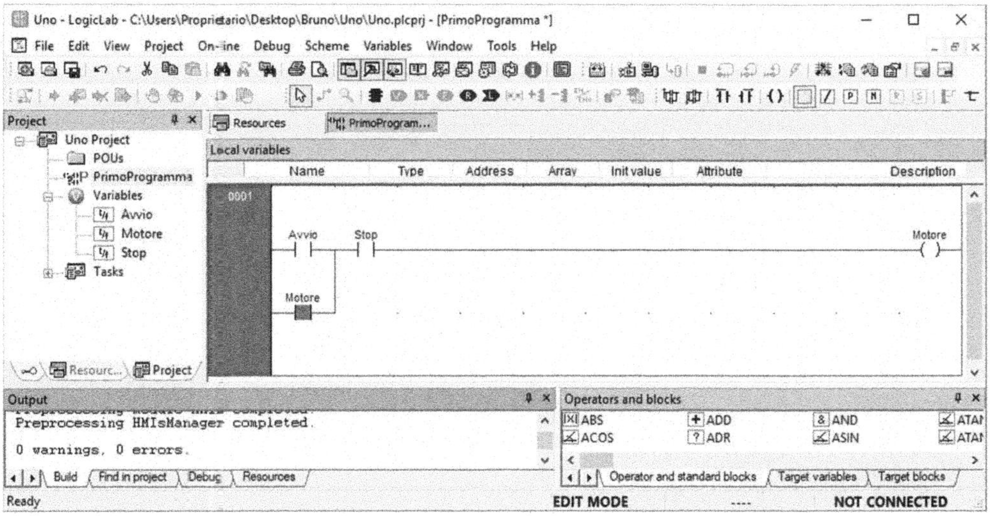

FIGURA 3.30: Schema a contatti per l'avvio e lo stop di un motore dopo l'assegnazione delle variabili

3.9 – Simulazione del funzionamento del progetto

LogicLab4 dispone di SimuLab, un simulatore integrato che consente di testare i programmi realizzati anche senza disporre di un PLC. Per eseguire il programma appena creato, simulando il PLC Elsist SlimLine Mps053XTarget 12.0, ossia il sistema che è stato precedentemente selezionato come target, occorre innanzitutto assegnarlo a un *task*. Possiamo immaginare un task come un *contenitore software* che svolge una ben definita *mansione*. Esso è preposto al controllo dell'esecuzione dei programmi che gli sono stati assegnati stabilendo i tempi di esecuzione. I PLC eseguono i programmi ciclicamente. SlimLine prevede quattro differenti task di esecuzione per ognuno dei quali è specificata un'attivazione periodica o al verificarsi di un determinato evento.

L'ambiente LogicLab4 esegue il task di **Boot** al primo *loop* (ciclo) di avvio, in questo task si devono eseguire tutti i programmi di inizializzazione. Viene poi gestito un sistema *multitasks* basato su altri tre task.

Fast: Di norma viene eseguito ogni 1 mS, interrompendo il task **Back** e il task **Slow**. L'ambiente LogicLab4 permette di impostare tempi di esecuzione da 100 µS a 10 mS. I programmi eseguiti in questo task gestiscono logica veloce. È possibile in tal modo rilevare segnali digitali caratterizzati da una durata molto breve.

Slow: Di norma viene eseguito ogni 10 mS, interrompendo il task **Back**. L'ambiente LogicLab4 permette di impostare tempi di esecuzione da 1 mS a 100 mS. I programmi da inserire in questo task sono tutti quelli che controllano le sequenze logiche di funzionamento di un impianto. La certezza del tempo di esecuzione garantisce il corretto funzionamento dell'impianto.

Back: Eseguito nel tempo libero, il suo tempo di scansione non è determinato, ma può variare da veloce (meno di 1 mS) a lento (decine di mS). In questo task si eseguono i programmi che non sono deterministici, come, ad esempio, calcoli, gestione degli I/O analogici e degli I/O digitali non utilizzati nel funzionamento di un impianto. In questo task devono inoltre essere inserite tutte le comunicazioni, sia seriali che TCP/IP, oltre a tutte le funzioni di accesso al *file system*.

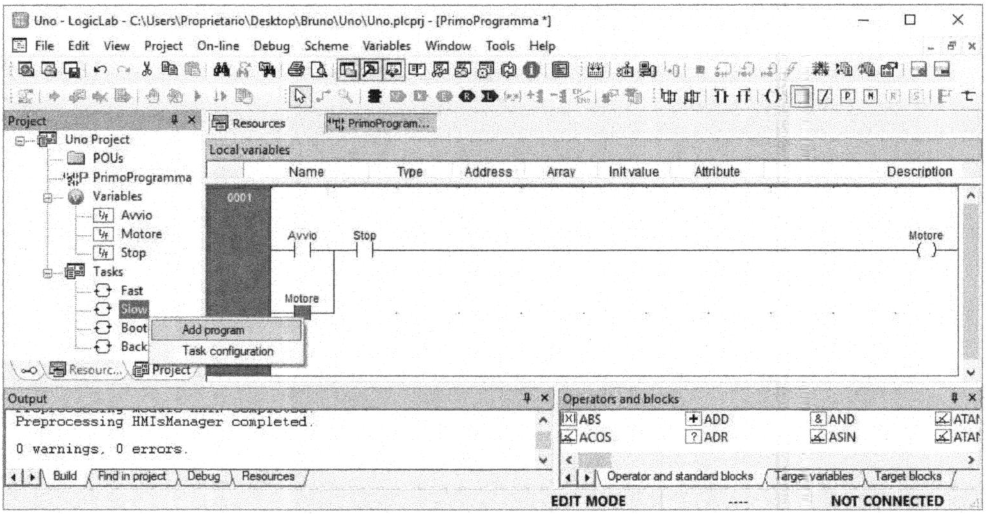

FIGURA 3.31: Assegnazione di **PrimoProgramma** al task **Slow**

Inseriamo quindi **PrimoProgramma** nel task **Slow** e il sistema operativo, ciclicamente ogni 10 mS, prima leggerà gli ingressi logici poi eseguirà i programmi inseriti nel task e infine aggiornerà le uscite logiche. Con riferimento alla FIGURA 3.31, nella finestra **Workspace**, cliccare con il tasto destro del mouse sul task **Slow**, e selezionare l'opzione **Add program**.

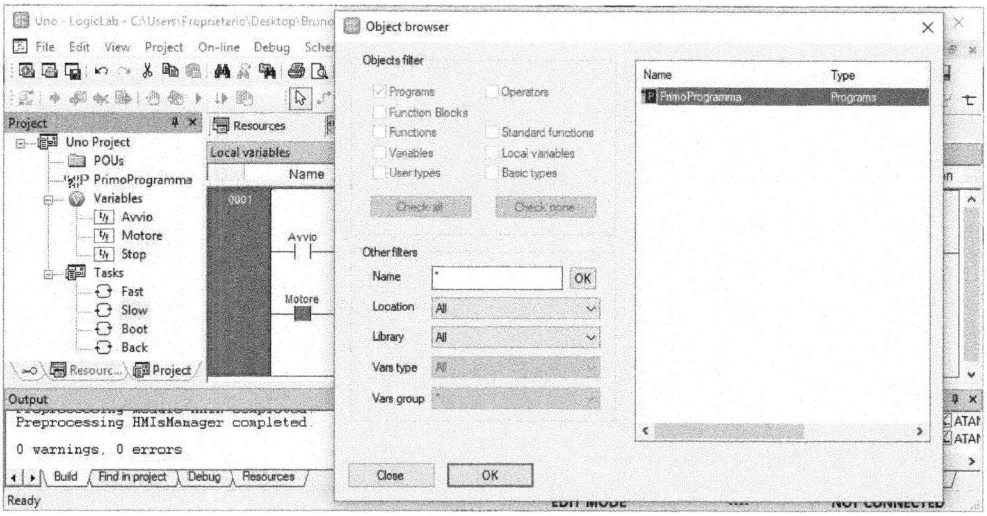

FIGURA 3.32: Finestra **Object browser** con elencati tutti i programmi presenti nel progetto

Si aprirà la finestra **Object browser** mostrata in FIGURA 3.32. Selezionare il programma **PrimoProgramma** e premere il bottone ***OK***. La FIGURA 3.33 mostra la finestra **Workspace** dopo che l'operazione è stata completata con successo.

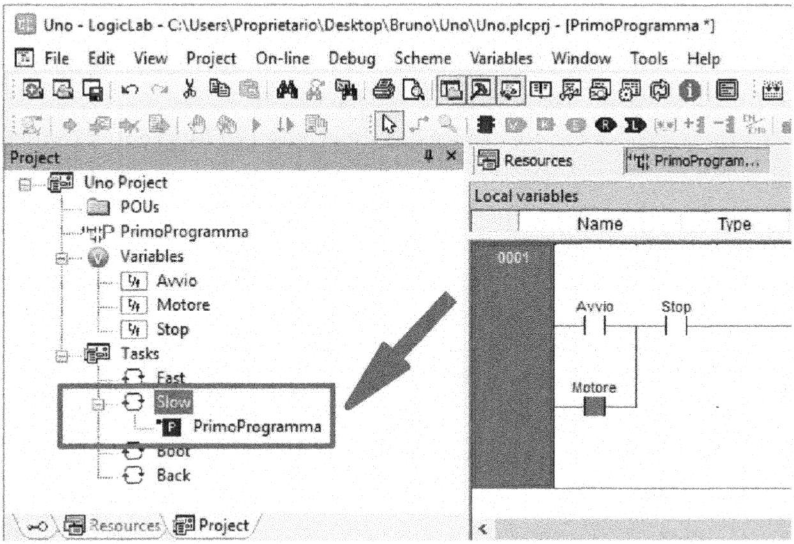

FIGURA 3.33: F nestra **Object browser** dopo l'assegnazione di **PrimoProgramma** al task **Slow**

Procediamo adesso alla compilazione del programma e alla simulazione del funzionamento. Con riferimento alla FIGURA 3.34 in cui è stata evidenziata la barra **Project**, indicata dalla lettera **A**, si eseguano le operazioni indicate di seguito.

Selezionare il bottone **Compile**. Lo stesso risultato può essere ottenuto tramite il menu **Project ⇒ Compile** o, utilizzando il tasto di scelta rapida, premendo <F7>.

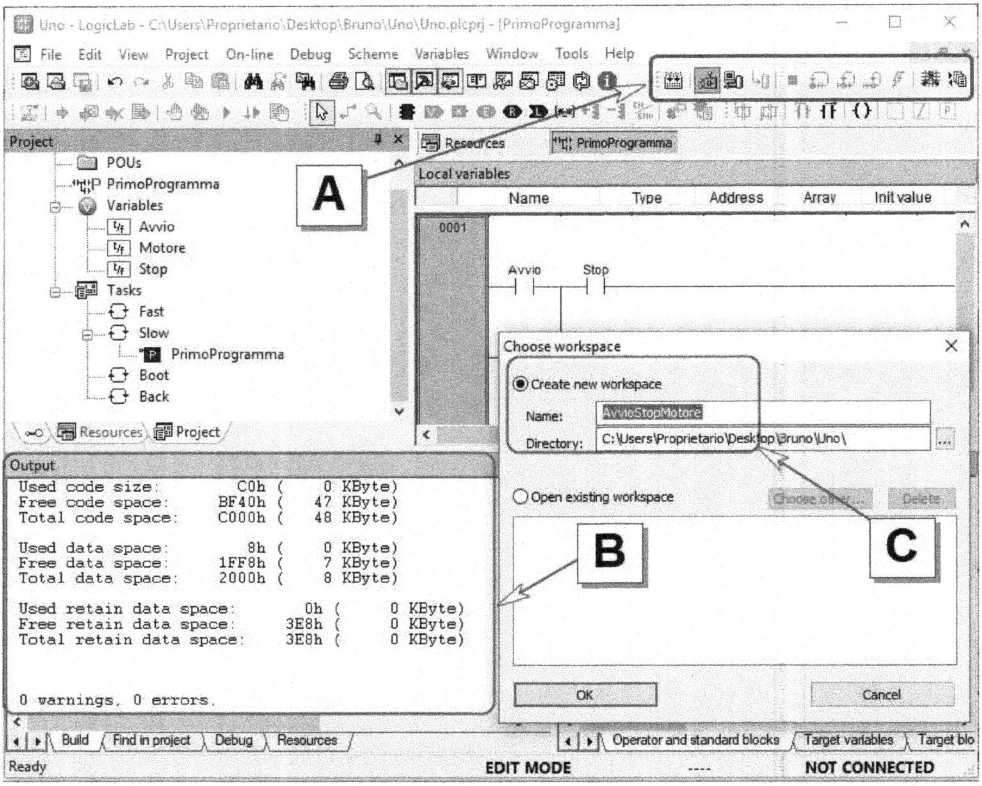

FIGURA 3.34: Finestra **Object browser** dopo l'assegnazione di **PrimoProgramma** al task **Slow**

La compilazione consiste nell'operazione di traduzione automatica del codice sorgente PLC, nel nostro caso il programma scritto in linguaggio LD, in codice binario che può essere eseguito dal processore del target device. LogicLab4 salva automaticamente tutti i cambiamenti al progetto prima di iniziare la compilazione. Quando l'applicazione non contiene errori, nella finestra **Output** viene riportato il messaggio `0 warnings, 0 errors.`, come evidenziato in FIGURA 3.34 lettera **B**. In caso contrario nella finestra vengono riportate alcune preziose informazioni per ognuno degli errori presenti.

Selezionare il bottone **Simulation mode**. Lo stesso risultato può essere ottenuto tramite il menu **Debug ⇒ Simulation mode**.

LogicLab chiederà di creare o aprire un *workspace* in cui verranno salvate le impostazioni scelte per la simulazione, come evidenziato in FIGURA 3.34 lettera **C**. Creare il workspace dal nome *AvvioStopMotore* e cliccare sul bottone **OK**. Nella barra delle applicazioni apparirà l'icona del simulatore software SimuLab, come riportato in FIGURA 3.35 (A). Cliccando su essa apparirà la finestra con il pannello di controllo di SimuLab in forma compatta. Per espandere il pannello di SimuLab cliccare sul bottone con le quattro frecce mostrato in FIGURA 3.35 (B).

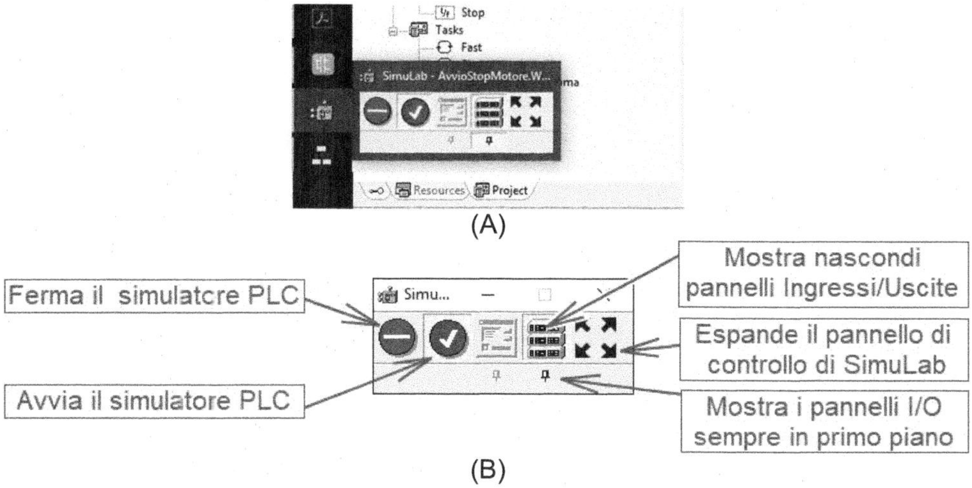

FIGURA 3.35: Finestra con il pannello di controllo di SimuLab in forma compatta

Nella FIGURA 3.36, indicata dalla lettera **A**, è visibile la sezione **I/O Panels** che racchiude gli elementi che si possono usare per la simulazione e che permette di attivare le varie CPU, una scheda di input digitali (indirizzo 0) e una di input analogici (indirizzo 1).

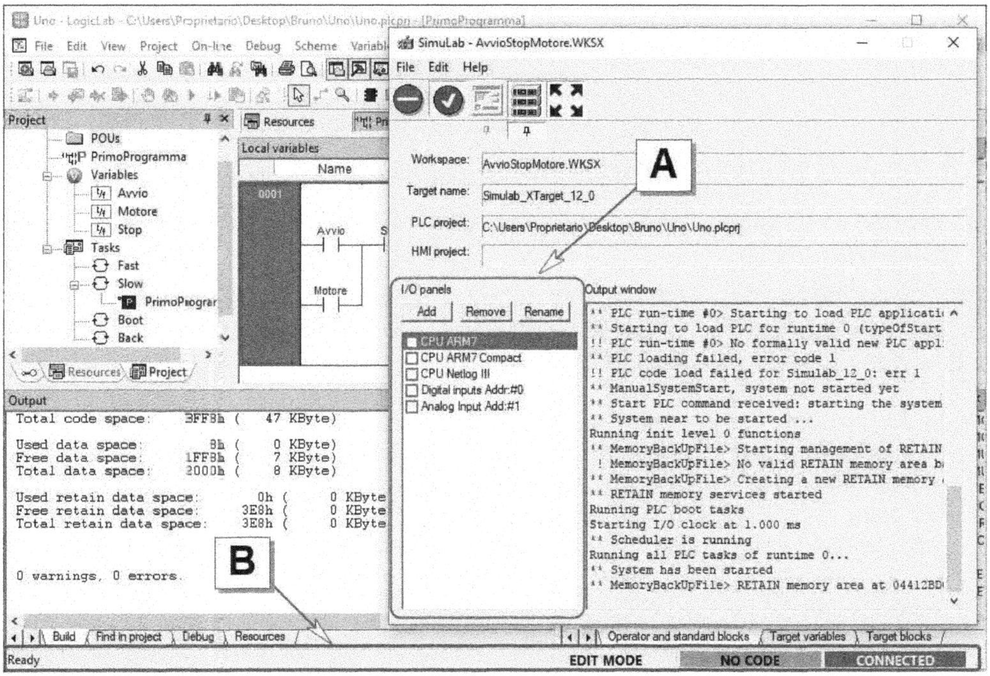

FIGURA 3.36: Finestra con il pannello di controllo di SimuLab in forma espansa

Più precisamente l'ambiente Simulab mette a disposizione le seguenti configurazioni già preimpostate per i PLC Elsist e i relativi moduli di espansione:

- CPU ARM 7;
- CPU ARM 7 Compact (il PLC a cui si fa riferimento in questo testo);
- CPU NetlogIII;
- Digital Inputs Addr:#0;
- Analog Input Addr:#1.

Inoltre per la simulazione è possibile aggiungere pannelli di ingresso/uscita personalizzati cliccando sul bottone **Add**.

Nella *barra di stato* di LogicLab4, indicata dalla lettera **B** in FIGURA 3.36, vengono riportate le informazioni relative al device connesso:

Esse indicano che la comunicazione con il target virtuale è stata stabilita, ma nessuna applicazione è eseguita su esso.

Selezionare il bottone **Code download**. Lo stesso risultato può essere ottenuto tramite il menu **On-line ⇒ Download code** o, utilizzando il tasto di scelta rapida, premendo <F5>. L'applicazione compilata sarà scaricata sul target device in modo che il processore la possa eseguire.

Cliccare sul bottone **Si** nella finestra di dialogo, mostrata in FIGURA 3.37, che richiede di resettare il target device.

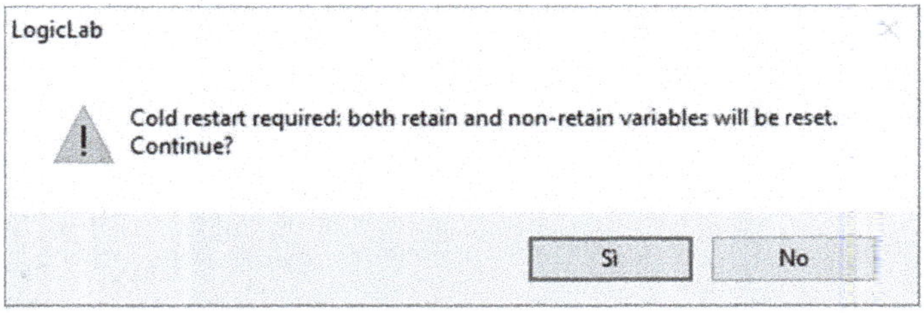

FIGURA 3.37: Finestra di dialogo con la richiesta di reset del target device

Le informazioni relative al device connesso riportate nella barra di stato di LogicLab4, diventano:

Esse indicano che la comunicazione con il target virtuale è stata stabilita e che l'applicazione in esecuzione su esso è la stessa di quella aperta in LogicLab.

Per la simulazione è preferibile aggiungere pannelli di ingresso/uscita personalizzati. Con riferimento alla FIGURA 3.38 cliccare sul bottone **Add** (lettera **A** in figura) e trascinare le variabili mappate sul pannello apparso (lettera **C** in figura) o dalla tabella delle variabili globali (lettera **B** in figura) o dalla cartella **Mapped variables**, contenuta nella finestra degli strumenti **Workspace**, (lettera **D** in figura).

Nelle operazioni di trascinamento è utile mantenere i pannelli I/O sempre in primo piano selezionando il bottone **I/O windows always visible** nel pannello di controllo di SimuLab mostrato in FIGURA 3.36.

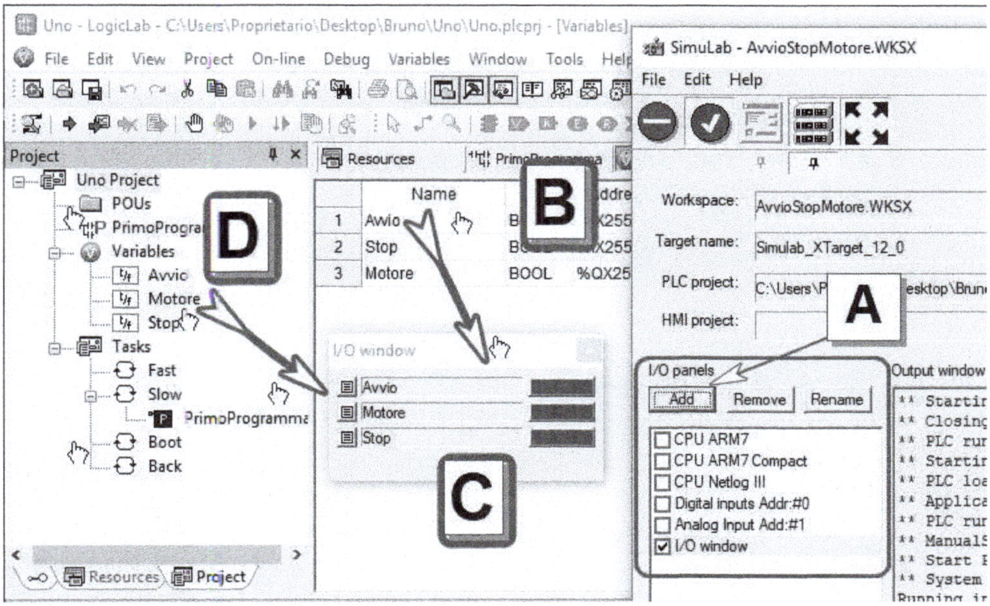

FIGURA 3.38: Assegnazione delle variabili al pannello personalizzato di ingresso/uscita di SimuLab

Modifichiamo le proprietà del *signal*, ossia del segnale digitale visualizzato dal pannello, della variabile *Motore*. Con riferimento alla FIGURA 3.39, cliccando sul bottone indicato dalla lettera **A** apparirà la finestra delle proprietà del segnale digitale, **Digital signal properties**, che vogliamo modificare. Spuntando la casella indicata dalla lettera **B** attiveremo l'attributo **Read only**, trasformando l'elemento da ingresso, con caratteristiche di lettura e scrittura, a uscita, con caratteristiche di sola lettura. L'uscita sarà evidenziata da un led che prenderà il posto del bottone rettangolare.

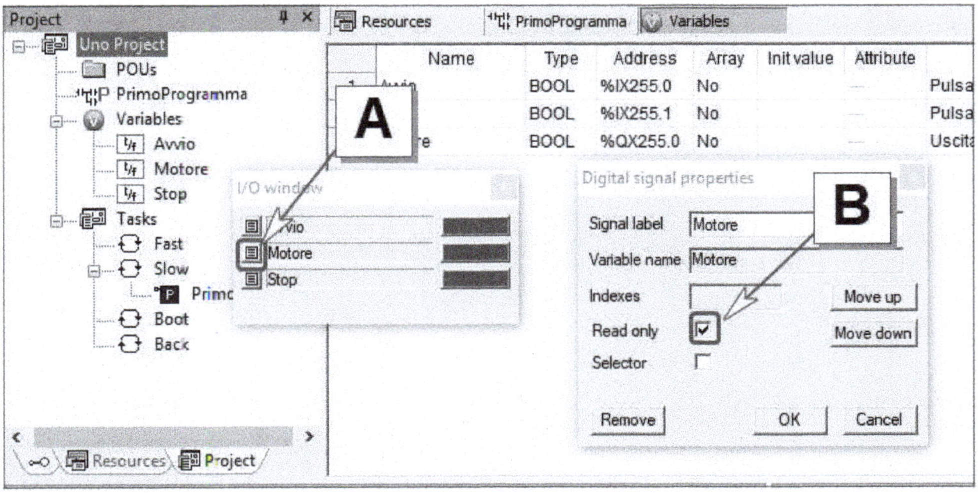

FIGURA 3.39: Modifica delle proprietà del segnale digitale della variabile *Motore* del pannello di I/O

Vogliamo adesso modificare le proprietà del segnale della variabile *Stop* per simulare il funzionamento di un pulsante NC. Con riferimento alla FIGURA 3.40, cliccando sul bottone indicato dalla lettera **A** apparirà la finestra delle proprietà del segnale digitale, **Digital signal properties**. Spuntando la casella indicata dalla lettera **B** attiveremo l'attributo **Selector**, trasformando l'elemento da pulsante a selettore con due posizioni stabili.

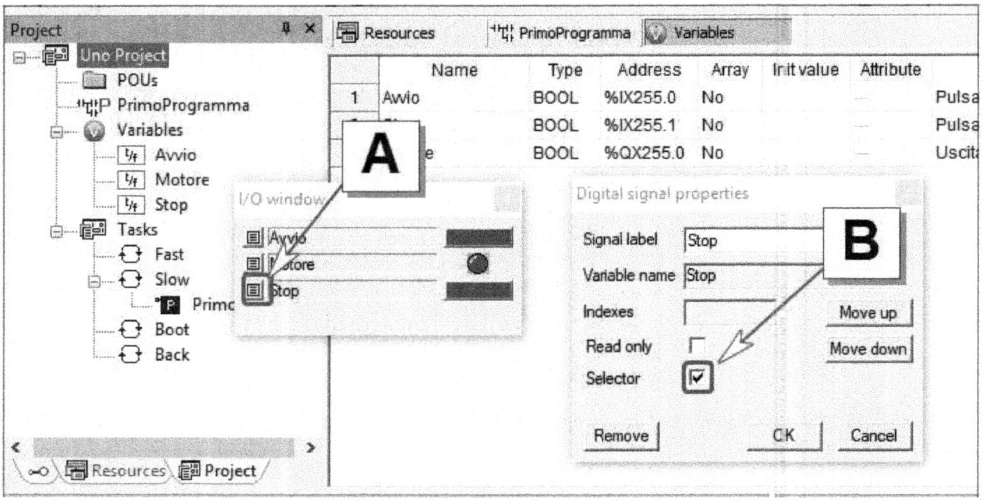

FIGURA 3.40: Modifica delle proprietà dell'elemento (*signal*) *Stop* del pannello di I/O

Per la simulazione si possono utilizzare anche i pannelli preimpostati della CPU e degli ingressi e delle uscite. Ovviamente è necessario aver indicato nella stesura del programma gli indirizzi di memoria corrispondenti al modulo CPU e agli eventuali moduli di espansione che si andranno a usare. Con riferimento alla FIGURA 3.41 si spunti la casella indicata dalla lettera **A** per visualizzare il pannello preimpostato del PLC SlimLine Modulo CPU Compact ARM7 Elsist.

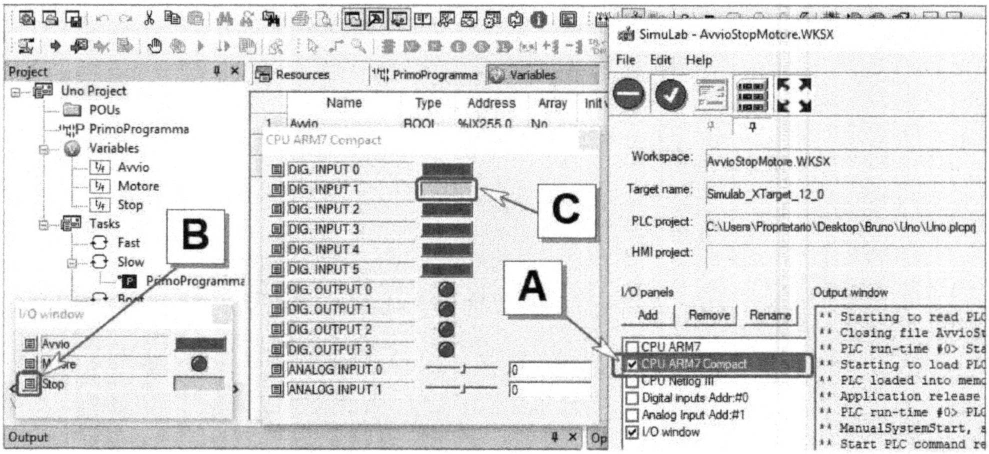

FIGURA 3.41: Visualizzazione del pannello del PLC SlimLine Modulo CPU Compact ARM7 Elsist

Attivare l'attributo **Selector**, trasformando l'elemento **DIG. INPUT 1**, indicato nella figura dalla lettera **C**, da pulsante a selettore con due posizioni stabili, come fatto precedentemente per la variabile *Stop*. Cliccare sul selettore **Stop**, indicato nella figura dalla lettera **B**, per simulare lo stato del pulsante NC. Ovviamente il comportamento degli elementi dei due pannelli è identico e sincronizzato.

Con riferimento alla FIGURA 3.42 (A), premendo il bottone **Avvio** o il bottone **DIG. INPUT 1** si illumineranno, su entrambi i pannelli, i led dell'uscita **Motore**. Premendo il selettore **Stop** o il selettore **DIG. INPUT 2** di FIGURA 3.42 (B) si spegneranno, su entrambi i pannelli, i led dell'uscita **Motore**. Infine, anche riportando i selettori in posizione di chiuso, premendo il selettore **Stop** o il selettore **DIG. INPUT 2** di FIGURA 3.42 (C), i led dell'uscita **Motore** continueranno a rimanere spenti su entrambi i pannelli.

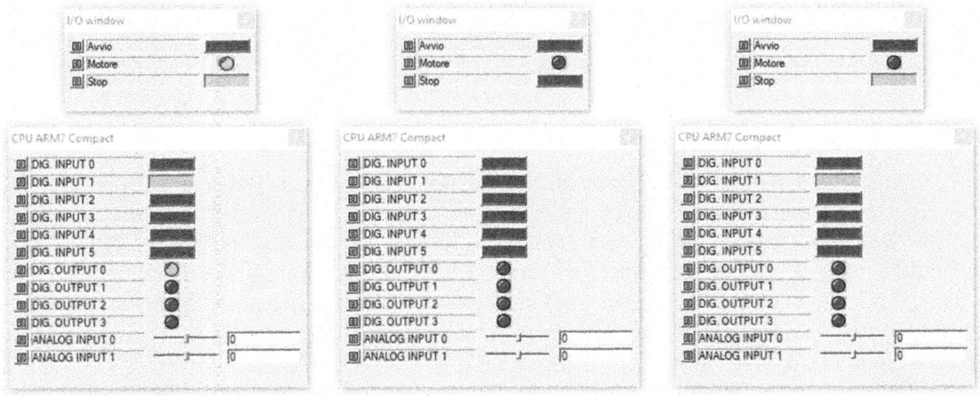

(A) (B) (C)

FIGURA 3.42: Verifica del funzionamento del programma con il simulatore SimuLab

Trovate questo esempio (file ***Uno. plcprj***) e il relativo pannello di simulazione nella cartella ***Capitolo3\Uno*** del CD-ROM.

Prima di aprire il file con LogicLab4, si raccomanda di copiare la cartella sul disco rigido del computer in modo da poter effettuare le modifiche al progetto e il download delle applicazioni sul target device (maggiori informazioni sono riportate nel file ***Avvertenze.pdf*** contenuto nel CD-ROM allegato).

3.10 – Creare un primo programma in ST

Vogliamo adesso implementare, come primo programma in ST, il semplice schema di avvio e di stop di un motore con autoritenuta, presentato nel PARAGRAFO 2.5. Con le stesse modalità descritte nel PARAGRAFO 3.5 creiamo il nuovo progetto **Uno_ST** con all'interno il programma in ST **PrimoProgramma_ST**, che assegneremo al task **Slow**, come illustrato in FIGURA 3.43.
Con le modalità descritte al PARAGRAFO 3.7, definire le medesime variabili globali mappate dell'esempio in LD visto precedentemente.

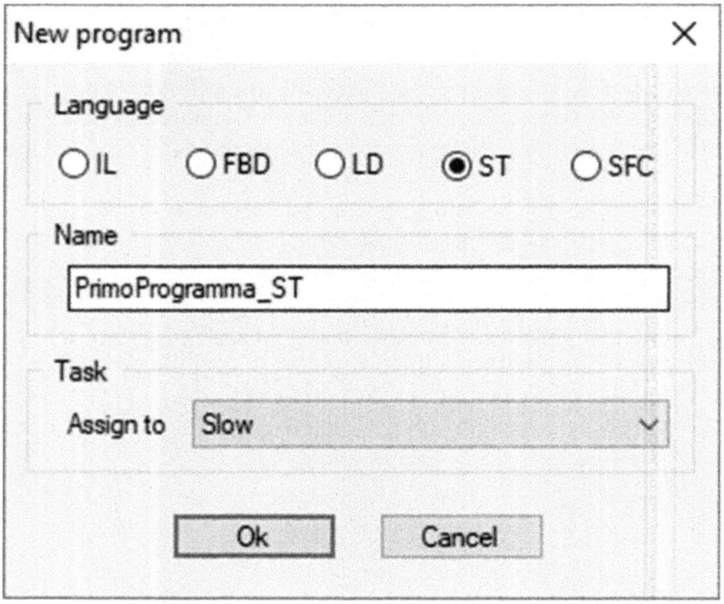

FIGURA 3.43: Finestra di dialogo associata alla creazione di un nuovo programma in ST

La FIGURA 3.44 mostra come nell'area di lavoro di LogicLab4 compare la finestra dell'**Editor ST** (**Editor Structured Text**) che permette di programmare il PLC attraverso lo Structured Text, uno dei linguaggi ammessi dallo standard IEC. L'editor funziona come un qualsiasi programma di videoscrittura, per cui non incontrerete nessuna difficoltà nello scrivere e modificare i programmi.

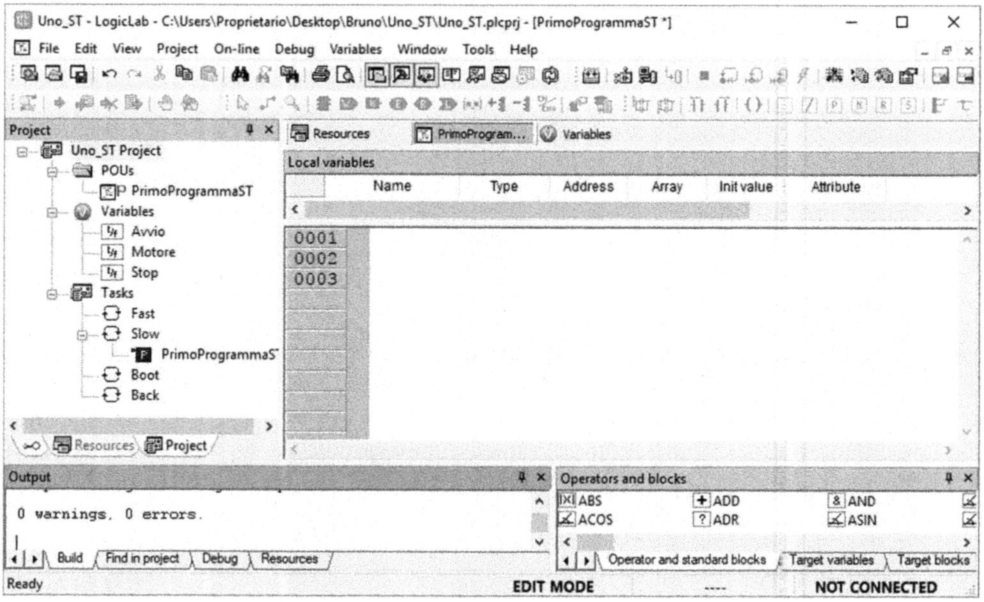

FIGURA 3.44: Finestra dell'**Editor Structured Text**

```
IF ((Avvio OR Motore) AND (Stop)) THEN
    Motore:= TRUE;
ELSE
    Motore:= FALSE;
END_IF;
```

FIGURA 3.45: Programma **PrimoProgramma_ST** del progetto **Uno_ST**

La compilazione e la simulazione del funzionamento del progetto saranno eseguite con le stesse modalità descritte nel PARAGRAFO 3.10.

Trovate questo esempio (file ***Uno_ST. plcprj***) e il relativo pannello di simulazione nella cartella ***Capitolo3\Uno_ST*** del CD-ROM.

Prima di aprire il file con LogicLab4, si raccomanda di copiare la cartella sul disco rigido del computer in modo da poter effettuare le modifiche al progetto e il *download* delle applicazioni sul target device (maggiori informazioni sono riportate nel file ***Avvertenze.pdf*** contenuto nel CD-ROM allegato).

CAPITOLO 4

Elementi di programmazione IEC 61131-3

4.1 – Editor Ladder Diagram (LD) di LogicLab

Abbiamo già visto come l'editor di LogicLab4 consente di programmare i PLC Elsist utilizzando il linguaggio grafico Ladder Diagram (LD), uno dei cinque linguaggi ammessi dallo standard IEC 61131-3.

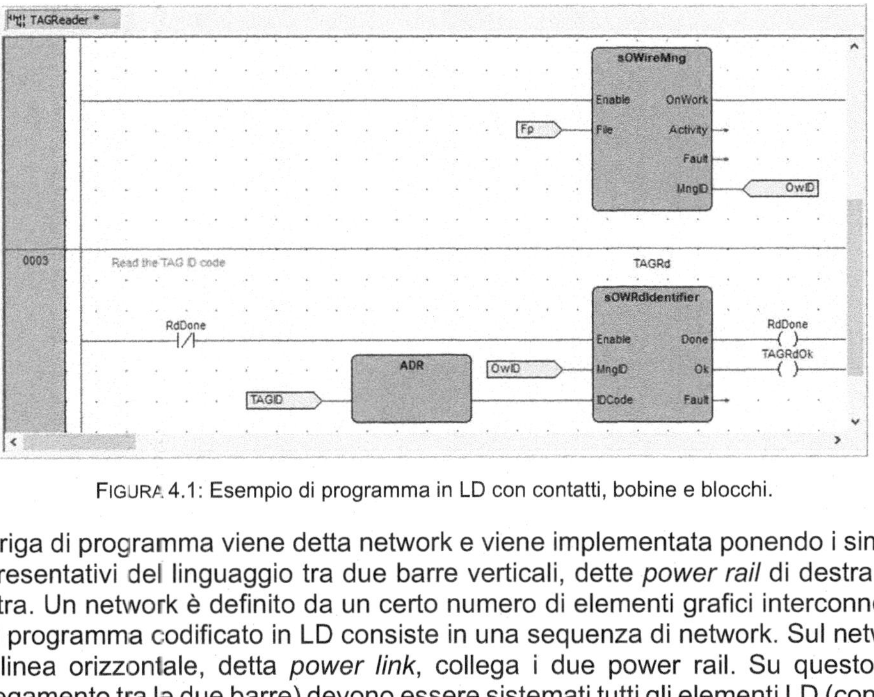

FIGURA 4.1: Esempio di programma in LD con contatti, bobine e blocchi.

Una riga di programma viene detta network e viene implementata ponendo i simboli rappresentativi del linguaggio tra due barre verticali, dette *power rail* di destra e di sinistra. Un network è definito da un certo numero di elementi grafici interconnessi. Ogni programma codificato in LD consiste in una sequenza di network. Sul network una linea orizzontale, detta *power link*, collega i due power rail. Su questo link (collegamento tra le due barre) devono essere sistemati tutti gli elementi LD (contatti, uscite e blocchi).

FIGURA 4.2: La barra dei comandi ladder **LD Bar** di LogicLab4

In FIGURA 4.2 è riportata la barra dei comandi ladder **LD Bar** di LogicLab4. Alcuni dei bottoni presenti ci sono già noti per averli incontrati in precedenza.

INSERIMENTO IN PARALLELO

Attiva la modalità di inserimento **Parallel contact before** che aggiunge un nuovo contatto, posto sopra quello selezionato, in parallelo. Lo stesso risultato può essere ottenuto tramite il menu **Scheme ⇒ Object ⇒ New ⇒ Parallel contact before**.

Attiva la modalità di inserimento **Parallel contact after** che aggiunge un nuovo contatto, posto sotto quello selezionato, in parallelo. Lo stesso risultato può essere ottenuto tramite il menu **Scheme ⇒ Object ⇒ New ⇒ Parallel contact after** o, utilizzando la combinazione di scelta rapida, premendo i tasti <Shift>+<P>.

INSERIMENTO IN SERIE

Attiva la modalità di inserimento **Serie contact before** che aggiunge un nuovo contatto, posto a sinistra di quello selezionato, in serie. Lo stesso risultato può essere ottenuto tramite il menu **Scheme ⇒ Object ⇒ New ⇒ Serie contact before**.

Attiva la modalità di inserimento **Serie contact after** che aggiunge un nuovo contatto, posto a destra di quello selezionato, in serie. Lo stesso risultato può essere ottenuto tramite il menu **Scheme ⇒ Object ⇒ New ⇒ Serie contact after** o, utilizzando la combinazione di scelta rapida, premendo i tasti <Shift>+<C>.

Nei prossimi paragrafi esamineremo dapprima i contatti e le uscite e in seguito i blocchi.

4.2 – Gestione degli ingressi e delle uscite del PLC in LD e in ST

In un network lo stato del power rail sinistro deve essere sempre considerato **ON** (o se preferite **vero, true, 1, Alto, High**), i singoli simboli presenti consentono all'informazione **stato ON** di transitare o meno attraverso di essi a seconda della condizione della corrispondente variabile booleana associata.

USCITA

Attiva la modalità di inserimento **Coil** (*bobina*) che aggiunge una nuova **uscita**. Lo stesso risultato può essere ottenuto tramite il menu **Scheme ⇒ Object ⇒ New ⇒ Coil** o, utilizzando la combinazione di scelta rapida, premendo i tasti <Shift>+<O>. Un'uscita è sempre collegata al power rail destro. Se lo stato presente alla sua sinistra è **ON** lo stato della variabile booleana associata diventerà **1 (true)** e l'uscita fisica corrispondente, se presente, si attiverà. Se sono già presenti altre uscite nel network, la nuova uscita sarà aggiunta in parallelo ad esse.

Per esempio, se nel network riportato in FIGURA 4.3 alla variabile *Uscita0* è stata associata una variabile mappata con indirizzo di memoria ***%QX255.0***, corrispondente all'uscita 0 del modulo CPU, l'uscita 0 del PLC si attiverà e il valore assunto dalla variabile booleana *Uscita0* cambierà da **0** (**false**) in **1** (**true**).

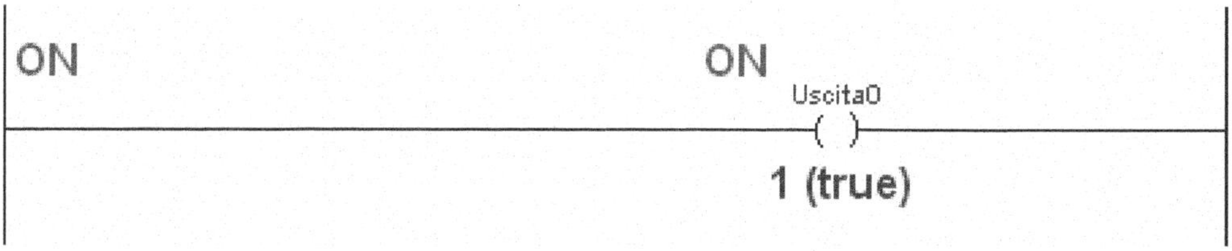

FIGURA 4.3: Esempio di programma in LD con un'uscita

MODIFICA DELLE PROPRIETÀ DEI CONTATTI E DELLE USCITE

Riporta la proprietà dell'oggetto selezionato a **Normal**. Lo stesso risultato può essere ottenuto tramite il menu **Scheme ⇒ Open object** o, utilizzando la combinazione di scelta rapida, premendo il tasto <O>.

/ Trasforma la proprietà dell'oggetto selezionato da **Normal** a **Negated**. Lo stesso risultato può essere ottenuto tramite il menu **Scheme ⇒ Negated object** o, utilizzando la combinazione di scelta rapida, premendo il tasto <O>.

P Trasforma la proprietà dell'oggetto selezionato da **Normal** a **Positive**. Lo stesso risultato può essere ottenuto tramite il menu **Scheme ⇒ Positive object** o, utilizzando la combinazione di scelta rapida, premendo il tasto <P>.

N Trasforma la proprietà dell'oggetto selezionato da **Normal** a **Negative**. Lo stesso risultato può essere ottenuto tramite il menu **Scheme ⇒ Negative object** o, utilizzando la combinazione di scelta rapida, premendo il tasto <N>.

S Trasforma la proprietà dell'oggetto **Coil** selezionato da **Normal** a **Set**. Lo stesso risultato può essere ottenuto tramite il menu **Scheme ⇒ Set object** o, utilizzando la combinazione di scelta rapida, premendo il tasto <S>.

R Trasforma la proprietà dell'oggetto **Coil** selezionato da **Normal** a **Reset**. Lo stesso risultato può essere ottenuto tramite il menu **Scheme ⇒ Reset object** o, utilizzando la combinazione di scelta rapida, premendo il tasto <R>.

USCITA NEGATA

(/) Un'**uscita negata** è sempre collegata al power rail destro. Se lo stato presente alla sua sinistra è **ON** lo stato della variabile booleana associata diventerà **0 (false)** e l'uscita fisica corrispondente, se presente, si disattiverà.

Un'uscita negata, quindi, si comporta in un modo complementare a quello precedentemente visto per l'uscita.

CONTATTO NORMALMENTE APERTO

-| |- In un **contatto normalmente aperto** lo stato presente alla sinistra attraversa il simbolo se lo stato della variabile booleana associata è **1 (true)**.

Il cambiamento di stato del contatto può essere originato dalla variazione di stato di un ingresso fisico del PLC, dalla variazione di stato di un'uscita fisica del PLC o dalle variazioni di variabili booleane di memoria associate.

Per esempio, consideriamo il network riportato in FIGURA 4.4 dove alla variabile *Uscita0* è stata associata una variabile mappata con indirizzo di memoria ***%QX255.0***, corrispondente all'uscita 0 del modulo CPU, e alla variabile *Ingresso0* è stata associata una variabile mappata con indirizzo di memoria ***%IX255.0***, che corrisponde all'ingresso 0 del modulo CPU.

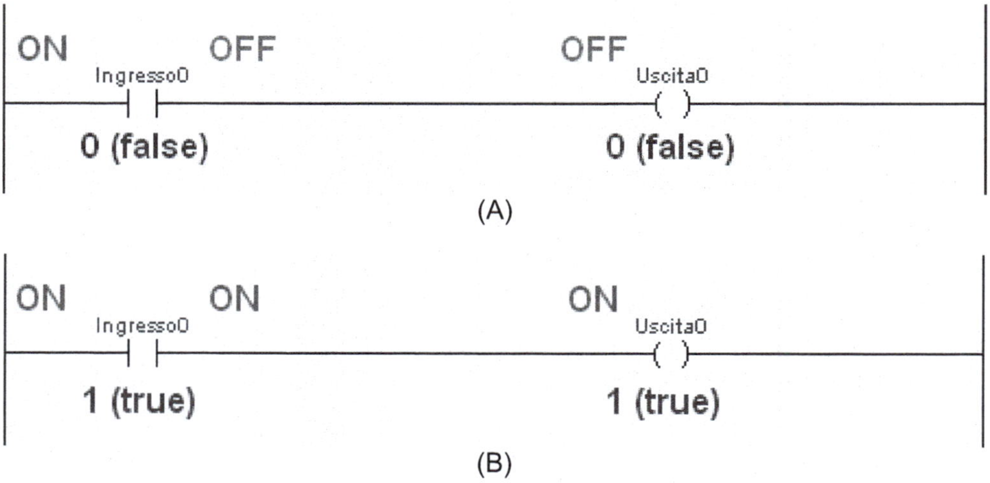

FIGURA 4.4: Esempio di programma in LD con un contatto normalmente aperto e un'uscita

Nel caso di FIGURA 4.4 (A) sui morsetti dell'ingresso 0 del modulo CPU non è presente una tensione tra 10 e 30 V. La variabile *Ingresso0* di conseguenza assume il valore **0** (**false**) e lo stato **ON**, presente sul power rail sinistro, non potrà attraversare il contatto NA per raggiungere la bobina e attivare l'uscita 0 del PLC, di conseguenza la variabile *Uscita0* assume il valore **0** (**false**).

Nel caso di FIGURA 4.4 (B) sui morsetti dell'ingresso 0 del modulo CPU è presente una tensione tra 10 e 30 V. La variabile *Ingresso0* di conseguenza assume il valore **1** (**true**) e lo stato **ON**, presente sul power rail sinistro, potrà attraversare il contatto

NA per raggiungere la bobina e attivare l'uscita 0 del PLC e, di conseguenza, far assumere alla variabile *Uscita0* il valore **1** (**true**).

CONTATTO NORMALMENTE CHIUSO

In un **contatto normalmente chiuso** lo stato presente alla sinistra attraversa il simbolo se lo stato della variabile booleana associata è **0 (false)**.

Un contatto normalmente chiuso, quindi, si comporta in un modo complementare a quello precedentemente visto per il contatto normalmente aperto.

SET (*LATCH*) USCITA

Una bobina **SET** (***latch***) **uscita** è sempre collegata al power rail destro. Se lo stato presente alla sua sinistra è **ON** lo stato della variabile booleana associata diventerà **1 (true)** e l'uscita fisica corrispondente, se presente, si attiverà. La nuova condizione sarà mantenuta finché essa non sarà reimpostata da un'uscita **RESET**.

RESET (*UNLATCH*) USCITA

Una bobina **RESET** (***unlatch***) **uscita** è sempre collegata al power rail destro. Se lo stato presente alla sua sinistra è **ON** lo stato della variabile booleana associata diventerà **0 (false)** e l'uscita fisica corrispondente, se presente, si disattiverà. La nuova condizione sarà mantenuta finché essa non sarà reimpostata da un'uscita **SET**.

Per esempio, consideriamo il programma composto dai due network riportati in FIGURA 4.5 (A) dove: alla variabile *Uscita0* è stata associata una variabile mappata con indirizzo di memoria ***%QX255.0***, corrispondente all'uscita 0 del modulo CPU; alla variabile *Ingresso0* è stata associata una variabile mappata con indirizzo di memoria ***%IX255.0***, che corrisponde all'ingresso 0 del modulo CPU; alla variabile *Ingresso1* è stata associata una variabile mappata con indirizzo di memoria ***%IX255.1***, che corrisponde all'ingresso 1 del modulo CPU.

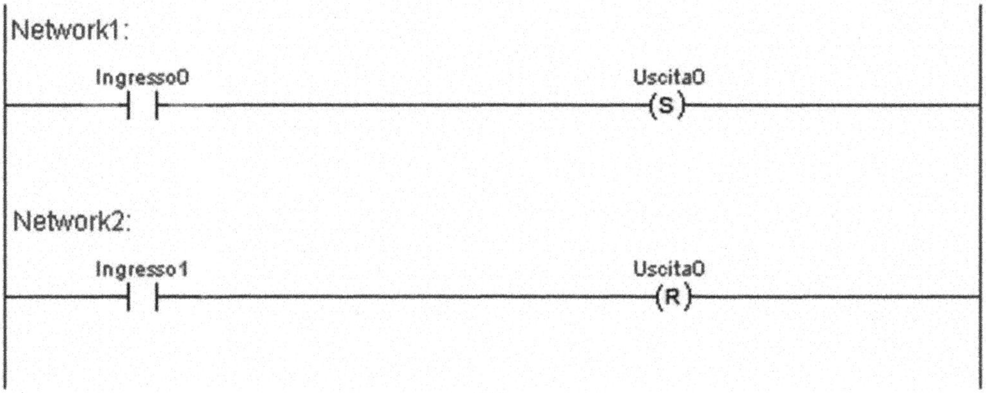

(A)

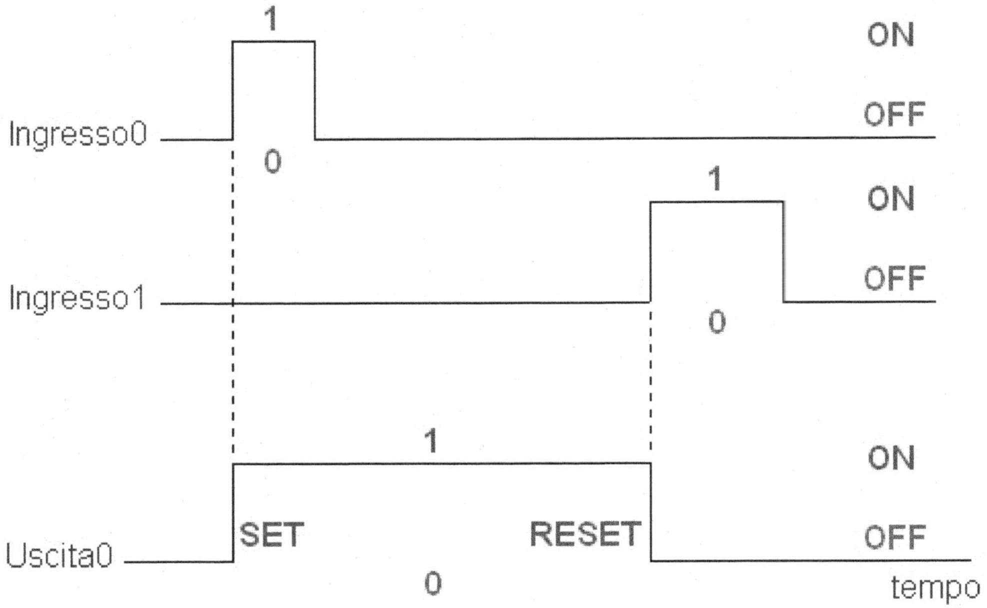

(B)

FIGURA 4.5: Esempio di programma in LD con le istruzioni **SET** e **RESET**

La FIGURA 4.5 (B) illustra il diagramma dei tempi relativo al funzionamento del programma. Quando sui morsetti dell'ingresso 0 del modulo CPU è presente una tensione tra 10 e 30 V la variabile *Ingresso0* assume il valore **1** (**true**) e lo stato **ON**, presente sul power rail sinistro, potrà attraversare il contatto NA per raggiungere la bobina e attivare l'uscita 0 del PLC e, di conseguenza, far assumere alla variabile *Uscita0* il valore **1** (**true**). Questa condizione sarà mantenuta, anche quando la variabile *Ingresso1* assume il valore **0** (**false**), finché sui morsetti dell'ingresso 1 del modulo CPU non sarà presente una tensione tra 10 e 30 V che farà assumere alla variabile *Ingresso0* il valore **1** (**true**) e lo stato **ON**, presente sul power rail sinistro, potrà attraversare il contatto NA per raggiungere la bobina e disattivare l'uscita 0 del PLC e, di conseguenza, far assumere alla variabile *Uscita0* il valore **0** (**false**).

CONTATTO SENSIBILE AL FRONTE DI SALITA

In un **contatto sensibile al fronte di salita** lo stato presente alla sinistra attraversa il simbolo per un solo ciclo di scansione quando viene rilevata una transizione da **OFF** a **ON** nello stato della variabile booleana associata.

Per esempio, consideriamo il network riportato in FIGURA 4.6 (A) dove alla variabile *Uscita0* è stata associata una variabile mappata con indirizzo di memoria ***%QX255.0***, corrispondente all'uscita 0 del modulo CPU, e alla variabile *Ingresso0* è stata associata una variabile mappata con indirizzo di memoria ***%IX255.0***, che corrisponde all'ingresso 0 del modulo CPU.

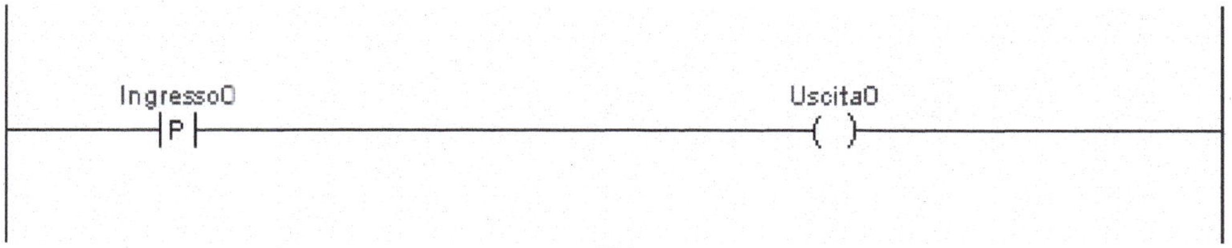

(A)

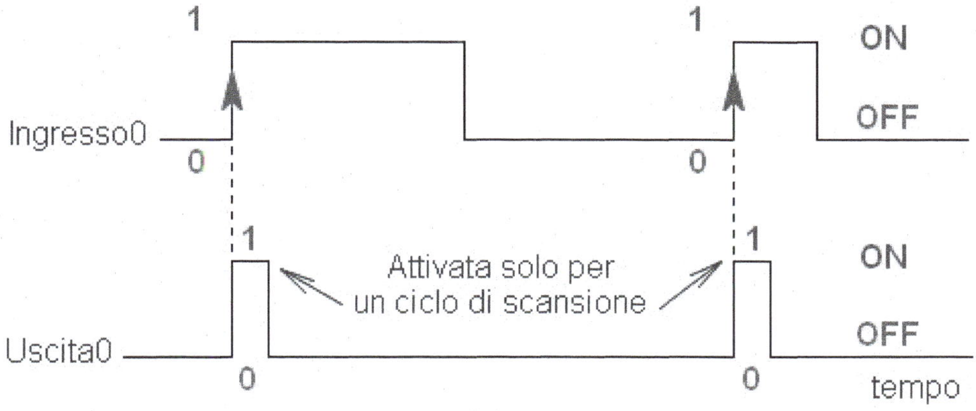

(B)

Figura 4.6: Rilevamento del fronte di salita di un contatto sensibile al fronte di salita

La FIGURA 4.6 (B) illustra il diagramma dei tempi relativo al funzionamento del network. Quando il PLC rileva un fronte di salita sull'ingresso 0 – ossia un passaggio da assenza di tensione a tensione compresa tra 10 e 30 V sui morsetti dell'ingresso 0 del modulo CPU e quindi un passaggio dallo stato **0** (**false**) allo stato **1** (**true**) della variabile associata *Ingresso0* – lo stato **ON**, presente sul power rail sinistro, potrà attraversare il contatto sensibile al fronte di salita per raggiungere la bobina e attivare l'uscita 0 del PLC e, di conseguenza, far assumere alla variabile *Uscita0* il valore **1** (**true**) per un solo ciclo di scansione.

CONTATTO SENSIBILE AL FRONTE DI DISCESA

In un **contatto sensibile al fronte di discesa** lo stato presente alla sinistra attraversa il simbolo per un solo ciclo di scansione quando viene rilevata una transizione da **ON** a **OFF** nello stato della variabile booleana associata.

Per esempio, consideriamo il network riportato in FIGURA 4.7 (A) dove alla variabile *Uscita0* è stata associata una variabile mappata con indirizzo di memoria ***%QX255.0***, corrispondente all'uscita 0 del modulo CPU, e alla variabile *Ingresso0* è stata associata una variabile mappata con indirizzo di memoria ***%IX255.0***, che corrisponde all'ingresso 0 del modulo CPU.

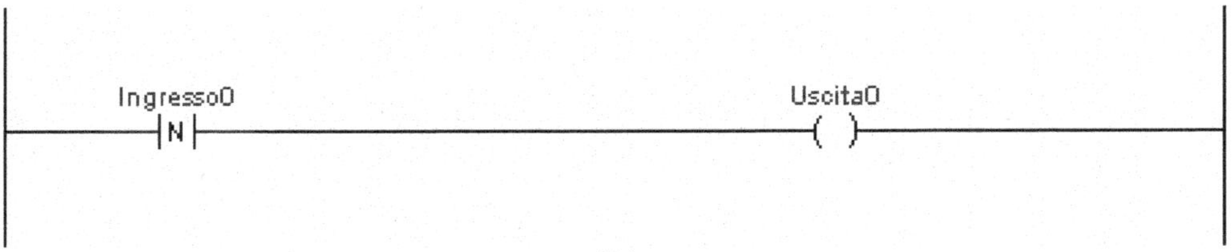

(A)

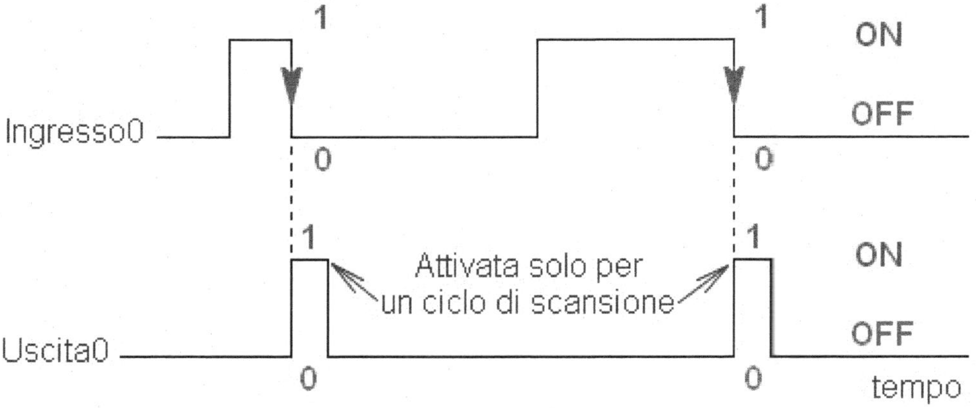

(B)

FIGURA 4.7: Rilevamento del fronte di discesa di un contatto sensibile al fronte di discesa

La FIGURA 4.7 (B) illustra il diagramma dei tempi relativo al funzionamento del network. Quando il PLC rileva un fronte di discesa sull'ingresso 0 – ossia un passaggio da tensione compresa tra 10 e 30 V ad assenza di tensione sui morsetti dell'ingresso 0 del modulo CPU e quindi un passaggio dallo stato **1** (**true**) allo stato **0** (**false**) della variabile associata *Ingresso0* – lo stato **ON**, presente sul power rail sinistro, potrà attraversare il contatto sensibile al fronte di discesa per raggiungere la bobina e attivare l'uscita 0 del PLC e, di conseguenza, far assumere alla variabile *Uscita0* il valore **1** (**true**), per un solo ciclo di scansione.

ESEMPIO 1-LD: Relè passo passo (codice in LD)

Vediamo come realizzare un programma con LogicLab4 per implementare un sistema che attivi un'uscita digitale secondo la modalità di funzionamento del relè passo passo: la pressione di un pulsante, collegato su un ingresso, farà commutare un'uscita digitale alternativamente dallo stato **ON** allo stato **OFF**. Il programma sarà scritto in LD.

Nella FIGURA 4.8 sono mostrati i collegamenti con il PLC del pulsante *PulsanteIngresso* (sulla morsettiera degli ingressi) e del contatto della *BobinaUscita* (sulla morsettiera delle uscite) per l'alimentazione di un contattore, i cui contatti alimenteranno i circuiti di potenza.

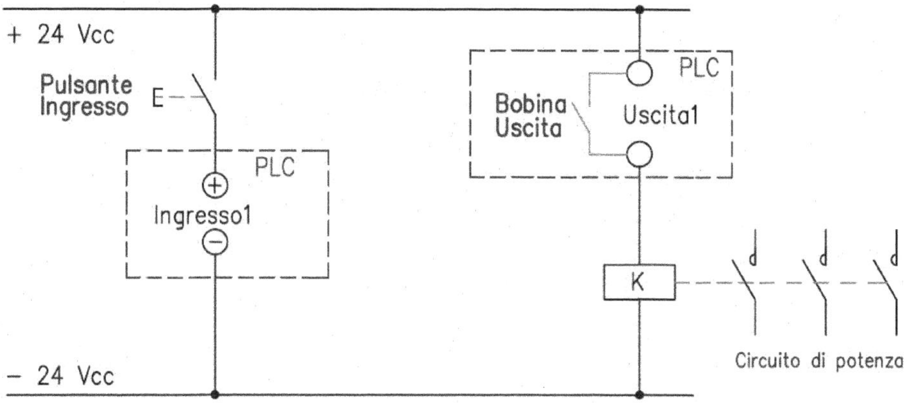

FIGURA 4.8: Collegamenti al PLC del pulsante e della bobina per il circuito dell'ESEMPIO 1-LD

Dal menu **File ⇒ New project**, creare un nuovo progetto e assegnargli il nome *Esempio1_LD* nel campo corrispondente.

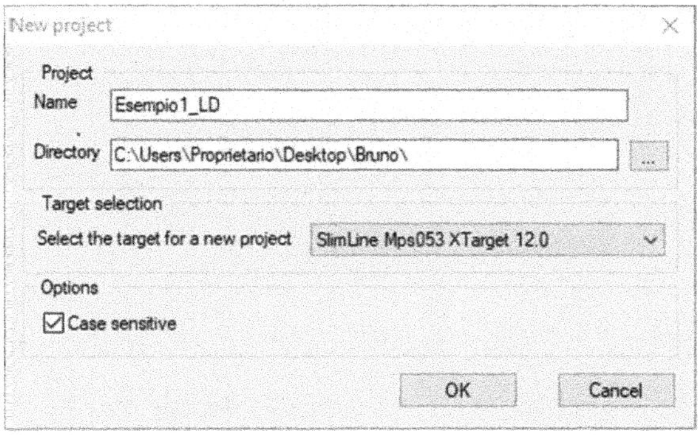

FIGURA 4.9: Finestra di dialogo per la creazione di un nuovo programma dal menu **File ⇒ New project**

Selezionare nella casella di scelta multipla il target **SlimLine Mps053XTarget 12.0** e spuntare la casella **Case sensitive**, come mostrato in FIGURA 4.9.

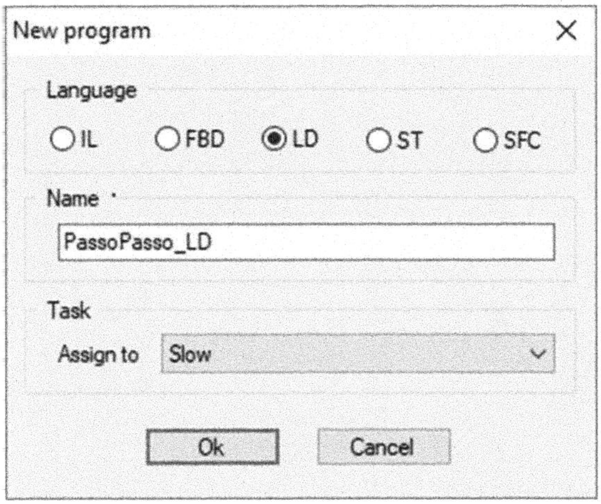

FIGURA 4.10: Assegnazione del programma in linguaggio LD **PassoPasso_LD** al task **Slow**

Creare un nuovo programma dal menu **Project ⇒ New object ⇒ New program** e assegnargli il nome *PassoPasso_LD* nel campo corrispondente, selezionare il linguaggio Ladder Diagram, spuntando la casella **LD** e assegnare il programma al task **Slow**, come illustrato dalla FIGURA 4.10.

Definire, come mostrato in FIGURA 4.11, due variabili globali mappate, una d'ingresso e una d'uscita, che, come noto, hanno un preciso indirizzo assegnato nel sistema logico di indirizzi del target device:

- variabile *PulsanteIngresso* con indirizzo di memoria ***%IX255.0***, corrispondente all'ingresso 0 del modulo CPU;
- variabile *BobinaUscita* con indirizzo di memoria ***%QX255.0***, corrispondente all'uscita 0 del modulo CPU.

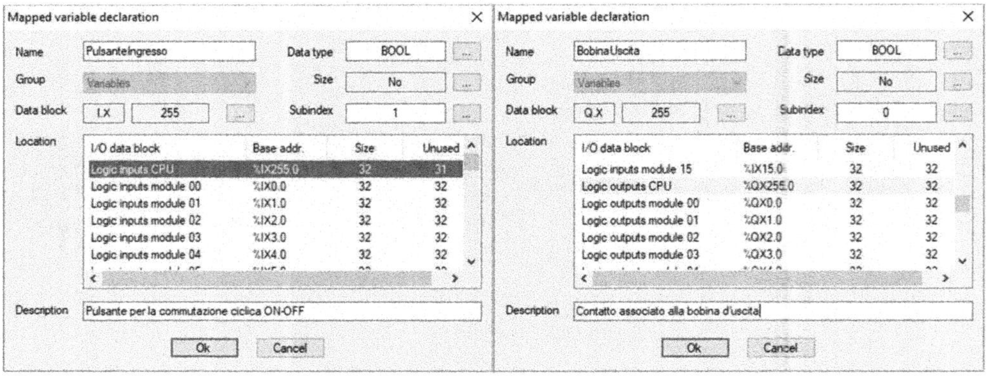

FIGURA 4.11: Finestre di dialogo per la definizione delle due variabili globali mappate

Definire anche delle *variabili locali*, dichiarandole all'interno del programma. A differenza di quanto avviene per le variabili globali, che sono visualizzabili da qualsiasi modulo del progetto, il programma **PassoPasso_LD** è l'unico elemento del progetto che può riferirsi e accedere ad esse.

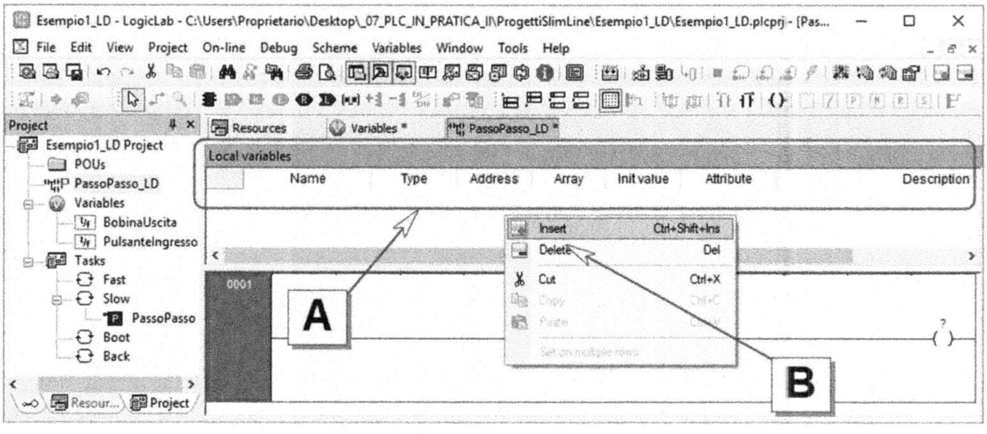

FIGURA 4.12: Finestre di dialogo per la definizione delle due variabili locali

Le variabili locali provvedono a memorizzare dati intermedi o informazioni di controllo. Possiamo immaginarle come delle "bobine virtuali", ovvero dei relè di controllo che immagazzinano dati nella memoria del PLC a cui però non è abbinata un'uscita fisica del controllore. Per inserire una variabile locale occorre posizionarsi con il mouse sull'*editor delle variabili locali*, l'area delimitata dalla lettera **A** in FIGURA 4.12, e selezionare dal menu **Variables ⇒ Insert** o, utilizzando la combinazione di scelta rapida, premere i tasti <Ctrl>+<Shift>+<Ins>. In alternativa, cliccando con il tasto destro del mouse apparirà un menu, indicato dalla lettera **B** in FIGURA 4.12, tramite il quale è possibile effettuare le medesime operazioni.

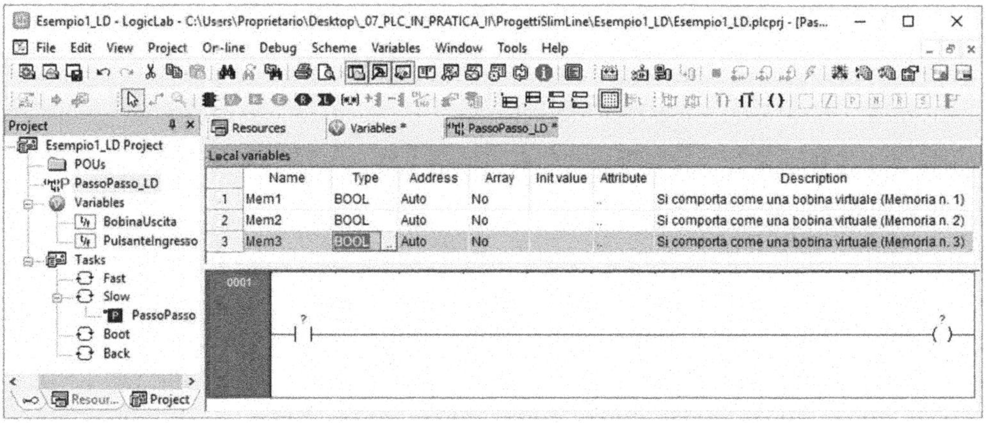

FIGURA 4.13: Editor delle variabili locali accessibili dal programma **PassoPasso_LD**

Con riferimento alla FIGURA 4.13, sono state definite le tre variabili locali *Mem1*, *Mem2*, *Mem3* di tipo booleano e con *indirizzo automatico*.

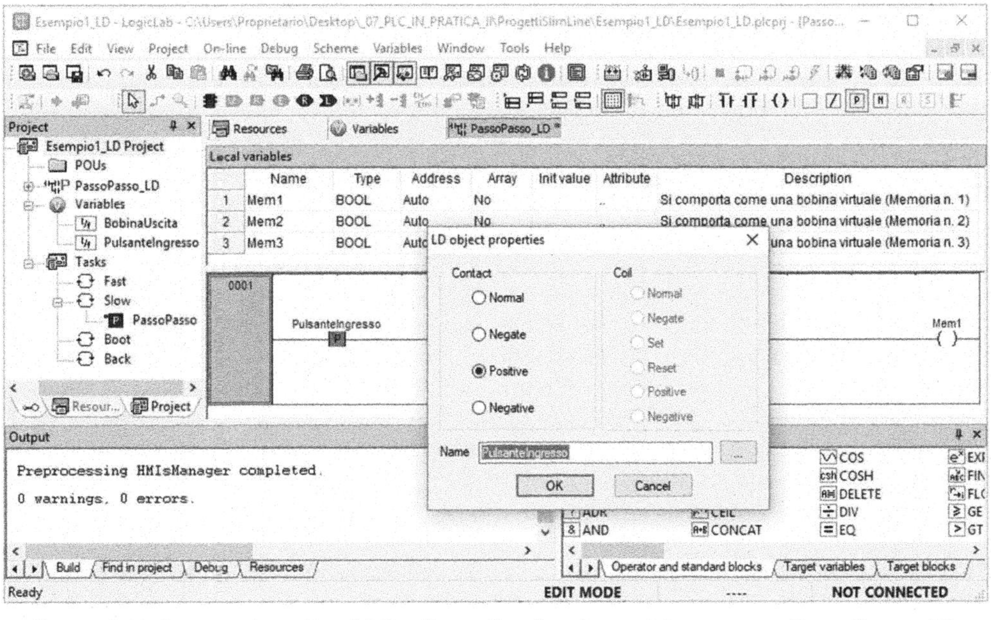

FIGURA 4.14: Assegnazione di variabili agli oggetti nello schema del programma **PassoPasso_LD**

Per impostare o modificare le proprietà di una variabile, (assegnazione del nome, del tipo, dell'indirizzo, della descrizione ecc.), basta cliccare sulla casella corrispondente nella tabella dell'editor delle variabili locali. Le *variabili automatiche* includono tutte le variabili che il compilatore di LogicLab alloca automaticamente in una posizione appropriata della memoria del target device.

Con riferimento alla FIGURA 4.14, procedere alla costruzione dello schema a contatti e tramite un doppio clic sugli oggetti del primo network assegnare:

- al contatto, dopo averlo trasformato in un contatto sensibile al fronte di salita, la variabile globale booleana *PulsanteIngresso*;
- alla bobina la variabile locale booleana *Mem1*.

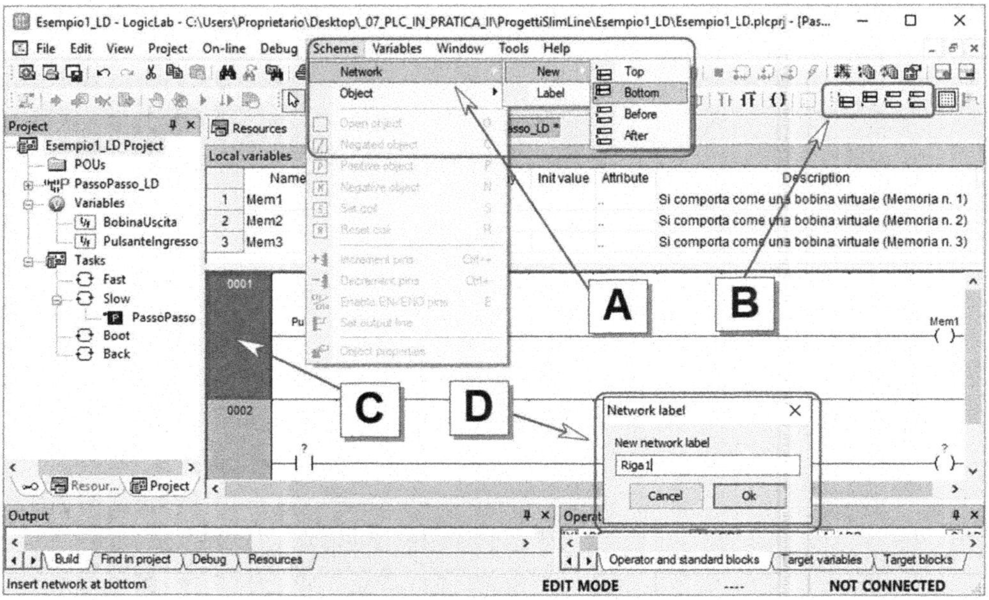

FIGURA 4.15: Inserimento di nuovi network ed etichettatura del *Network0001*

Per inserire nuovi network nello schema a contatti si può utilizzare il menu **Scheme ⇒ Network ⇒ New ⇒ Bottom** (lettera **A** della FIGURA 4.15) oppure la *barra dei comandi network* (lettera **B** della FIGURA 4.15). La barra dei comandi network è attivata tramite il menu **View ⇒ Toolbars ⇒ Network** (si può ottenere lo stesso risultato, tramite la combinazione di scelta rapida, premendo i tasti <Ctrl>+<N>).
Per assegnare un'etichetta al *Network0001* cliccare due volte sul tasto grigio a sinistra che riporta il numero del network, come indicato dalla lettera **C** in FIGURA 4.15. Apparirà una finestra di dialogo all'interno della quale sarà possibile digitare l'etichetta che si vuole associare al network selezionato, come indicato dalla lettera **D** in figura. Premendo il bottone **OK**, l'etichetta sarà visualizzata nell'angolo in alto a sinistra del network.

Procediamo all'inserimento di quattro nuovi network nello schema a contatti, e seguendo le indicazioni precedenti, costruiamo lo schema completo, i cui cinque network componenti sono riportati in FIGURA 4.16.

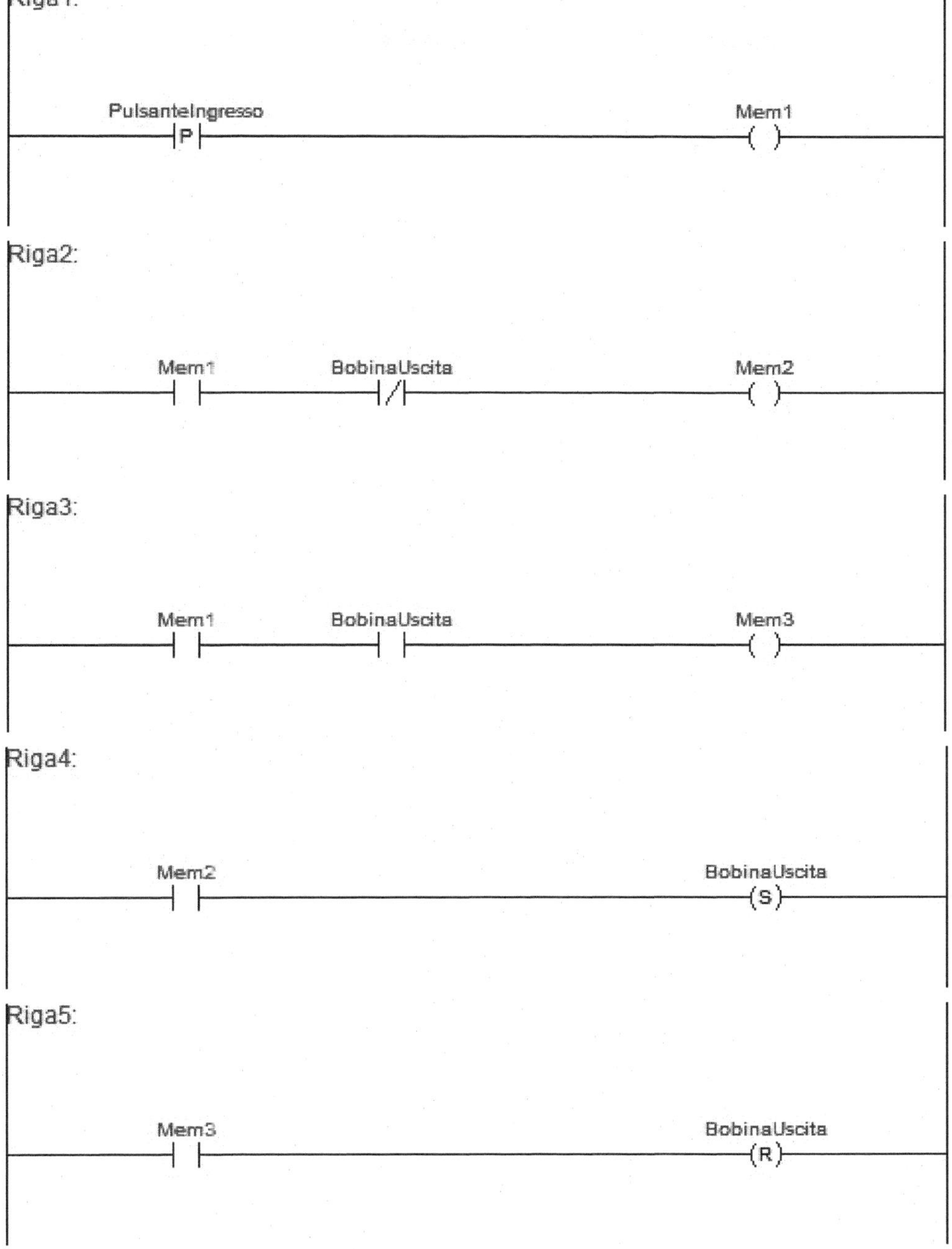

FIGURA 4.16: Programma in LD per implementare il funzionamento del relè passo passo

È importante notare che, in seguito alla pressione del pulsante posto sull'ingresso 0 del modulo CPU, la variabile *PulsanteIngresso* assume il valore **1** per un tempo di durata molto maggiore di un singolo loop. Per evitare che al successivo ciclo di scansione il PLC interpreti questo evento come una nuova pressione del pulsante, è indispensabile utilizzare la variabile *Mem1* che determina l'esecuzione delle righe del programma per un solo ciclo, a prescindere dalla durata della pressione del pulsante. Procediamo all'analisi del funzionamento del programma in LD:

Riga1:
La pressione del *PulsanteIngresso* manda alta la variabile *Mem1* per **un solo** ciclo di scansione.

Riga2:
Se la variabile *BobinaUscita* è **0** (**false**), ossia l'uscita fisica del PLC non è attiva, la variabile locale *Mem2* sarà **1** (**true**) e rimarrà in questa condizione per **un solo** ciclo di scansione.

Riga3:
Se la variabile *BobinaUscita* è **1** (**true**), ossia l'uscita fisica del PLC è attiva, la variabile locale *Mem3* sarà **1** (**true**) e rimarrà in questa condizione per **un solo** ciclo di scansione.

Riga4:
Se la variabile locale *Mem2* è **1** (**true**), ossia l'uscita fisica del PLC non è attiva, lo stato della variabile booleana *BobinaUscita* associata diventerà **1 (true)** e l'uscita fisica corrispondente si attiverà.

Riga5:
Se variabile locale *Mem3* è **1** (**true**), ossia l'uscita fisica del PLC è attiva, lo stato della variabile booleana *BobinaUscita* associata diventerà **0 (false)** e l'uscita fisica corrispondente si disattiverà.

Premendo **PulsanteIngresso** si attiva l'uscita **BobinaUscita**

Premendo nuovamente **PulsanteIngresso** si disattiva l'uscita **BobinaUscita**

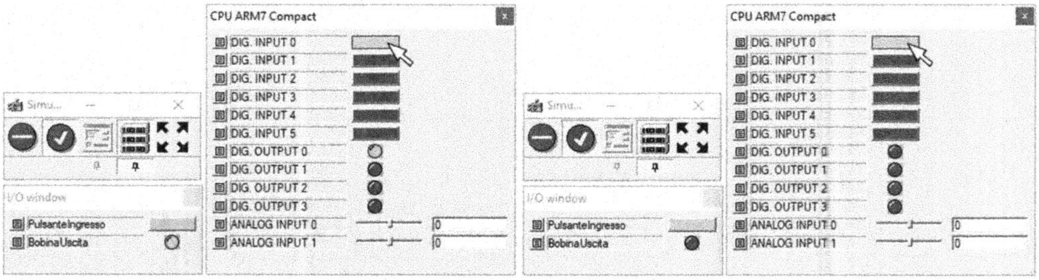

(A) (B)

FIGURA 4.17: Verifica del funzionamento del programma con il simulatore SimuLab

Seguendo le indicazioni contenute nel PARAGRAFO 3.8 si può procedere alla compilazione del programma e alla simulazione del funzionamento, come illustrato in FIGURA 4.17. Trovate questo esempio (file ***Esempio1_LD.plcprj***) e il relativo pannello di simulazione nella cartella ***Capitolo4\Esempio1_LD*** del CD-ROM allegato.

Prima di aprire il file con LogicLab4, si raccomanda di copiare la cartella sul disco rigido del computer in modo da poter effettuare le modifiche al progetto e il download delle applicazioni sul target device (maggiori informazioni sono riportate nel file ***Avvertenze.pdf*** contenuto nel CD-ROM).

ESEMPIO 1-ST: Relè passo passo (codice in ST)

Vogliamo adesso realizzare un programma in ST con LogicLab4 per implementare un sistema caratterizzato dallo stesso funzionamento descritto nell'ESEMPIO 1-LD presentato in precedenza. Con le stesse modalità viste nel PARAGRAFO 3.5 creare il nuovo progetto **Esempio1_ST** e, all'interno di esso, il programma in ST **PassoPasso_ST** che sarà assegnato al task **Slow**.
Come nell'esempio in LD visto precedentemente, definire le due variabili globali mappate (*PulsanteIngresso* e *BobinaUscita*) e la variabile locale di tipo booleano con indirizzo automatico (*Mem1*).

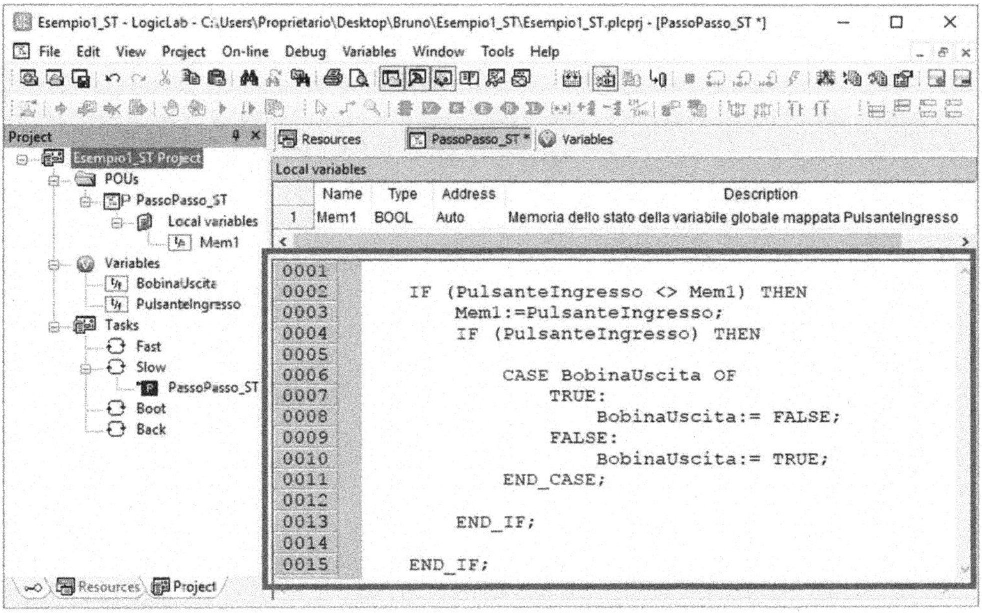

FIGURA 4.18: Programma in ST per LogicLab4 che implementa il funzionamento del relè passo passo

La FIGURA 4.18 mostra il codice da scrivere nella finestra dell'**Editor ST** che compare nell'area di lavoro di LogicLab4.

Procediamo all'analisi del funzionamento del programma in ST.

Riga2 ÷ Riga15:
Alla pressione del pulsante la variabile *PulsanteIngresso* assume il valore **TRUE**. Essendo questo valore diverso (simbolo "<>") da quello della variabile *Mem1*, che presenta il valore **FALSE**, alla variabile *Mem1* viene assegnato il valore **TRUE**. Ciò garantisce che al successivo ciclo di loop la condizione del primo **IF** di *Riga2* non sarà più soddisfatta, realizzando un contatto sensibile al fronte di salita.

Il secondo **IF** di *Riga4* sarà eseguito per un solo ciclo di loop dopo la pressione del pulsante, quando *PulsanteIngresso* assume il valore **TRUE**. Di conseguenza il codice con l'istruzione di selezione **CASE**, compreso tra *Riga6* e *Riga11*, verrà anch'esso eseguito una sola volta. Sarà pertanto valutato il valore della variabile *BobinaUscita*, che svolge il ruolo di selezione dell'istruzione da eseguire, e invertito lo stato logico dell'uscita.

Infine quando, a seguito del rilascio del pulsante, la variabile *PulsanteIngresso* assume il valore **FALSE** verranno eseguite solo la *Riga2* e la *Riga3*, resettando la variabile *Mem1* al valore **FALSE**.

La compilazione e la simulazione del funzionamento del progetto saranno eseguite con le stesse modalità descritte nell'esempio precedente.

Trovate questo esempio (file ***Esempio1_ST.plcprj***) e il relativo pannello di simulazione nella cartella ***Capitolo4\Esempio1_ST*** del CD-ROM allegato.

Prima di aprire il file con LogicLab4, si raccomanda di copiare la cartella sul disco rigido del computer in modo da poter effettuare le modifiche al progetto e il download delle applicazioni sul target device (maggiori informazioni sono riportate nel file ***Avvertenze.pdf*** contenuto nel CD-ROM).

USCITA SENSIBILE AL FRONTE DI SALITA

Un'**uscita sensibile al fronte di salita** è sempre collegata al power rail destro. Quando sarà rilevata una transizione da **OFF** a **ON** nello stato alla sua sinistra, lo stato della variabile booleana associata diventerà **1 (true)** e l'uscita fisica corrispondente, se presente, si attiverà per un solo ciclo di scansione.

Per esempio, consideriamo il network riportato in FIGURA 4.19 (A) dove alla variabile *Uscita0* è stata associata una variabile mappata con indirizzo di memoria ***%QX255.0***, corrispondente all'uscita 0 del modulo CPU, e alla variabile *Ingresso0* è stata associata una variabile mappata con indirizzo di memoria ***%IX255.0***, che corrisponde all'ingresso 0 del modulo CPU.

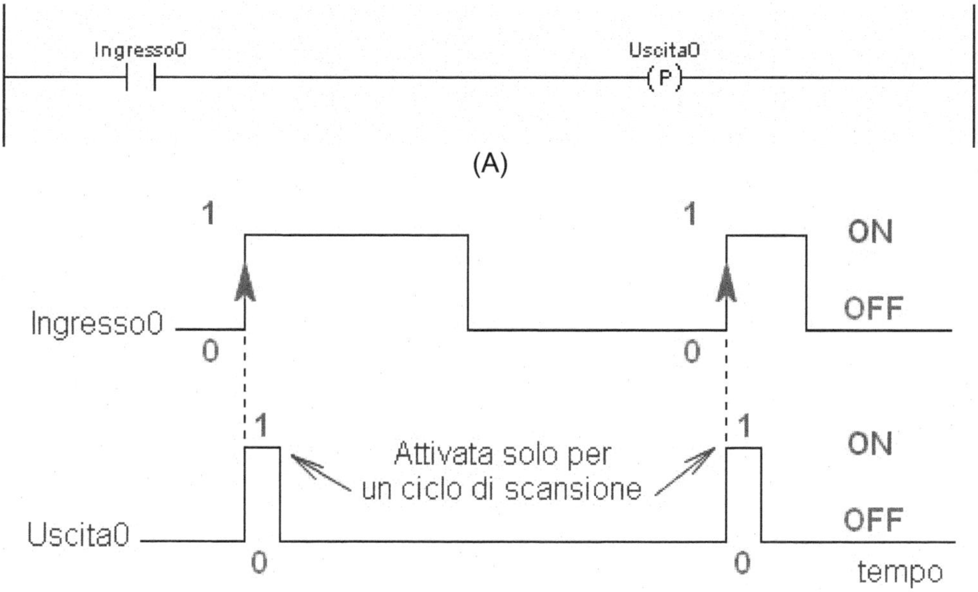

(B)

FIGURA 4.19: Attivazione al rilevamento del fronte di un'uscita sensibile al fronte di salita

La FIGURA 4.19 (B) illustra il diagramma dei tempi relativo al funzionamento del network: quando sui morsetti dell'ingresso 0 del modulo CPU è presente una tensione tra 10 e 30 V la variabile *Ingresso0* assumerà il valore **1** (**true**) e lo stato **ON**, presente sul power rail sinistro, potrà attraversare il contatto NA e raggiungere il lato sinistro della bobina sensibile al fronte di salita che, rilevato il fronte di salita, attiverà l'uscita 0 del PLC e, di conseguenza, farà assumere alla variabile *Uscita0* il valore **1** (**true**), per un solo ciclo di scansione.

USCITA SENSIBILE AL FRONTE DI DISCESA

Un'**uscita sensibile al fronte di discesa** è sempre collegata al power rail destro. Quando sarà rilevata una transizione da **ON** a **OFF** nello stato alla sua sinistra, lo stato della variabile booleana associata diventerà **1 (true)** e l'uscita fisica corrispondente, se presente, si attiverà per un solo ciclo di scansione.

Per esempio, consideriamo il network riportato in FIGURA 4.20 (A) dove alla variabile *Uscita0* è stata associata una variabile mappata con indirizzo di memoria ***%QX255.0***, corrispondente all'uscita 0 del modulo CPU, e alla variabile *Ingresso0* è stata associata una variabile mappata con indirizzo di memoria ***%IX255.0***, che corrisponde all'ingresso 0 del modulo CPU.

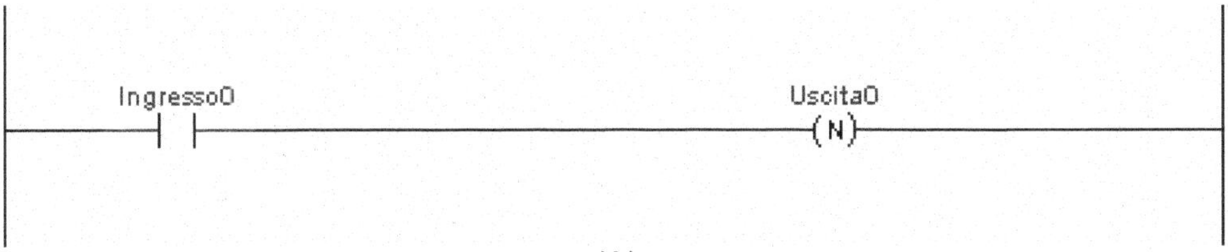

(A)

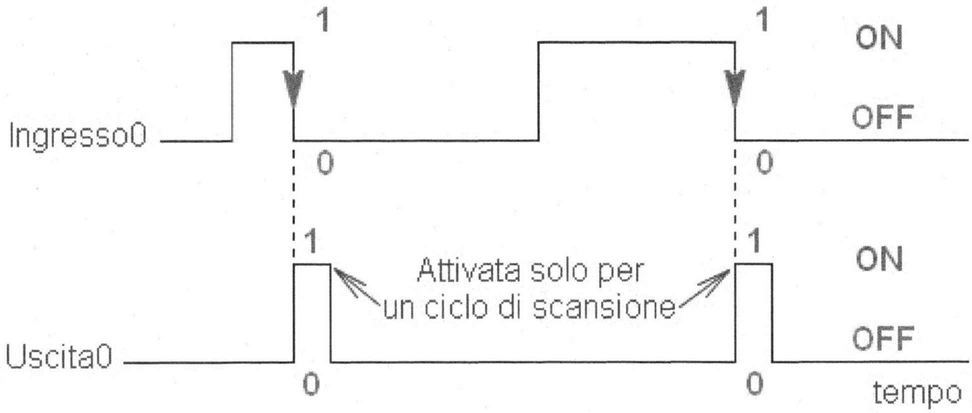

(B)

FIGURA 4.20: Attivazione al rilevamento del fronte di un'uscita sensibile al fronte di discesa

La FIGURA 4.20 (B) illustra il diagramma dei tempi relativo al funzionamento del network: quando sui morsetti dell'ingresso 0 del modulo CPU sarà presente una tensione tra 10 e 30 V la variabile *Ingresso0* assumerà il valore **1** (**true**) e lo stato **ON**, presente sul power rail sinistro, potrà attraversare il contatto NA e raggiungere il lato sinistro della bobina sensibile al fronte di discesa che, appena rilevato il fronte di discesa, attiverà l'uscita 0 del PLC e, di conseguenza, farà assumere alla variabile *Uscita0* il valore **1** (**true**), per un solo ciclo di scansione.

4.3 – Il debug delle applicazioni con LogicLab

L'ambiente di sviluppo di LogicLab fornisce numerosi strumenti di *debug*, che consentono di verificare il corretto funzionamento dell'applicazione che si sta sviluppando. Questi strumenti di debug, infatti, permettono allo sviluppatore di controllare il valore assunto delle variabili selezionate durante il funzionamento dell'applicazione PLC.

FINESTRA WATCH

La finestra **Watch** permette di monitorare i valori attuali di un insieme di variabili. Essa contiene una voce per ciascuna variabile che viene aggiunta. Le informazioni mostrate nella finestra **Watch** comprendono il nome della variabile, il suo valore, il suo tipo e la sua posizione nell'applicazione PLC. Con riferimento alla FIGURA 4.21, la finestra **Watch**, è evidenziata nell'area delimitata dalla lettera **B**.

Per aprire la finestra **Watch** cliccare sul bottone **Watch** della barra **Main**, lettera **A** in FIGURA 4.21. Lo stesso risultato può essere ottenuto tramite il menu **View** ⇒ **Tool windows** ⇒ **Watch window** o, utilizzando la combinazione di scelta rapida, premendo i tasti <Ctrl>+<T>

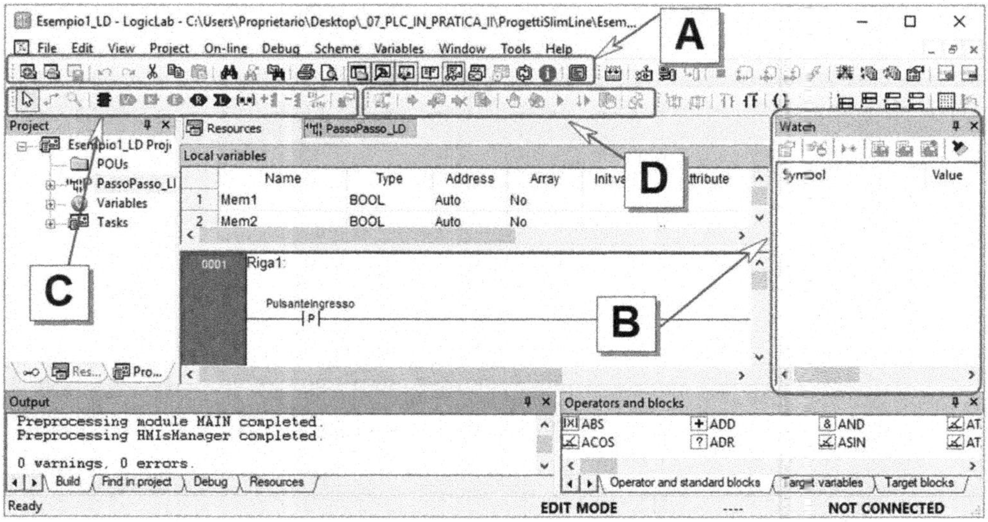

FIGURA 4.21: Visualizzazione della finestra **Watch**

Per chiudere la finestra **Watch**, cliccare ancora sul bottone **Watch** o cliccare sul bottone **Close** sull'angolo in alto a destra della finestra **Watch**. La chiusura della finestra **Watch** non ne reimposta le proprietà, ma semplicemente la nasconde. Vedremo nel prossimo esempio come aggiungere una variabile alla finestra **Watch**. Nella figura sono inoltre visibili due barre che saranno adoperate nel seguito: la *barra dei comandi* **FBD** (lettera **C**) la cui vista è stata attivata tramite il menu **View ⇒ Toolbars ⇒ FBD bar** o, tramite la combinazione di scelta rapida, premendo i tasti <Ctrl>+<D>; la *barra dei comandi* **Debug** (lettera **D**) la cui vista è stata attivata tramite il menu **View ⇒ Toolbars ⇒ Debug bar** o, tramite la combinazione di scelta rapida, premendo i tasti <Ctrl>+<B>.

DEBUG LIVE

LogicLab può mostrare un'animazione dello stato d'esecuzione nel tempo di un programma codificato in qualunque linguaggio di programmazione IEC 61131-3. Nella modalità **Debug live**, i diagrammi ladder sono animati, evidenziando i contatti e le uscite con valore **true**, di colore verde. Nella modalità **Debug live**, LogicLab non consente allo sviluppatore di eseguire modifiche al codice sorgente. Vedremo nel prossimo esempio come visualizzare un'animazione di un programma in Ladder Diagram.

ESEMPIO 2-LD: Inserimento sequenziale di quattro utilizzatori (codice in LD)

Vogliamo realizzare un programma con LogicLab4 per implementare un circuito provvisto di quattro uscite digitali e di un pulsante d'ingresso. Le prime quattro pressioni del tasto attiveranno le quattro uscite una dopo l'altra, la quinta pressione disattiverà tutte le uscite.

I collegamenti con il PLC del pulsante e dei contatti delle bobine sono analoghi a quelli riferiti all'ESEMPIO 1-LD riportati nella FIGURA 4.8.

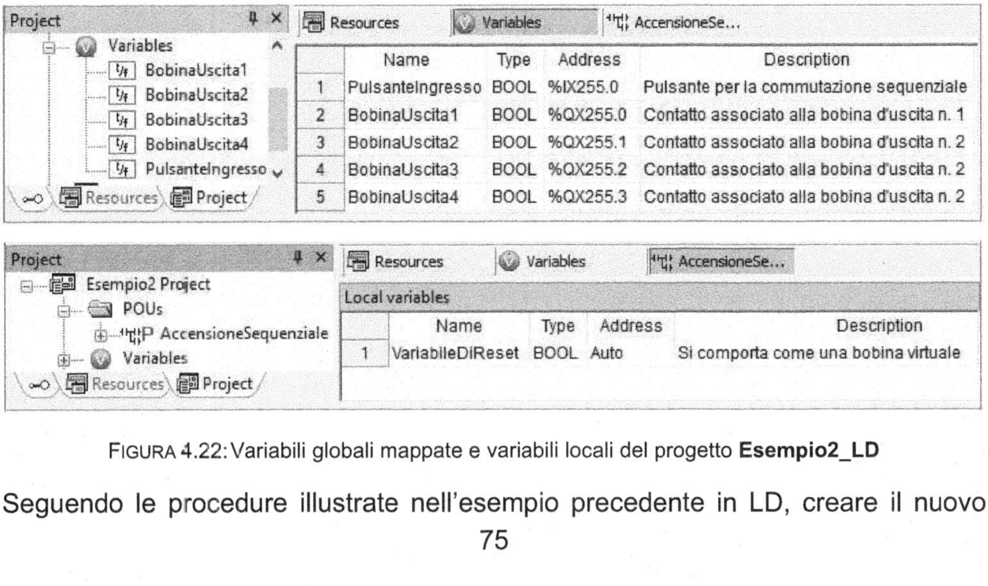

FIGURA 4.22: Variabili globali mappate e variabili locali del progetto **Esempio2_LD**

Seguendo le procedure illustrate nell'esempio precedente in LD, creare il nuovo progetto **Esempio2_LD** e selezionare nella casella di scelta multipla il target device. Creare il nuovo programma in LD **AccensioneSequenziale_LD** e assegnarlo al task **Slow**. Definire, come mostrato in FIGURA 4.21, le variabili globali mappate, le variabili locali e costruire lo schema a contatti completo, i cui sei network componenti sono riportati in FIGURA 4.23.

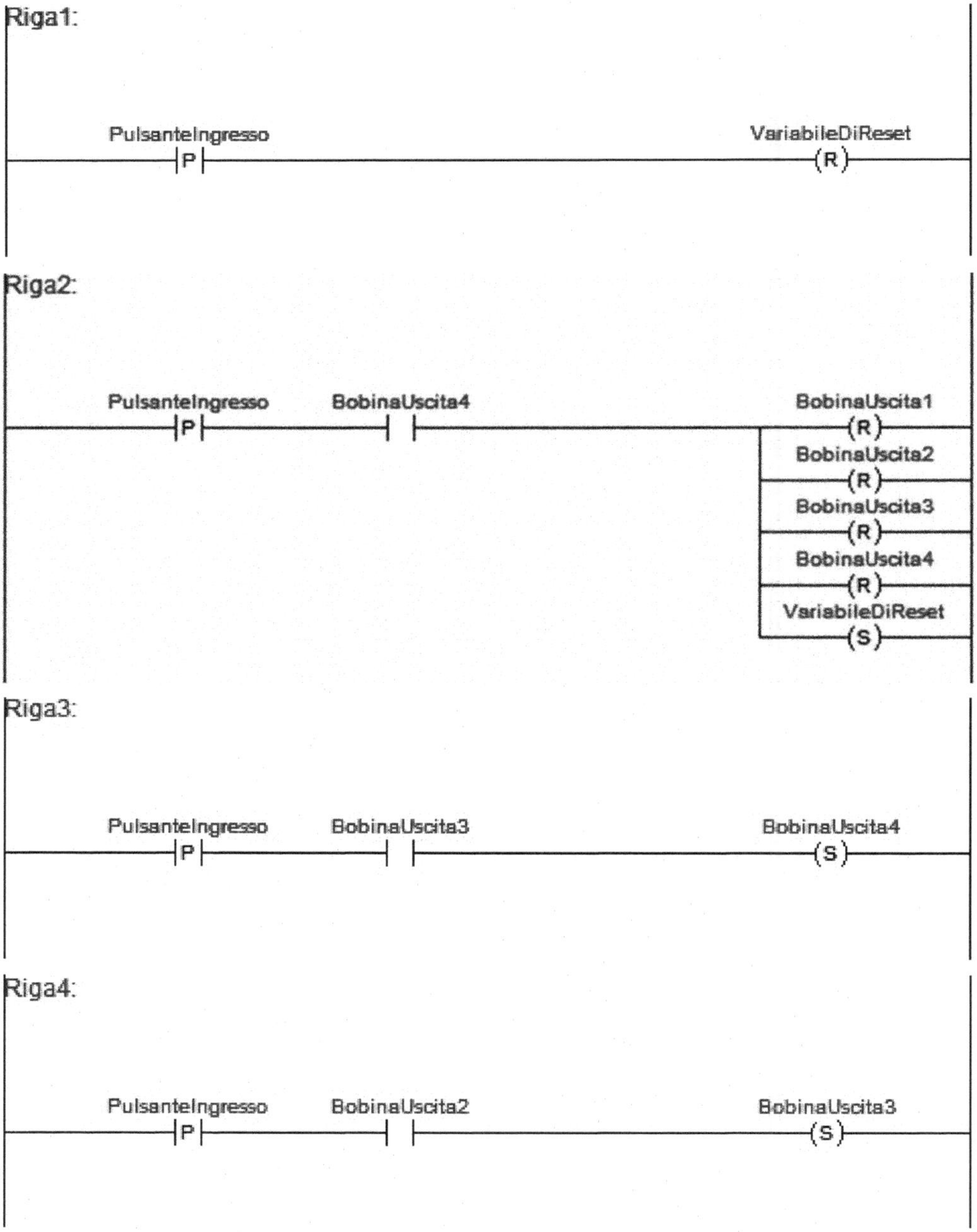

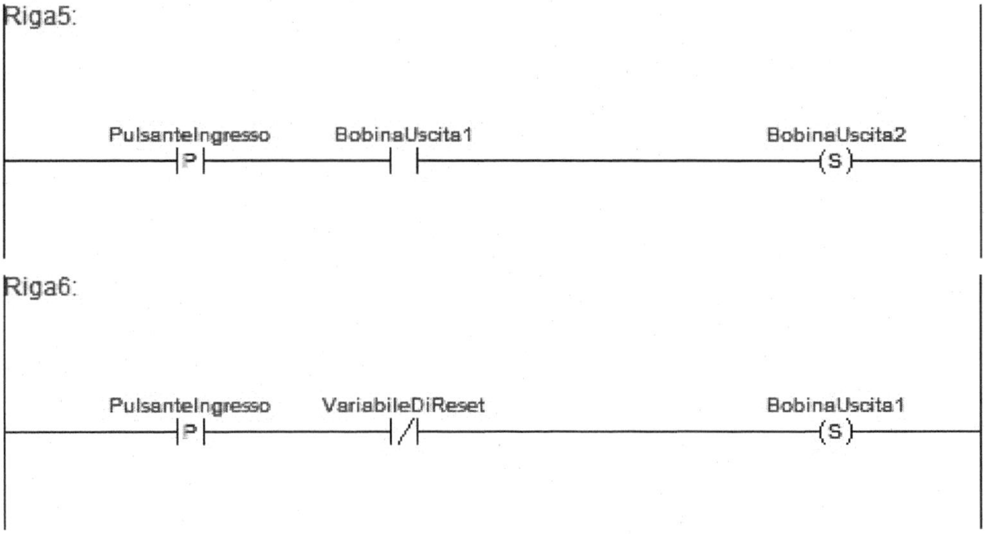

FIGURA 4.23: Programma in LD per implementare il funzionamento dell'attivazione sequenziale

Seguendo le indicazioni contenute nel PARAGRAFO 3.8 si proceda alla compilazione del programma e alla simulazione del funzionamento, come illustrato in FIGURA 4.24 che mostra anche che la finestra **Watch** è stata aperta. Per procedere al monitoraggio dinamico dei valori assunti dalle variabili, trascinare le variabili locali dall'editor delle variabili locali, sezione **A** in figura, alla finestra **Watch**, sezione **C** in figura, e le variabili globali dalla finestra **Workspace**, sezione **B** in figura, alla finestra ***Watch***, sezione **C** in figura.

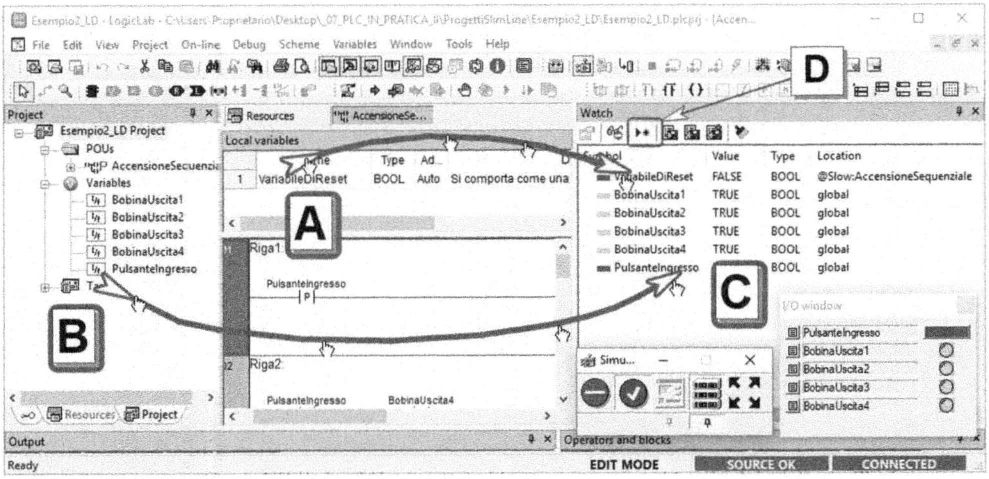

FIGURA 4.24: Verifica del funzionamento del programma con il simulatore SimuLab e la finestra **Watch**

In FIGURA 4.23 lettera **C**, è visibile la rappresentazione nella finestra **Watch** del valore assunto dalle variabili booleane: i rettangoli posti a fianco delle variabili saranno colorati di rosso quando esse assumono il valore **true** e di verde quando esse assumono il valore **false**. Le variabili possono anche essere aggiunte alla finestra **Watch** cliccando sul bottone **Insert new item**, mostrato in FIGURA 4.24 lettera **D**, e digitando il nome della variabile e la sua posizione nella finestra di dialogo che si apre. Infine cliccando sul bottone **Browse** sarà possibile selezionare la variabile navigando tra gli oggetti del progetto, come illustrato in FIGURA 4.25.

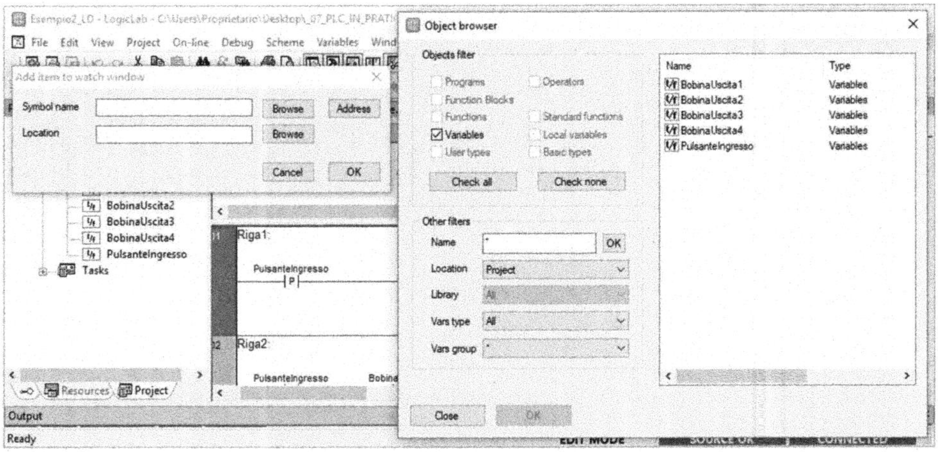

FIGURA 4.25: Aggiunta di variabili alla finestra **Watch** tramite il bottone **Insert new item**

Affinché una variabile non sia più mostrata nella finestra **Watch** basta selezionarla, cliccando sul suo nome, e cancellarla, premendo il tasto <Canc>.

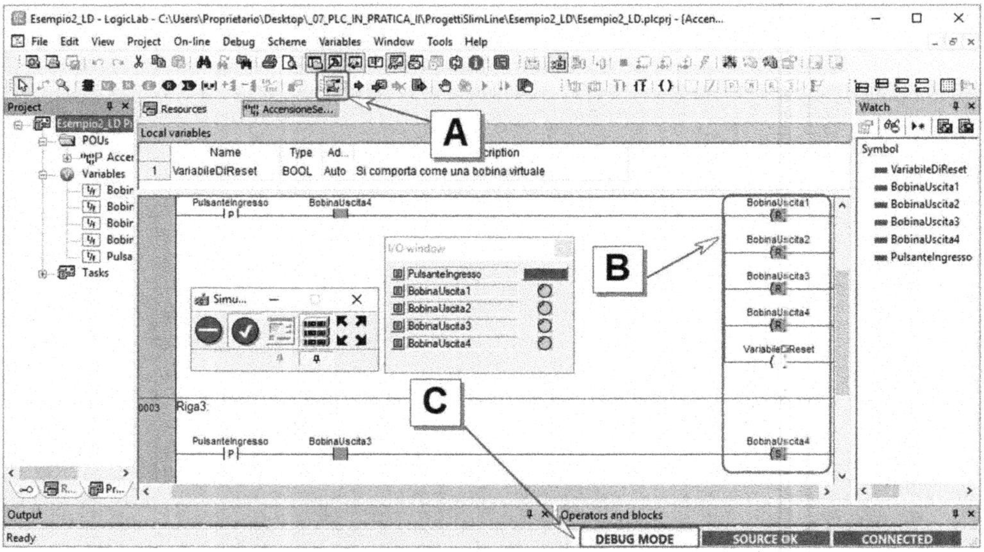

FIGURA 4.26: Verifica del funzionamento del programma in LD in modalità **Live debug mode**

Attivando la modalità **Live debug mode** si potrà vedere un'animazione dello stato d'esecuzione nel tempo del programma.

Cliccare sul bottone **Live debug mode** della barra dei comandi di **Debug**, mostrata in FIGURA 4.26 lettera **A**. Lo stesso risultato può essere ottenuto tramite il menu **Debug ⇒ Live debug mode**. Si noti che nella barra di stato di Logiclab, FIGURA 4.26 lettera **C**, viene evidenziato il passaggio dalla modalità **Edit Mode** alla modalità **Debug mode**.

In FIGURA 4.25 lettera **B**, viene evidenziata l'animazione dell'esecuzione del programma, ottenuta in modalità **Live debug mode**, le variabili booleane vengono colorate di verde quando assumono il valore **true**. Con gli strumenti di debug l'analisi del funzionamento del programma e la ricerca di eventuali errori di programmazione è molto facilitata.
Procediamo all'analisi del funzionamento del programma. È importante notare che, in seguito alla pressione del pulsante posto sull'ingresso 0 del modulo CPU, la variabile *PulsanteIngresso* assume il valore **1** per un intervallo di tempo la cui durata è maggiore di un singolo loop. Per evitare che al successivo ciclo di scansione il PLC interpreti quest'evento come una nuova pressione del pulsante, è indispensabile utilizzare la variabile *VariabileDiReset* che determina l'esecuzione delle righe del programma per un solo ciclo, a prescindere dalla durata della pressione del pulsante.

Riga1:
Ogni pressione del *PulsanteIngresso* manda a **0** (**false**) la variabile *VariabileDiReset*.

Riga2:
VariabileDiReset sarà **1** (**true**) solo nel caso in cui *BobinaUscita4* è **1** (**true**), ossia alla quinta pressione del pulsante, quando tutte le quattro uscite sono resettate.

Riga3:
La pressione di *PulsanteIngresso* manda a **1** (**true**) la variabile *BobinaUscita4* solo nel caso in cui *BobinaUscita3* è già **1** (**true**), ossia alla quarta pressione del pulsante.

Riga 4:
La pressione di *PulsanteIngresso* manda a **1** (**true**) *BobinaUscita3* solo nel caso in cui *BobinaUscita2* è già **1** (**true**), ossia alla terza pressione del pulsante.

Riga5:
La pressione di *PulsanteIngresso* manda a **1** (**true**) *BobinaUscita2* solo nel caso in cui *BobinaUscita1* è già **1** (**true**), ossia alla seconda pressione del pulsante.

Riga6:
La pressione di *PulsanteIngresso* manda a **1** (**true**) *BobinaUscita1* solo nel caso in cui *VariabileDiReset* è **0** (**false**), ossia sempre tranne che alla quinta pressione del pulsante.

Trovate questo esempio (file ***Esempio2_LD.plcpr***) e il relativo pannello di simulazione nella cartella ***Capitolo4\Esempio2_LD*** del CD-ROM allegato.

Prima di aprire il file con LogicLab4, si raccomanda di copiare la cartella sul disco rigido del computer in modo da poter effettuare le modifiche al progetto e il download delle applicazioni sul target device (maggiori informazioni sono riportate nel file ***Avvertenze.pdf*** contenuto nel CD-ROM).

OSCILLOSCOPIO

L'oscilloscopio permette di tracciare l'evoluzione dei valori di un insieme di variabili. Con riferimento alla FIGURA 4.27, l'oscilloscopio, è evidenziato nell'area delimitata dalla lettera **B**.

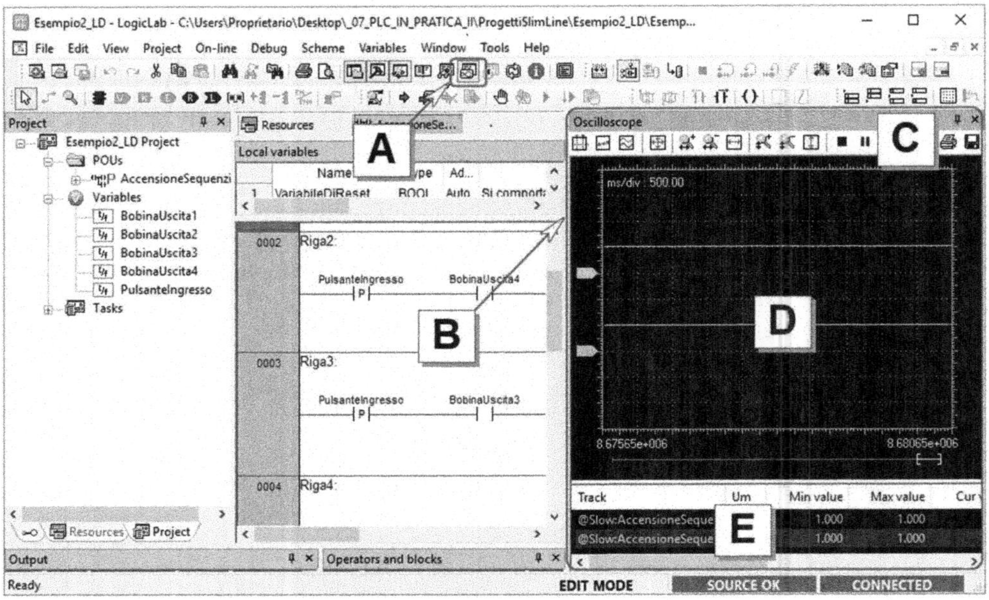

FIGURA 4.27: Visualizzazione della finestra **Oscilloscope**

Per aprire l'oscilloscopio cliccare sul bottone **Oscilloscope** della barra **Main**, lettera **A** in figura. Lo stesso risultato può essere ottenuto tramite il menu **View ⇒ Tool windows ⇒ Oscilloscope** o, utilizzando la combinazione di scelta rapida, premendo i tasti <Ctrl>+<K>.

Con riferimento alla FIGURA 4.27, l'interfaccia grafica dell'oscilloscopio che consente di accedere alle funzioni di debug è formata da tre elementi:

- la *barra con i comandi*, lettera **C** in figura, che permette di settare al meglio l'oscilloscopio;
- l'*area Chart,* lettera **D** in figura, che include l'area contenente le curve delle variabili, i cursori verticali e la barra di scorrimento per muoversi avanti e indietro lungo l'asse orizzontale;
- la *tabella dell'oscilloscopio,* lettera **E** in figura, che presenta una riga per ogni variabile.

In FIGURA 4.28 sono riportati i grafici delle variabili delle bobine di uscita e del pulsante d'ingresso dell'ESEMPIO 2.
Le variabili sono state aggiunte all'oscilloscopio con le stesse modalità già viste per la finestra **Watch**. L'utilizzo dell'oscilloscopio è particolarmente semplice e intuitivo. Per eventuali approfondimenti si può fare riferimento al manuale d'uso di LogicLab.

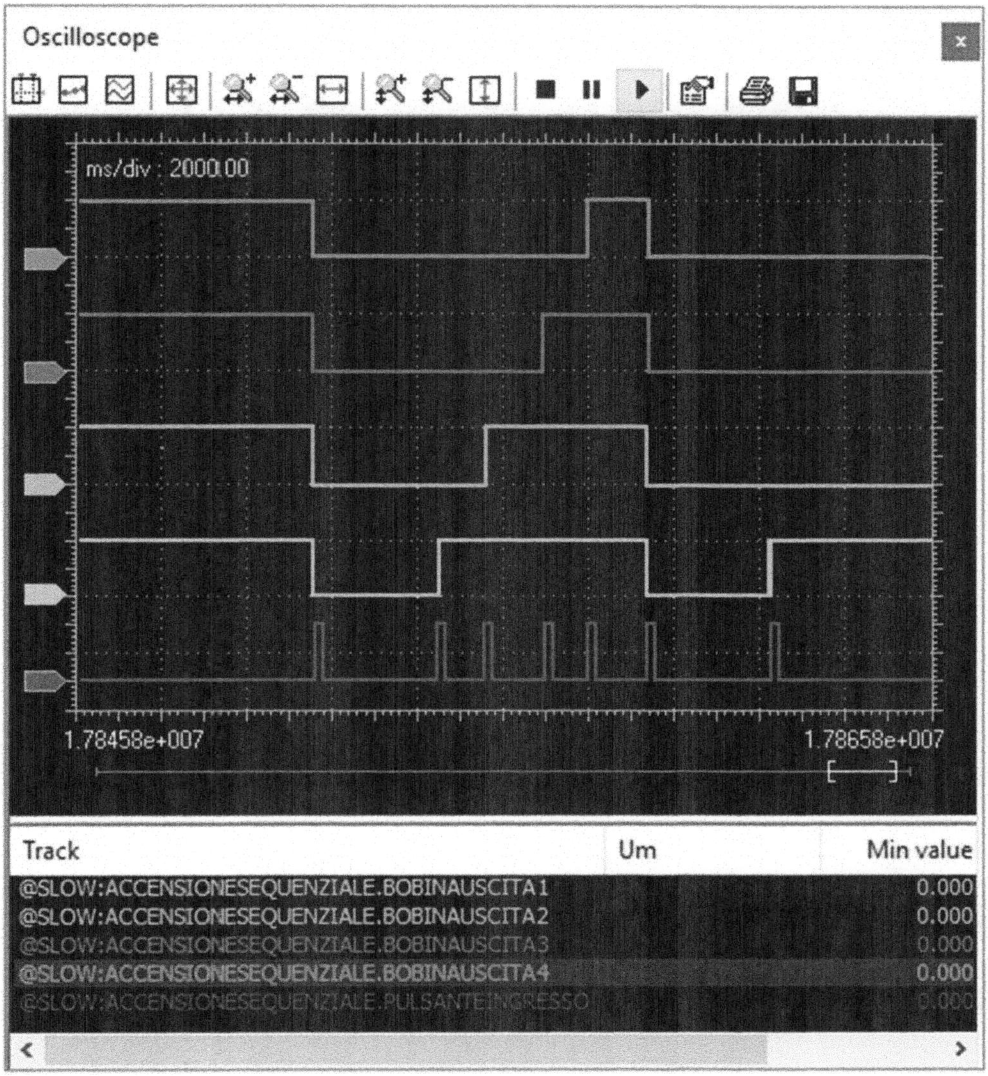

FIGURA 4.28: Verifica del funzionamento del programma con l'oscilloscopio

ESEMPIO 2-ST: Inserimento sequenziale di quattro utilizzatori (codice in ST)

Realizziamo adesso un programma in ST con LogicLab4 per un circuito provvisto di quattro uscite digitali e di un pulsante d'ingresso. Come nell'esempio presentato in precedenza, le prime quattro pressioni del tasto attiveranno le quattro uscite una dopo l'altra, la quinta pressione disattiverà tutte le uscite. Creare un nuovo progetto, **Esempio2_ST**, e all'interno di esso un programma in ST, **Accensione Sequenziale_ST**, che sarà assegnato al *task* **Slow**.

La FIGURA 4.29 mostra il codice da scrivere nella finestra dell'**Editor ST** che compare nell'area di lavoro di LogicLab4. Le variabili globali definite nel progetto

Esempio2_ST sono riportate nella TABELLA 4.1; le variabili locali definite nel programma **AccensioneSequenziale_ST** sono riportate nella TABELLA 4.2.

```
0001 IF (PulsanteIngresso <> Mem1) THEN
0002     Mem1:=PulsanteIngresso;
0003     IF ( PulsanteIngresso) THEN
0004 
0005         VariabileDiReset := FALSE;
0006 
0007         IF (BobinaUscita4) THEN
0008             BobinaUscita1 := FALSE;
0009             BobinaUscita2 := FALSE;
0010             BobinaUscita3 := FALSE;
0011             BobinaUscita4 := FALSE;
0012             VariabileDiReset := TRUE;
0013         END_IF;
0014 
0015         IF (BobinaUscita3) THEN
0016             BobinaUscita4 := TRUE;
0017         END_IF;
0018 
0019         IF (BobinaUscita2) THEN
0020             BobinaUscita3 := TRUE;
0021         END_IF;
0022 
0023         IF (BobinaUscita1) THEN
0024             BobinaUscita2 := TRUE;
0025         END_IF;
0026 
0027         IF (NOT VariabileDiReset) THEN
0028             BobinaUscita1 := TRUE;
0029         END_IF;
0030     END_IF;
0031 
0032 END_IF;
0033 
```

FIGURA 4.29: Programma in ST per LogicLab4 che implementa l'attivazione sequenziale

Procediamo all'analisi del funzionamento del programma in ST.

Riga1 ÷ Riga3:
La prima istruzione **IF**, così come già visto in precedenza, realizza un contatto sensibile al fronte di salita.

Riga5:
Ogni pressione del *PulsanteIngresso* manda a **0** (**FALSE**) la variabile *VariabileDiReset*.

Riga7 ÷ Riga32:
La variabile *VariabileDiReset* sarà **1** (**TRUE**) solo nel caso in cui *BobinaUscita4* vale

1 (**TRUE**), ossia alla quinta pressione del pulsante, quando tutte le quattro uscite sono resettate.

Riga15 ÷ Riga17:
La pressione di *PulsanteIngresso* manda a **1** (**TRUE**) *BobinaUscita4* solo nel caso in cui *BobinaUscita3* vale già **1** (**TRUE**), ossia alla quarta pressione del pulsante.

Riga19 ÷ Riga21:
La pressione di *PulsanteIngresso* manda a **1** (**TRUE**) *BobinaUscita3* solo nel caso in cui *BobinaUscita2* vale già **1** (**TRUE**), ossia alla terza pressione del pulsante.

Riga23 ÷ Riga25:
La pressione di *PulsanteIngresso* manda a **1** (**TRUE**) *BobinaUscita2* solo nel caso in cui la *BobinaUscita1* vale già **1** (**TRUE**), ossia alla seconda pressione del pulsante.

Riga27 ÷ Riga32:
La pressione di *PulsanteIngresso* manda a **1** (**TRUE**) la *BobinaUscita1* solo nel caso in cui la *VariabileDiReset* vale **0** (**FALSE**), ossia sempre tranne che alla quinta pressione del pulsante. Si noti che l'espressione in ST (**NOT** *VariabileDiReset*) – che si comporta come un contatto normalmente chiuso in LD – è equivalente all'espressione (*VariabileDiReset* = **FALSE**).

VARIABILI GLOBALI			
Nome	**Tipo**	**Indirizzo**	**Descrizione**
PulsanteIngresso	BOOL	%IX255.0	Pulsante per la commutazione sequenziale
BobinaUscita1	BOOL	%QX255.0	Contatto associato alla bobina d'uscita n. 1
BobinaUscita2	BOOL	%QX255.3	Contatto associato alla bobina d'uscita n. 2
BobinaUscita3	BOOL	%QX255.2	Contatto associato alla bobina d'uscita n. 3
BobinaUscita4	BOOL	%QX255.3	Contatto associato alla bobina d'uscita n. 4

TABELLA 4.1: Variabili globali definite nel progetto **Esempio2_ST**

La compilazione e la simulazione del funzionamento del progetto saranno eseguite con le stesse modalità descritte nell'esempio precedente.

VARIABILI LOCALI			
Nome	**Tipo**	**Indirizzo**	**Descrizione**
Mem1	BOOL	Auto	Memoria dello stato della variabile globale mappata PulsanteIngresso
BobinaUscita1	BOOL	Auto	Variabile ausiliaria per reset accensione sequenziale

TABELLA 4.2: Variabili locali definite nel programma **AccensioneSequenziale_ST**

Anche in questo esempio, attivando la modalità **Live debug mode**, si potrà vedere un'animazione dello stato d'esecuzione nel tempo del programma. In FIGURA 4.30 lettera **A**, viene evidenziata l'animazione dell'esecuzione del programma, ottenuta in modalità **Live debug mode**. Basta posizionare il mouse sopra una variabile per far si che il suo valore venga subito visualizzato in un campo di colore giallo vicino al cursore.

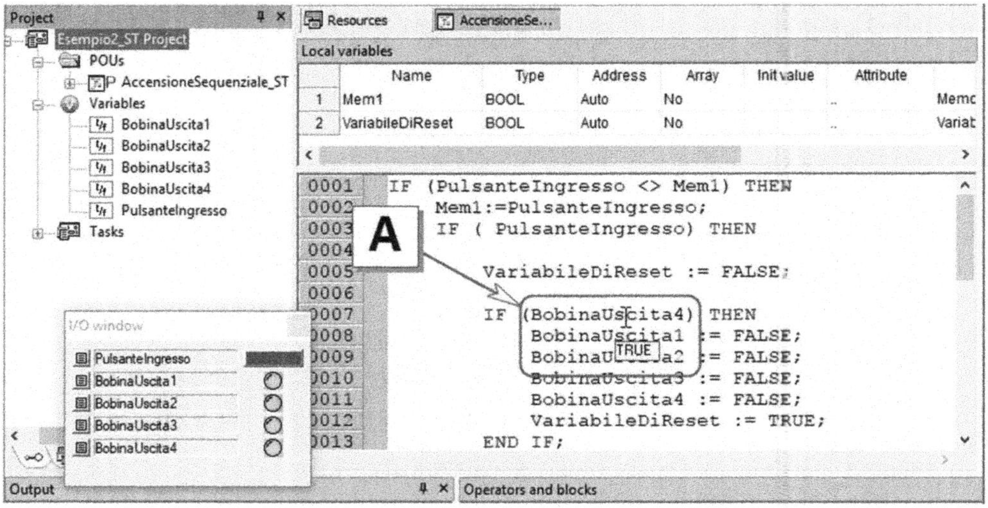

FIGURA 4.30: Verifica del funzionamento del programma in ST in modalità **Live debug mode**

Trovate questo esempio (file ***Esempio2_ST.plcprj***) e il relativo pannello di simulazione nella cartella ***Capitolo4\Esempio2_ST*** del CD-ROM allegato.

Prima di aprire il file con LogicLab4, si raccomanda di copiare la cartella sul disco rigido del computer in modo da poter effettuare le modifiche al progetto e il download delle applicazioni sul target device (maggiori informazioni sono riportate nel file ***Avvertenze.pdf*** contenuto nel CD-ROM).

STRUMENTI DI DEBUG SINCRONI: TRIGGER

La finestra **Watch** e l'oscilloscopio sono strumenti di *debug asincroni*. Essi leggono i valori delle variabili selezionate dallo sviluppatore con richieste successive inviate al target device. Tali strumenti di debug, quando i valori assunti dalle variabili cambiano rapidamente, non forniscono elevate garanzie di precisione. Gli strumenti di debug, in esecuzione sul PC, e il task chiamato a rispondere a queste richieste, in esecuzione sul target device, compiono queste operazioni in modo indipendente dall'esecuzione dell'applicazione PLC e ciò non garantisce che per tutte le letture i dati inviati dal target device si riferiscano allo stesso ciclo di scansione. LogicLab dispone di *strumenti di debug sincroni*. Essi richiedono la definizione di un *trigger* nel codice PLC e aggiornano simultaneamente tutte le variabili a loro assegnate ogni volta che l'esecuzione dell'applicazione PLC raggiunge il trigger. Come risultato, gli strumenti di debug sincroni sopperiscono alle limitazioni caratteristiche di quelli asincroni. Lo scopo di tale argomento esula dagli scopi del presente testo. Per approfondimenti si può fare riferimento al manuale d'uso di LogicLab.

4.4 – Operatori, Funzioni, Blocchi Funzione e Variabili di Sistema

Il compilatore PLC LogicLab supporta una serie di operatori e di funzioni standard che possono essere utilizzati dai programmi scritti nei vari linguaggi come, per esempio, tutte le funzioni matematiche e tutte le funzioni di gestione stringa richieste dallo standard IEC 61131-3.

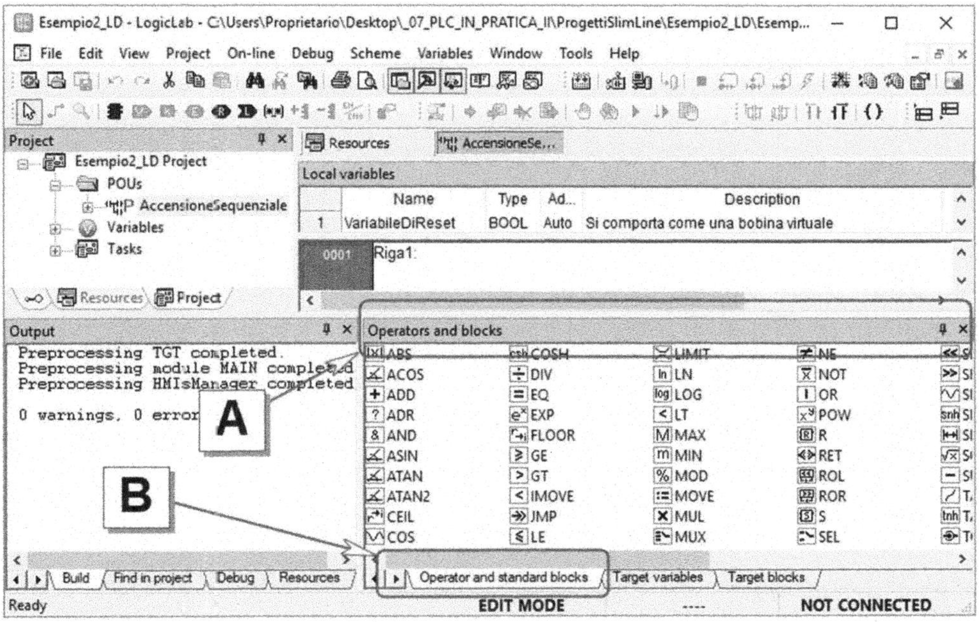

FIGURA 4.31: Attivazione del tab **Operator and standard blocks** della finestra **Operators and blocks**

Con riferimento alla FIGURA 4.31, per utilizzare questi operatori e queste funzioni occorre accedere alla finestra **Operators and blocks** (lettera **A** in figura) e selezionare il tab **Operator and standard blocks** (nella sezione indicata dalla lettera **B** in figura) per poter scegliere l'operatore o la funzione desiderata.

OPERATORI

Gli operatori (*Operators*) sono degli "elementi software" utilizzati per effettuare operazioni elementari tra le variabili del programma (per esempio le operazioni algebriche o logiche) o per impartire istruzioni alla CPU (per esempio il salto a un determinato network).

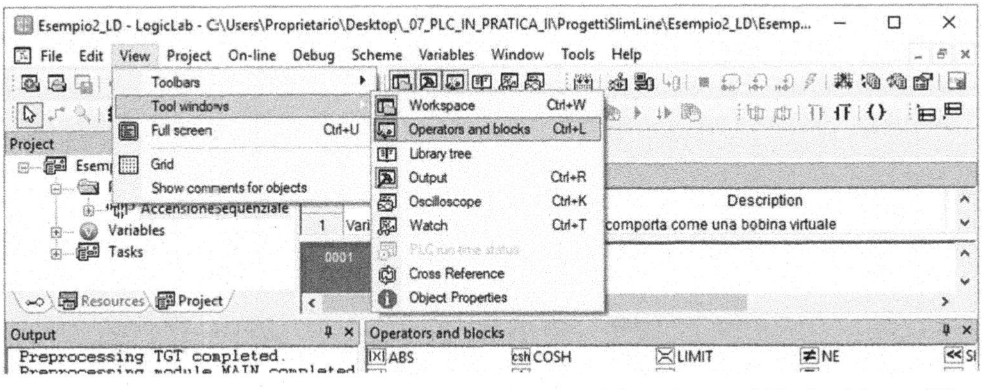

FIGURA 4.32: Attivazione della vista della finestra degli strumenti **Operators and blocks** dal menu **View**

Per utilizzare gli operatori in LD occorre inserirli nel programma e connetterli alle variabili, mentre in ST basta semplicemente scriverne il nome nel codice.

Se la finestra **Operators and blocks** non è visibile, occorre abilitarne la visualizzazione cliccando sul bottone **Operators and blocks** della barra **Main**. Lo stesso risultato, come visibile in FIGURA 4.32, può essere ottenuto dalla voce di menu **View ⇒ Tool windows ⇒ Operators and blocks** o, utilizzando la combinazione di scelta rapida, premendo i tasti <Ctrl>+<L>.

FUNZIONI

Le funzioni (*Functions*) contengono un programma che viene eseguito quando sono richiamate da un altro blocco di codice. Le funzioni sono anch'esse degli "elementi software" riutilizzabili che ricevono in ingresso un insieme di valori tramite le variabili e producono sempre un solo valore e una sola variabile in uscita. La norma IEC 61131-3 definisce un insieme di funzioni standard da utilizzare per effettuare elaborazioni matematiche e conversioni tra differenti tipi di dati.
Per utilizzare le funzioni in LD occorre inserirle nel programma e connetterle alle variabili, mentre in ST basta semplicemente scriverne il nome nel codice.

ESEMPIO 3-LD: Somma di due variabili (codice in LD)

Vogliamo realizzare un semplice progetto con un operatore **ADD** per effettuare la somma di due variabili locali (*Variabile1*, *Variabile2*) e memorizzare il risultato in una terza variabile locale (*Risultato*). Il programma in ST si riduce a una semplice espressione e pertanto nel seguito sarà presentato solo il programma in LD.

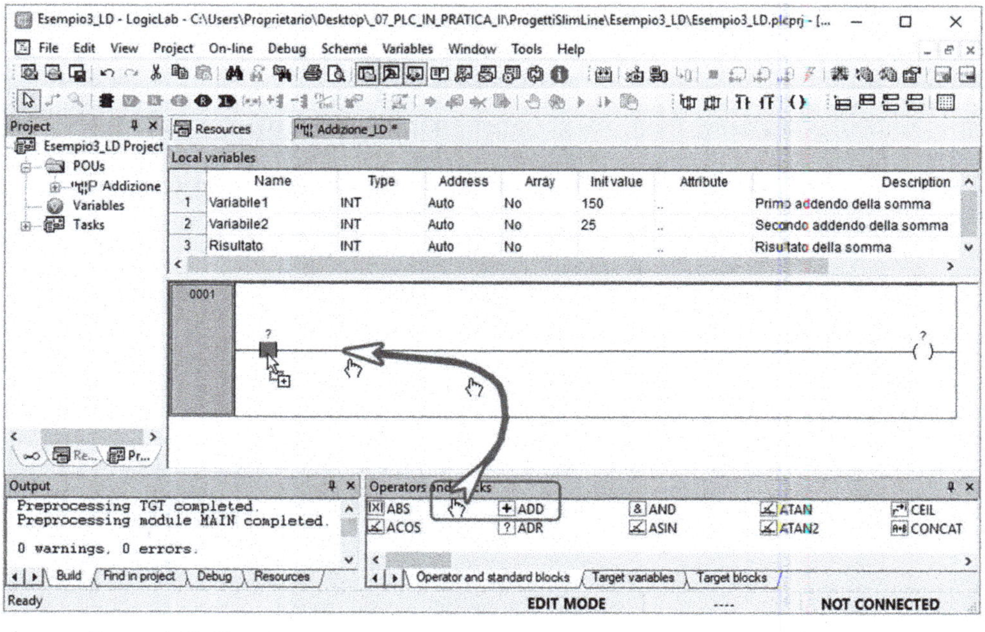

FIGURA 4.33: Trascinamento dell'operatore **ADD** dalla finestra **Operators and blocks**

Seguendo le procedure illustrate nei precedenti esempi, creare il nuovo progetto

Esempio3_LD e selezionare nella casella di scelta multipla il target device. Creare il nuovo programma in LD **Addizione_LD** e assegnarlo al *task* **Slow**. Alle variabili locali *Variabile1* e *Variabile2* sono stati assegnati i valori, rispettivamente, di 150 e di 25.

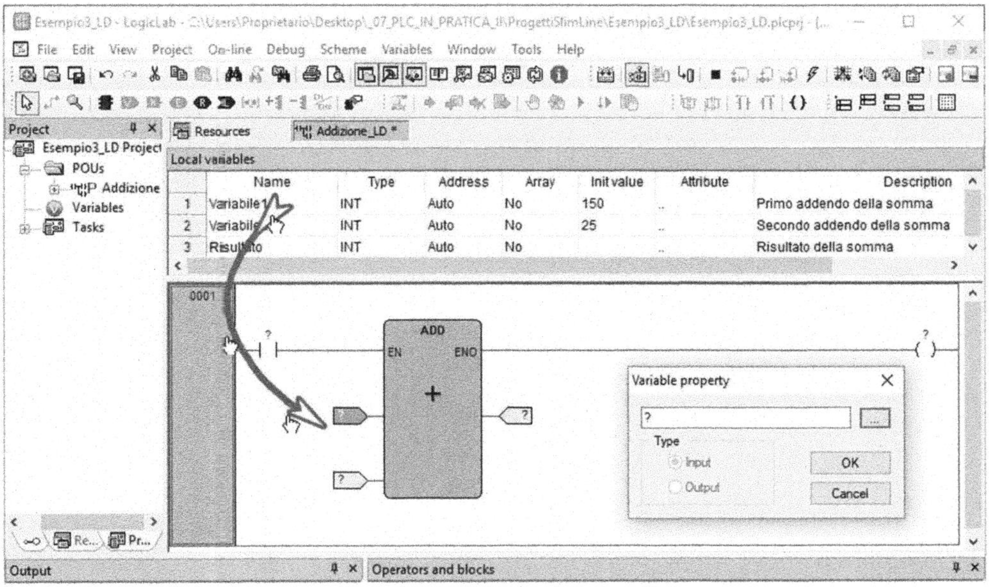

FIGURA 4.34: Collegamento delle variabili all'operatore **ADD**

L'inserimento nello schema a contatti del blocco **ADD** può essere eseguito trascinandolo dalla finestra **Operators and blocks** al contatto selezionato sulla linea del power link, come mostrato in FIGURA 4.33. Un blocco può essere anche selezionato e inserito tramite il menu **Scheme ⇒ Object ⇒ New ⇒ Block** o, utilizzando la combinazione di scelta rapida, premendo i tasti <Shift>+<B>. Per connettere le variabili al blocco si potranno trascinare le variabili dall'editor delle variabili locali in prossimità del *pin* a cui ci si vuole connettere, così come illustrato nella FIGURA 4.34.

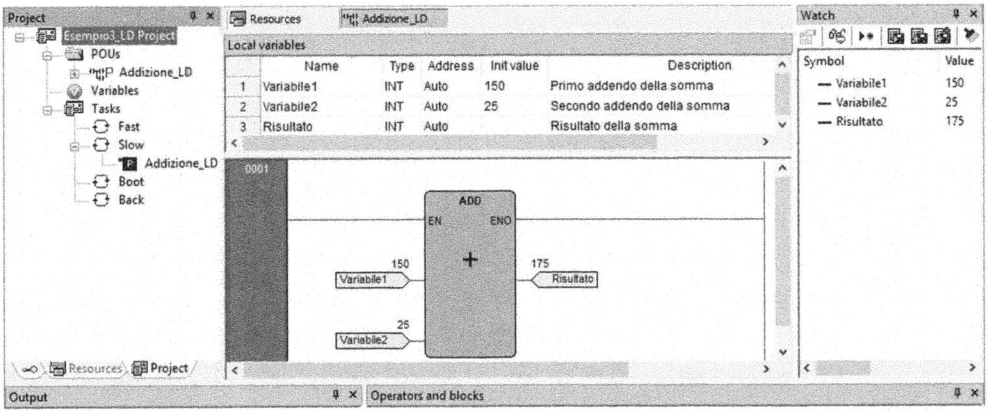

FIGURA 4.35: Verfica del funzionamento del programma in LD in modalità **Live debug mode**

Lo stesso risultato si può ottenere facendo un doppio clic con il mouse in corrispondenza dei punti interrogativi. Apparirà la consueta finestra di dialogo che consentirà di scegliere la variabile. In seguito, selezionare il contatto e la bobina presenti sul network in figura e cancellarli. Infine, si proceda alla compilazione del programma e alla simulazione del funzionamento.
In FIGURA 4.35 è illustrata la schermata relativa al monitoraggio dei valori attuali assunti dalle variabili ottenuta con la modalità **Live debug mode** e aprendo la finestra **Watch**.

Trovate questo esempio (file ***Esempio3_LD. plcprj***) e il relativo pannello di simulazione nella cartella ***Capitolo4\Esempio3_LD*** del CD-ROM allegato.

Prima di aprire il file con LogicLab4, si raccomanda di copiare la cartella sul disco rigido del computer in modo da poter effettuare le modifiche al progetto e il download delle applicazioni sul target device (maggiori informazioni sono riportate nel file ***Avvertenze.pdf*** contenuto nel CD-ROM).

BLOCCHI FUNZIONE (FB)

I blocchi funzione (*Function Block*) contengono sottoprogrammi che sono eseguiti ogni volta che un FB viene richiamato nel programma. Il richiamo di un blocco funzione viene definito *istanza*.

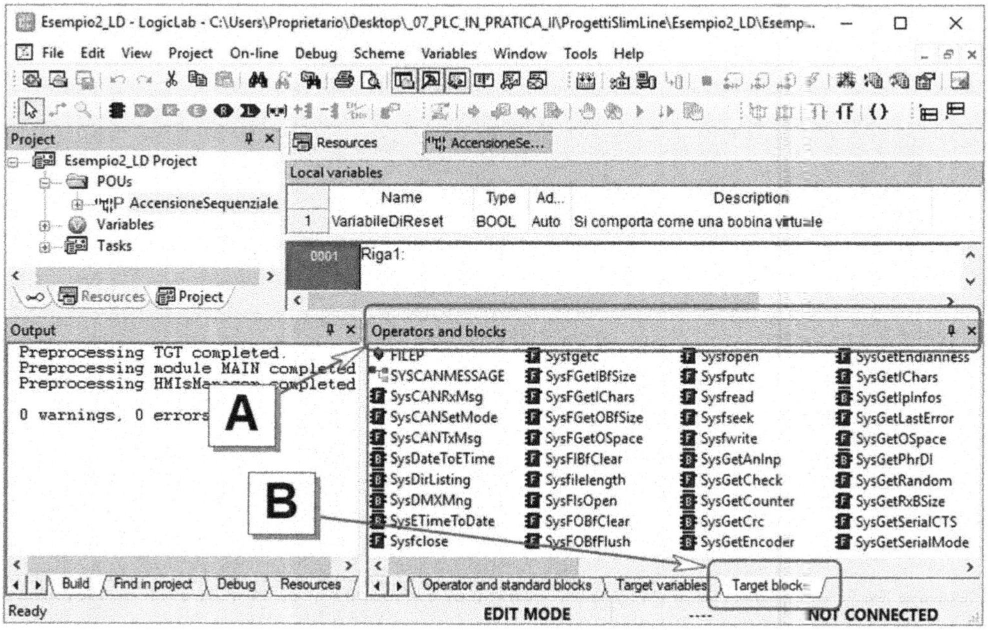

FIGURA 4.36: Attivazione del tab **Target blocks** della finestra **Operators and blocks**

Essi sono in sintesi "moduli di programma" riutilizzabili, ossia blocchi di codice che memorizzano i propri valori di ingresso, uscita e transito in modo permanente affinché restino a disposizione anche dopo l'elaborazione del blocco. A ogni istanza di un FB viene assegnata un'area di memoria che contiene i dati utilizzati dal blocco funzione. Anche per essi la norma IEC 61131-3 definisce un insieme di *Function Block standard*, tra i quali, per esempio, sono compresi i temporizzatori e i contatori

che analizzeremo in seguito. Per utilizzare i blocchi funzione in LD basta inserirli nei programmi, istanziarli e connetterli alle variabili, mentre in ST basta semplicemente istanziarli e scrivere il nome dell'istanza nel codice.
Con l'ambiente di sviluppo LogicLab4 vengono anche fornite funzioni e blocchi funzione *embedded*, che permettono di accedere alle risorse hardware e software del *sistema SlimLine*.

Con riferimento alla FIGURA 4.36, per utilizzare le funzioni e i blocchi funzione embedded, occorre accedere alla finestra **Operators and blocks** (lettera **A** in figura) e selezionare il tab **Target blocks** (nella sezione indicata dalla lettera **B** in figura). Verrà visualizzato un elenco di tutte le funzioni (indicate con **F**) e di tutti i blocchi funzione (indicati con **B**).

In aggiunta alle funzioni e ai blocchi funzione embedded sono fornite delle librerie che contengono una serie di funzioni e blocchi che possono essere importate in LogicLab4. Nei due esempi seguenti vedremo come utilizzare questi FB aggiuntivi.

ESEMPIO 4-LD: Set/Reset flip flop (codice in LD)

Vogliamo realizzare un semplice programma in LD, implementato tramite l'utilizzo di un blocco funzione, che presenti lo stesso funzionamento del circuito già visto nel PARAGRAFO 3.6. Il nuovo circuito manterrà le stesse variabili globali mappate del precedente e presenterà gli stessi collegamenti con il PLC riportati nella FIGURA 2.19 del PARAGRAFO 2.5, ma impiegherà due pulsanti *Avvio* e *Stop* entrambi normalmente aperti. Il blocco funzione che ci occorre, insieme a molti altri FB, è contenuto all'interno della libreria standard **eLLabStdLib_B200.plclib** che contiene funzioni e blocchi funzione definiti dalla normativa IEC 61131 e non presenti nella libreria embedded del prodotto.
Le librerie importate nel progetto vengono visualizzate nella finestra **Library Tree** di LogicLab4.

Se la finestra **Library Tree** non è visibile, occorre abilitarne la visualizzazione cliccando sul bottone **Show or hide Library Tree bar** della barra **Main**. Lo stesso risultato può essere ottenuto dalla voce di menu **View ⇒ Tool windows ⇒ Library tree**.

Le librerie fornite con LogicLab4 si trovano nella directory d'installazione del programma ***C:\Programmi\Elsist\LogicLab\Libraries***. Con riferimento alla FIGURA 4.37, per importare nel progetto l'intera libreria, vale a dire tutti gli oggetti presenti in essa che potranno essere utilizzati nei propri programmi, dal menu selezionare la voce **Project ⇒ Library manager** per aprire la finestra **Project library list** (lettera **A** in figura). Premendo il bottone **Add** (lettera **B** in figura) si aprirà una finestra di browser del disco rigido del PC. Scegliere la directory (lettera **C** in figura) dove si trova la libreria e selezionarla. Dopo la pressione sul bottone **Close**, nella finestra **Library Tree** (lettera **D** in figura) di LogicLab4 verrà visualizzata una nuova cartella aggiuntiva contenente tutti gli oggetti contenuti nella libreria importata.

In alternativa è possibile aprire la finestra **Project library list** cliccando sul bottone **Library manager** della finestra **Library Tree** (lettera **E** in figura).

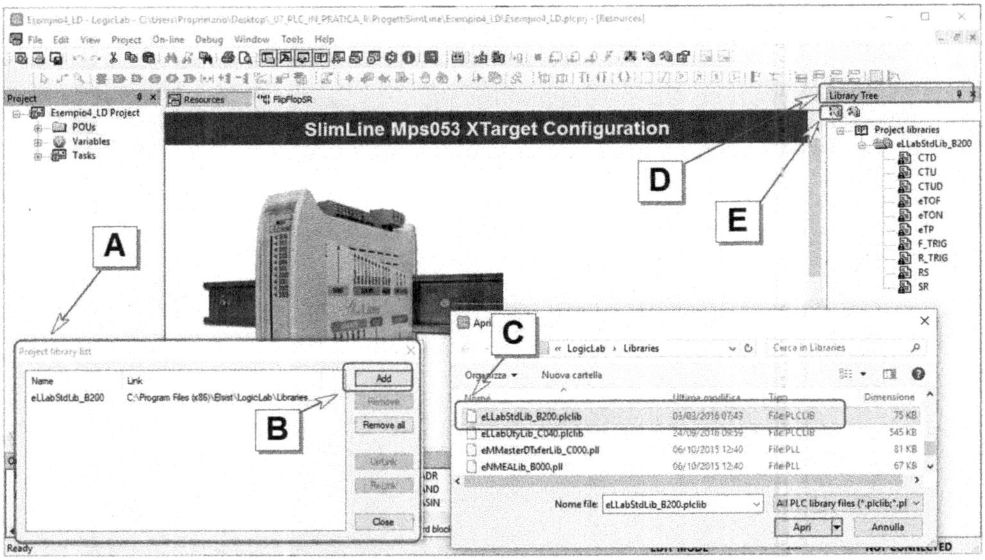

FIGURA 4.37: Importazione nel progetto della libreria **eLLabStdLib_B200.plclib**

La controindicazione insita nell'importazione delle librerie per intero è quella di aumentare la dimensione del file di progetto di LogicLab4, poiché oltre ai propri programmi esso deve contenere anche tutti gli oggetti delle librerie importate. Comunque, il programma eseguibile generato conterrà solo gli oggetti utilizzati.

In alternativa, è possibile importare da una libreria solo gli oggetti (Funzioni, FB, programmi) che interessano, che diverranno parte integrante del progetto. Nelle applicazioni presentate in questo testo importeremo solo gli oggetti necessari.
Per importare nel progetto solamente l'oggetto FB **SR** contenuto nella libreria **eLLabStdLib_B200.plclib**, dal menu selezionare la voce **Project ⇒ Import objects**. Per poter proseguire sarà necessario rispondere affermativamente alla richiesta di LogicLab4 di salvare il progetto. All'apertura della finestra di browser **Import Objects**, mostrata in FIGURA 4.38, selezionare il percorso e la libreria e cliccare sul bottone **Apri**.

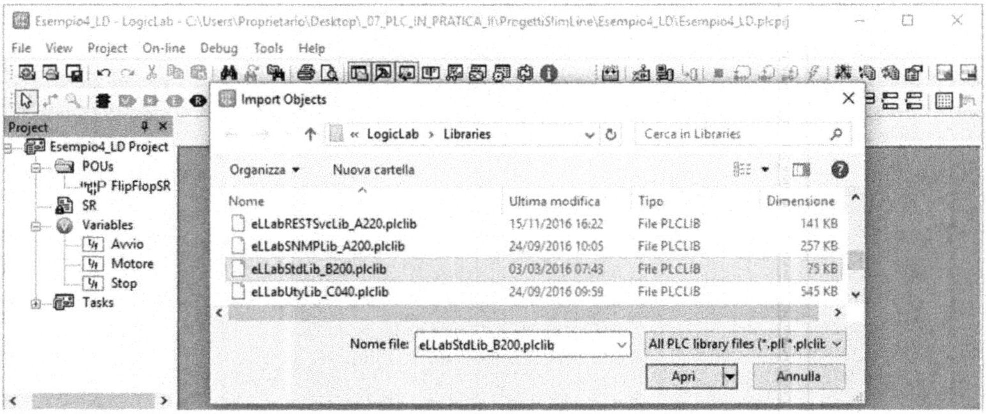

FIGURA 4.38: Selezione della libreria **eLLabStdLib_B200.plclib** nella finestra di dialogo **Import Objects**

All'apertura della finestra di dialogo **Objects browser** mostrata in FIGURA 4.39, selezionare l'FB **SR** (lettera **A** in figura) contenuto nella libreria e cliccare sul bottone **Import objects**. Il blocco funzione **SR** sarà importato nel progetto e visualizzato nella finestra **Workspace** (lettera **B** in figura).

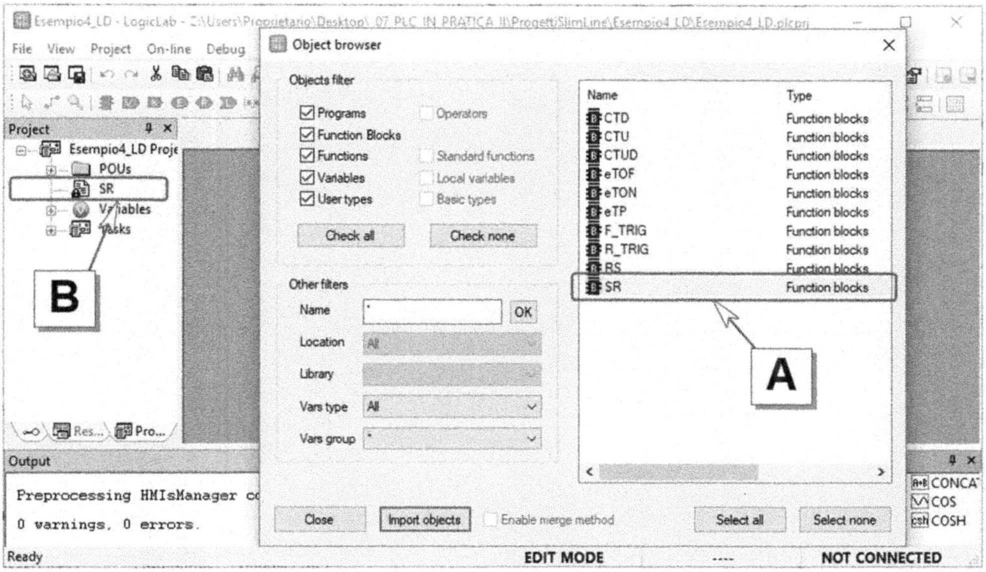

FIGURA 4.39: Importazione nel progetto dell'FB **SR** contenuto nella libreria **eLLabStdLib_B200.plclib**

Seguendo le procedure illustrate negli esempi precedenti, creare il nuovo progetto **Esempio4_LD** e selezionare nella casella di scelta multipla il target device. Creare il nuovo programma in LD **FlipFlopSR_LD** e assegnarlo al task **Slow**.

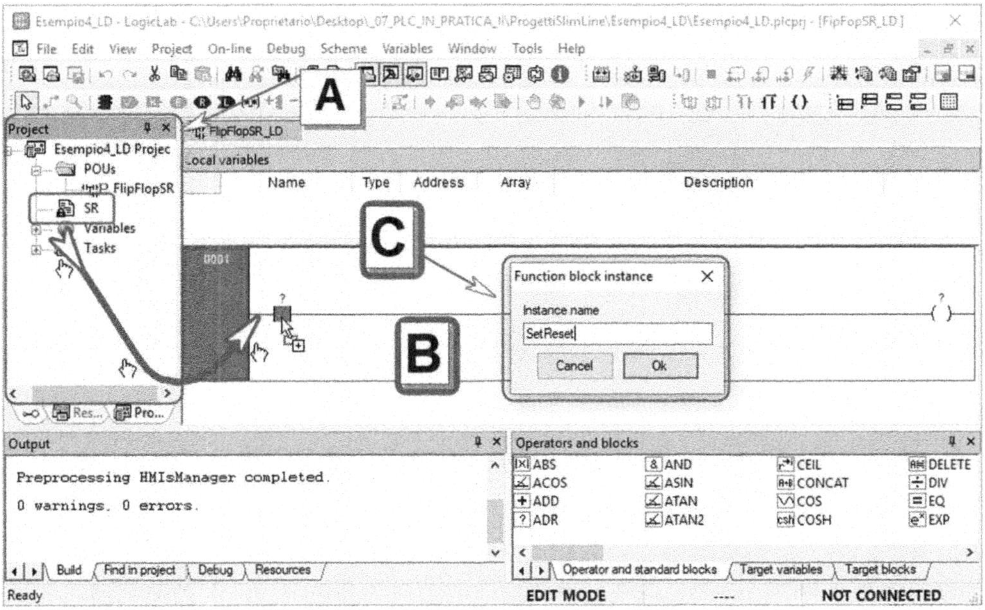

FIGURA 4.40: Inserimento del blocco **SR** sul power link

Come illustrato in FIGURA 4.40, procedere all'inserimento nello schema a contatti del blocco **SR**, trascinandolo dalla finestra **Workspace** (lettera **A** in figura) al contatto normalmente aperto (lettera **B** in figura). Apparirà la finestra di dialogo **Function block istance** (lettera **C** in figura), che richiederà di assegnare il nome all'istanza con cui sarà richiamato il blocco **SR**.

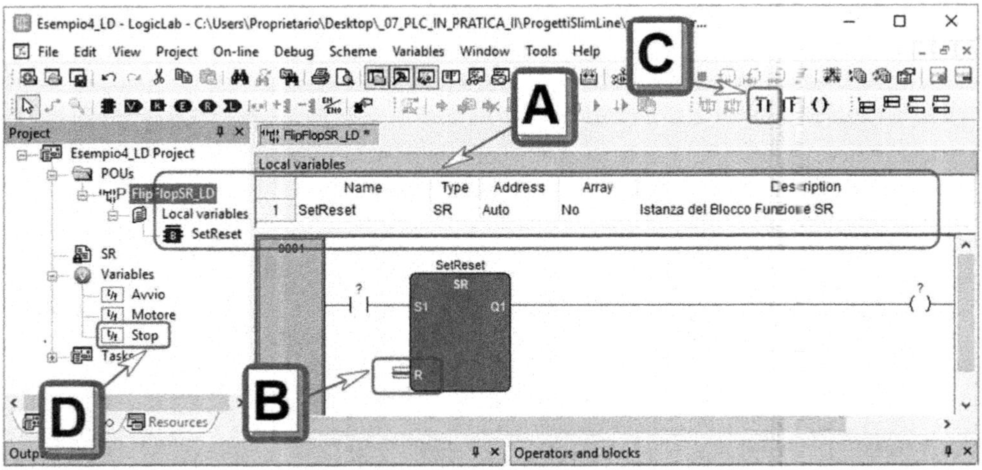

FIGURA 4.41: Inserimento del blocco **SR** sul power link e collegamento dei simboli ai pin

In FIGURA 4.41 (lettera **A**), si nota che un'istanza del blocco funzione **SR** dal nome *SetReset* è adesso disponibile come variabile locale del programma.

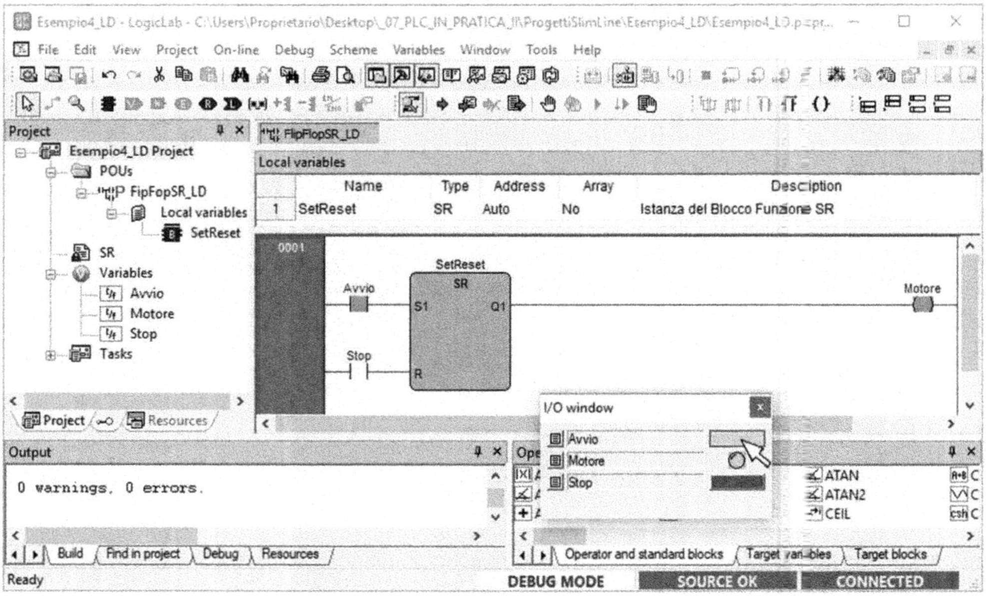

FIGURA 4.42: Verifica del programma con il simulatore SimuLab in modalità ***Live debug mode***

I pin **S1** e **Q1** del blocco inserito sono stati collegati in automatico, per collegare l'ultimo pin restante (lettera **B** in figura) cliccare con il mouse sul pin **R** e inserire un contatto a sinistra con l'icona **Serie contact before** (lettera **C** in figura). In alternativa si può trascinare la variabile mappata *Stop* (lettera **D** in figura) sul pin **R** (lettera **B** in figura).

Completare lo schema a contatti come descritto di seguito:

- al contatto del pin **S1** associare la variabile mappata *Avvio*, in tal modo si trasferisce il valore dell'ingresso digitale 0 del PLC al comando di *set* **S1** del blocco funzione;
- al contatto del pin **R** associare la variabile mappata *Stop*, in tal modo si trasferisce il valore dell'ingresso digitale 1 del PLC al comando di *reset* **R** del blocco funzione;
- alla bobina del pin **Q1** associare la variabile mappata *Motore*, in tal modo il valore dell'uscita **Q1** del blocco funzione è trasferito sull'uscita digitale 0 del PLC.

Per comprendere il funzionamento si tenga presente che il blocco funzione **SR** su attivazione del comando di set **S1** attiva l'uscita **Q1** che rimane attiva anche quando il comando viene disattivato. Per disattivare l'uscita occorre attivare il comando di reset **R**. Il comando di reset **R** è prioritario sul comando di set **S1**.

Si proceda alla compilazione del programma e alla simulazione del funzionamento con SimuLab, come illustrato in FIGURA 4.42 che mostra anche l'animazione dell'esecuzione del programma ottenuta in modalità **Live debug mode**. Trovate questo esempio (file ***Esempio4_LD.plcprj***) e il relativo pannello di simulazione nella cartella ***Capitolo4\Esempio4_LD*** del CD-ROM allegato.

Prima di aprire il file con LogicLab4, si raccomanda di copiare la cartella sul disco rigido del computer in modo da poter effettuare le modifiche al progetto e il download delle applicazioni sul target device (maggiori informazioni sono riportate nel file ***Avvertenze.pdf*** contenuto nel CD-ROM allegato).

ESEMPIO 4-ST: Set/Reset flip flop (codice in ST)

Seguendo le procedure illustrate negli esempi precedenti, creare il nuovo progetto **Esempio4_ST** e selezionare nella casella di scelta multipla il target device.

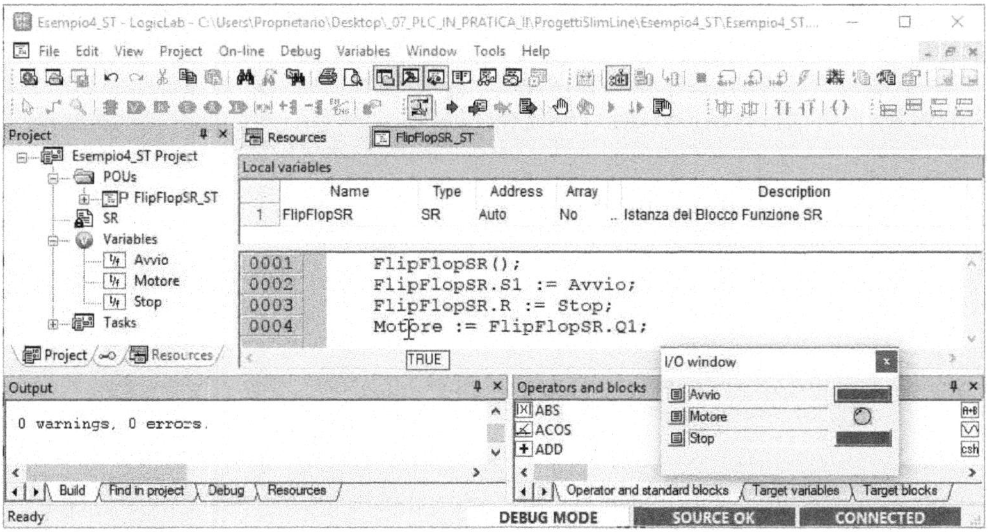

FIGURA 4.43: Programma in ST e verifica di funzionamento in modalità **Live debug mode**

Creare il nuovo programma in ST **FlipFlopSR_ST**, assegnarlo al task **Slow** e importare il blocco funzione **SR**. La FIGURA 4.43 mostra il codice da scrivere nella finestra dell'**Editor ST** che compare nell'area di lavoro di LogicLab4.

Procediamo all'analisi del funzionamento del programma in ST.

Riga1:
```
FlipFlopSR();
```
L'istruzione, che contiene il nome dell'istanza, richiama il blocco funzione.

Riga2:
```
FlipFlopSR.S1 := Avvio;
```
Assegna al blocco funzione un argomento. Nello specifico trasferisce il valore dell'ingresso digitale 0 del PLC al comando di set **S1** del blocco funzione.

Riga3:
```
FlipFlopSR.R := Stop;
```
Assegna al blocco funzione un argomento. Nello specifico trasferisce il valore dell'ingresso digitale 1 del PLC al comando di reset **R** del blocco funzione.

Riga4:
```
Motore := FlipFlopSR.Q1;
```
Assegna al blocco funzione un argomento. Nello specifico il valore dell'uscita **Q1** del blocco funzione è trasferito sull'uscita digitale 0 del PLC.

Si proceda alla compilazione del programma e alla simulazione del funzionamento con SimuLab, come illustrato in FIGURA 4.42 che mostra anche l'animazione dell'esecuzione del programma ottenuta in modalità **Live debug mode**.

Trovate questo esempio (file ***Esempio4_ST.plcprj***) e il relativo pannello di simulazione nella cartella ***Capitolo4\Esempio4_ST*** del CD-ROM allegato.

Prima di aprire il file con LogicLab4, si raccomanda di copiare la cartella sul disco rigido del computer in modo da poter effettuare le modifiche al progetto e il download delle applicazioni sul target device (maggiori informazioni sono riportate nel file ***Avvertenze.pdf*** contenuto nel CD-ROM).

VARIABILI DI SISTEMA

Nell'ambiente di sviluppo LogicLab4 sono contenute *variabili di sistema* (*Target variables*) che possono essere referenziate nel programma per accedere a informazioni sul sistema (target device) da programmare.

(A)

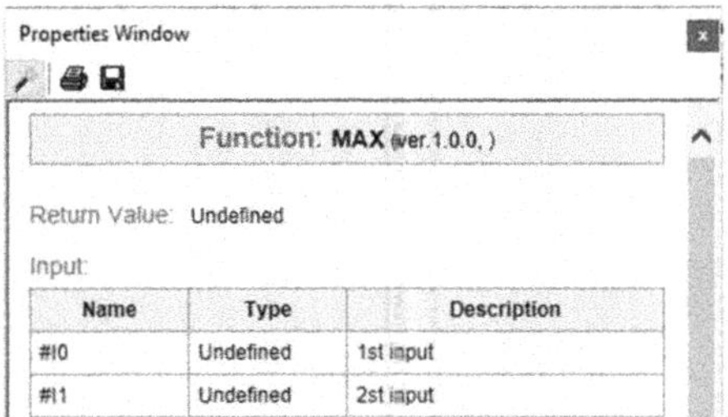

(B)

FIGURA 4.44: Proprietà degli operatori, funzioni, blocchi funzione e variabili di sistema.

Agendo con il tasto destro del mouse, FIGURA 4.44 (A), per ogni operatore, funzione, blocco funzione o variabile di sistema è possibile visualizzare la *finestra delle proprietà*, FIGURA 4.44 (B), in cui sono indicate, a seconda della tipologia:

- la descrizione per gli operatori;
- le variabili in ingresso e il ritorno per le funzioni;
- le variabili in ingresso e in uscita per i blocchi funzioni;
- il tipo e l'indirizzo di allocazione per le variabili di sistema.

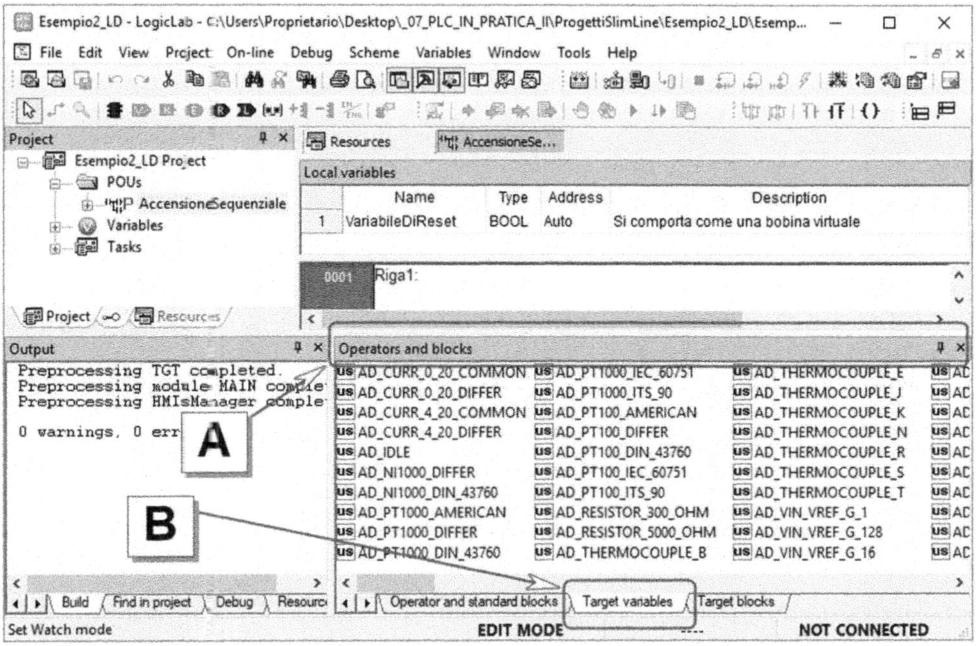

FIGURA 4.45: Attivazione del tab **Target variables** della finestra **Operators and blocks**

Con riferimento alla FIGURA 4.45, per utilizzare le variabili di sistema, occorre accedere alla finestra **Operators and blocks** (lettera **A** in figura) e selezionare il tab **Target variables** (nella sezione indicata dalla lettera **B** in figura).

4.5 – Temporizzatori

I temporizzatori (*timer*) sono elementi molto utilizzati per le procedure di automazione. Vedremo come impiegare i blocchi funzione che possono essere richiamati in LogicLab4 per implementare le funzioni di temporizzazione sia nel linguaggio LD, sia nel linguaggio ST.
Nella libreria standard **eLLabStdLib_B200.plclib** sono contenuti i seguenti FB che implementano funzioni di temporizzatori:

- **eTOF (Timer Off)** – Temporizzatore con ritardo sulla disattivazione;
- **eTON (Timer On)** – Temporizzatore con ritardo sull'attivazione;
- **eTP (Timer pulse)** – Temporizzatore con impulso d'attivazione.

TEMPORIZZATORE CON RITARDO SULLA DISATTIVAZIONE

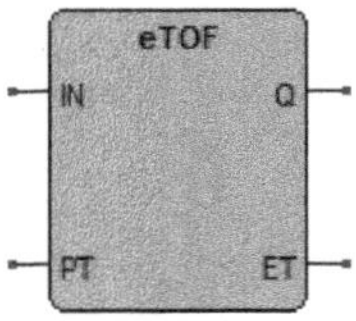

Il blocco funzione **eTOF** (**Timer Off**) esegue la temporizzazione sulla disattivazione. Ogni volta che viene attivato l'ingresso **IN** l'uscita **Q** si attiva immediatamente e il tempo in uscita **ET** si azzera. Disattivando l'ingresso **IN** inizia il conteggio e dopo il tempo definito **PT**, espresso in mS, si disattiva l'uscita **Q**. Sulla uscita **ET** viene riportato il tempo trascorso dalla disattivazione dell'ingresso espresso in mS.

Le variabili da collegare ai pin **IN** e **Q** sono di tipo **BOOL** (booleano). Le variabili da collegare ai pin **PT** ed **ET** sono di tipo **UDINT** (numero intero senza segno definito da 32 bit che può assumere un valore compreso tra 0 e 2^{32}). Al pin **PT** può essere collegata anche una costante.
Per esempio, consideriamo la riga di programma riportata in FIGURA 4.46 (A) dove: alla variabile *UscitaTemporizzatore* è stata associata una variabile mappata con indirizzo di memoria ***%QX255.0***, corrispondente all'uscita 0 del modulo CPU; alla variabile *AttivaTemporizzazione* è stata associata una variabile mappata con indirizzo di memoria ***%IX255.0***, che corrisponde all'ingresso 0 del modulo CPU; al pin **PT** è stata collegata una costante con valore 1000; al pin **ET** è stata collegata la variabile *TempoTrascorso*.

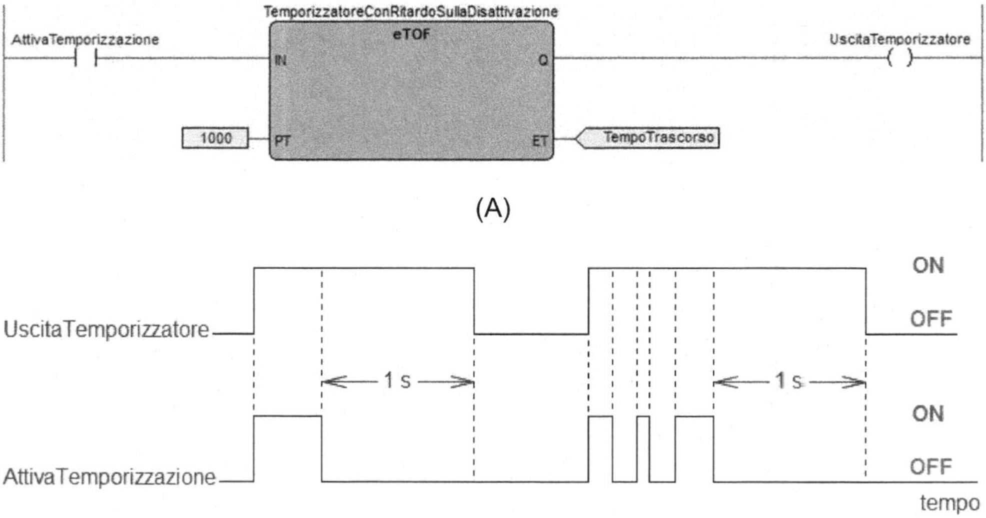

FIGURA 4.46: Esempio con il blocco funzione **eTOF** (temporizzatore con ritardo sulla disattivazione)

La FIGURA 4.46 (B) illustra il diagramma dei tempi relativo al funzionamento del blocco funzione **eTOF**. Quando sui morsetti dell'ingresso 0 del modulo CPU è presente una tensione tra 10 e 30 V la variabile *AttivaTemporizzazione* assume il valore **1** (**true**) e lo stato **ON**, presente sul power rail sinistro, potrà attraversare il contatto NA per raggiungere il pin **IN** e attivare l'uscita 0 del PLC e, di conseguenza, far assumere alla variabile *UscitaTemporizzatore* il valore **1** (**true**). Quando sui morsetti dell'ingresso 0 non sarà più presente tale tensione, la variabile

AttivaTemporizzazione assumerà il valore **0** (**false**) e pertanto comincerà da fase di conteggio del tempo trascorso, il cui valore sarà memorizzato nella variabile *TempoTrascorso*. Trascorso un secondo (pari a 1000 ms) l'uscita 0 del PLC sarà disattivata e, di conseguenza, la variabile *UscitaTemporizzatore* assumerà il valore **0** (**false**). Si noti che la riattivazione dell'ingresso 0, prima che sia trascorso il tempo di un secondo, resetta il temporizzatore azzerando il valore memorizzato nella variabile *TempoTrascorso*.

TEMPORIZZATORE CON RITARDO SULL'ATTIVAZIONE

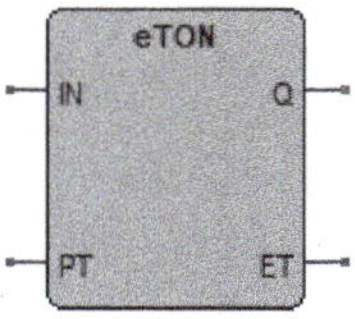

Il blocco funzione **eTON** (**Timer On**) esegue la temporizzazione sull'attivazione. Ogni volta che viene attivato l'ingresso **IN** inizia il conteggio e dopo il tempo definito **PT**, espresso in mS, si attiva l'uscita **Q**. Sull'uscita **ET** viene riportato il tempo trascorso dall'attivazione dell'ingresso espresso in mS. Disattivando l'ingresso **IN** l'uscita **Q** si disattiva istantaneamente e il valore di tempo sull'uscita **ET** si azzera.

Le variabili da collegare ai pin **IN** e **Q** sono di tipo **BOOL** (booleano). Le variabili da collegare ai pin **PT** ed **ET** sono di tipo **UDINT** (numero intero senza segno definito da 32 bit che può assumere un valore compreso tra 0 e 2^{32}). Al pin **PT** può essere collegata anche una costante.

Per esempio, consideriamo la riga di programma riportata in FIGURA 4.47 (A) dove: alla variabile *UscitaTemporizzatore* è stata associata una variabile mappata con indirizzo di memoria ***%QX255.0***, corrispondente all'uscita 0 del modulo CPU; alla variabile *AttivaTemporizzazione* è stata associata una variabile mappata con indirizzo di memoria ***%IX255.0***, che corrisponde all'ingresso 0 del modulo CPU; al pin **PT** è stata collegata una costante con valore 1000; al pin **ET** è stata collegata la variabile *TempoTrascorso*.

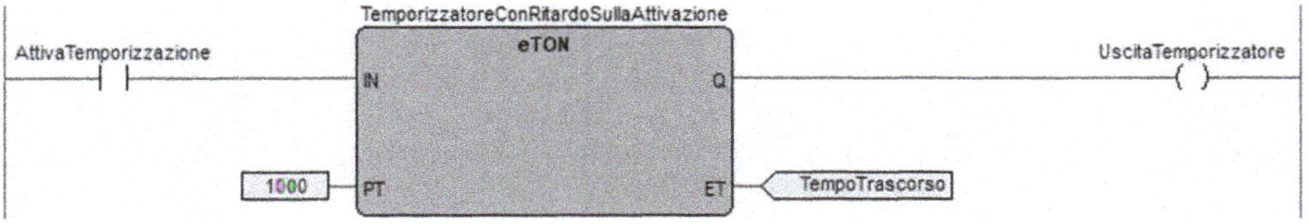

(A)

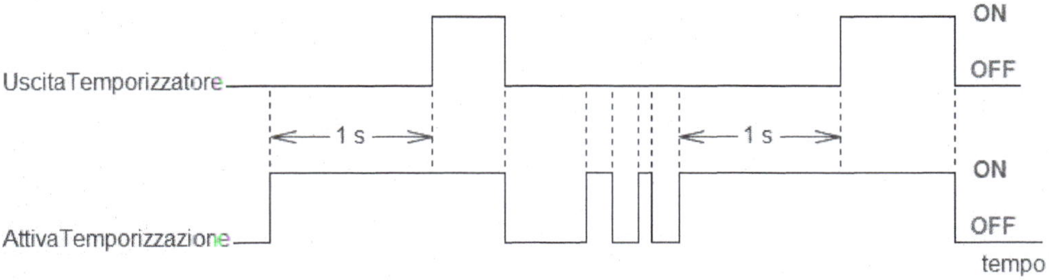

(B)

FIGURA 4.47: Esempio con il blocco funzione **eTON** (temporizzatore con ritardo sull'attivazione)

La FIGURA 4.47 (B) illustra il diagramma dei tempi relativo al funzionamento del blocco funzione **eTON**. Quando sui morsetti dell'ingresso 0 del modulo CPU è presente una tensione tra 10 e 30 V la variabile *AttivaTemporizzazione* assume il valore **1** (**true**) e lo stato **ON**, presente sul power rail sinistro, potrà attraversare il contatto NA per raggiungere il pin **IN** e attivare la fase di conteggio del tempo trascorso, il cui valore sarà memorizzato nella variabile *TempoTrascorso*. Trascorso un secondo (pari a 1000 ms) l'uscita 0 del PLC sarà attivata e, di conseguenza, la variabile *UscitaTemporizzatore* assumerà il valore **1** (**true**). Quando sui morsetti dell'ingresso 0 non sarà più presente tale tensione, la variabile *AttivaTemporizzazione* assumerà il valore **0** (**false**), l'uscita 0 del PLC sarà disattivata e, di conseguenza, la variabile *UscitaTemporizzatore* assumerà il valore **0** (**false**). Si noti che ogni attivazione dell'ingresso 0 resetta il temporizzatore, azzerando il valore memorizzato nella variabile *TempoTrascorso*, e che l'uscita 0 viene attivata solo se *AttivaTemporizzazione* assume il valore **1** (**true**) per almeno un secondo.

TEMPORIZZATORE CON IMPULSO DI ATTIVAZIONE

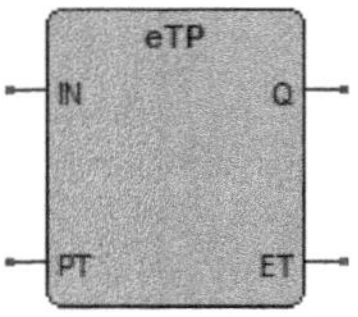

Il blocco funzione **eTP** (**Timer pulse**) esegue la temporizzazione su impulso di attivazione. Ogni volta che viene attivato l'ingresso **IN** l'uscita **Q** si attiva. Sull'uscita **ET** viene riportato il tempo trascorso dall'impulso di attivazione espresso in mS. Raggiunto il tempo impostato **PT**, espresso in mS, indipendentemente dallo stato dell'ingresso **IN**, l'uscita **Q** si azzera, mentre il tempo in uscita su **ET** si azzera solo se l'ingresso **IN** non è più attivo.

Le variabili da collegare ai pin **IN** e **Q** sono di tipo **BOOL** (booleano). Le variabili da collegare ai pin **PT** ed **ET** sono di tipo **UDINT** (numero intero senza segno definito da 32 bit che può assumere un valore compreso tra 0 e 2^{32}). Al pin **PT** può essere collegata anche una costante.

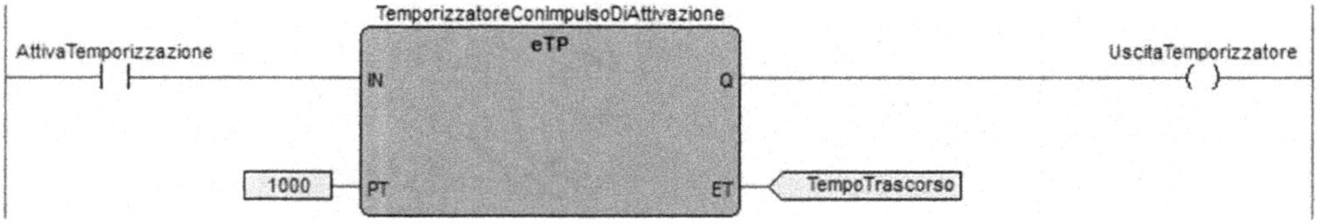

(A)

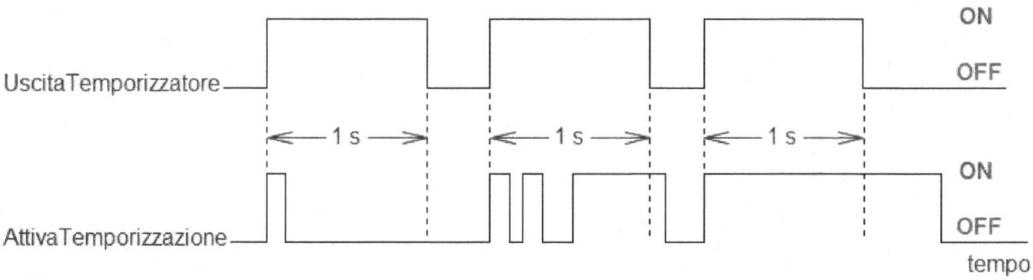

(B)

FIGURA 4.48: Esempio con il blocco funzione **eTP** (temporizzatore con impulso di attivazione)

Per esempio, consideriamo la riga di programma riportata in FIGURA 4.48 (A) dove: alla variabile *UscitaTemporizzatore* è stata associata una variabile mappata con indirizzo di memoria ***%QX255.0***, corrispondente all'uscita 0 del modulo CPU; alla variabile *AttivaTemporizzazione* è stata associata una variabile mappata con indirizzo di memoria ***%IX255.0***; che corrisponde all'ingresso 0 del modulo CPU; al pin **PT** è stata collegata una costante con valore 1000; al pin **ET** è stata collegata la variabile *TempoTrascorso*.

La FIGURA 4.48 (B) illustra il diagramma dei tempi relativo al funzionamento del blocco funzione **eTP**. Quando sui morsetti dell'ingresso 0 del modulo CPU è presente una tensione tra 10 e 30 V la variabile *AttivaTemporizzazione* assume il valore **1** (**true**) e lo stato **ON**, presente sul power rail sinistro, potrà attraversare il contatto NA per raggiungere il pin **IN** e attivare l'uscita 0 del PLC e, di conseguenza, far assumere alla variabile *UscitaTemporizzatore* il valore **1** (**true**) e far partire la fase di conteggio del tempo trascorso, il cui valore sarà memorizzato nella variabile *TempoTrascorso*. Trascorso un secondo (pari a 1000 ms) l'uscita 0 del PLC sarà disattivata a prescindere dall'evoluzione subita dalla variabile *AttivaTemporizzazione*.

ESEMPIO 5-LD: Avvio di due motori con spegnimento temporizzato (codice in LD)

Realizziamo un progetto con LogicLab4 che, in seguito alla pressione del pulsante *Avvio,* attivi due uscite digitali, *Motore1* e *Motore2*, a cui sono collegati i contattori per l'avvio di due motori, e che, alla pressione del pulsante *Stop*, disattivi immediatamente l'uscita *Motore1* e dopo dieci secondi l'uscita *Motore2*.

Nella FIGURA 4.49 sono mostrati i collegamenti con il PLC dei pulsanti *Avvio* e *Stop* (sulla morsettiera degli ingressi) e dei contatti di *Motore1* e *Motore2* (sulla morsettiera delle uscite) per l'alimentazione dei contattori *K1* e *K2*, i cui contatti alimenteranno i circuiti di potenza dei due motori.

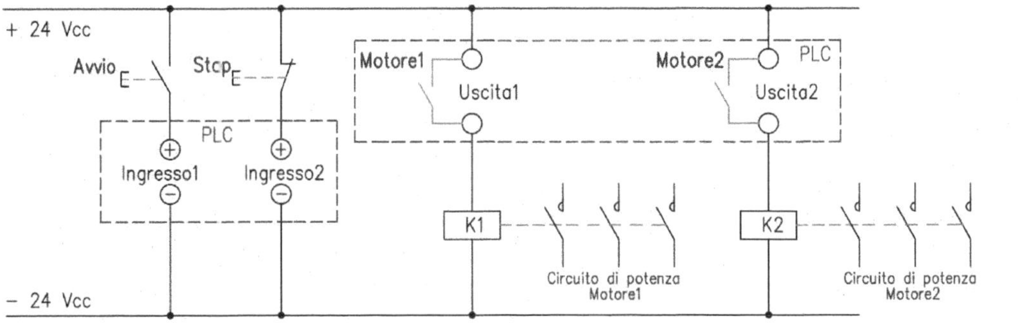

FIGURA 4.49: Collegamento al PLC dei pulsanti e delle bobine del circuito dell'ESEMPIO 5-LD

Seguendo le procedure illustrate negli esempi precedenti, creare il nuovo progetto **Esempio5_LD** e selezionare nella casella di scelta multipla il target device. Definire le variabili globali mappate mostrate in FIGURA 4.50.
Creare il nuovo programma in LD **DueMotori_LD**, assegnarlo al *task* **Slow** e costruire lo schema a contatti illustrato in FIGURA 4.51.

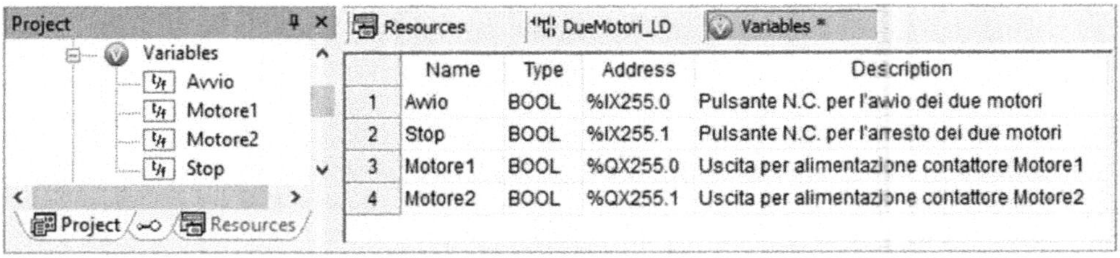

FIGURA 4.50: Visualizzazione delle variabili globali mappate del progetto dell'ESEMPIO 5-LD

Il blocco funzione **eTOF**, contenuto nella libreria **eLLabStdLib_B200.plclib**, dopo essere stato importato nel progetto, sarà inserito nello schema a contatti con le usuali modalità di trascinamento dalla finestra **Workspace** alla linea del power link.

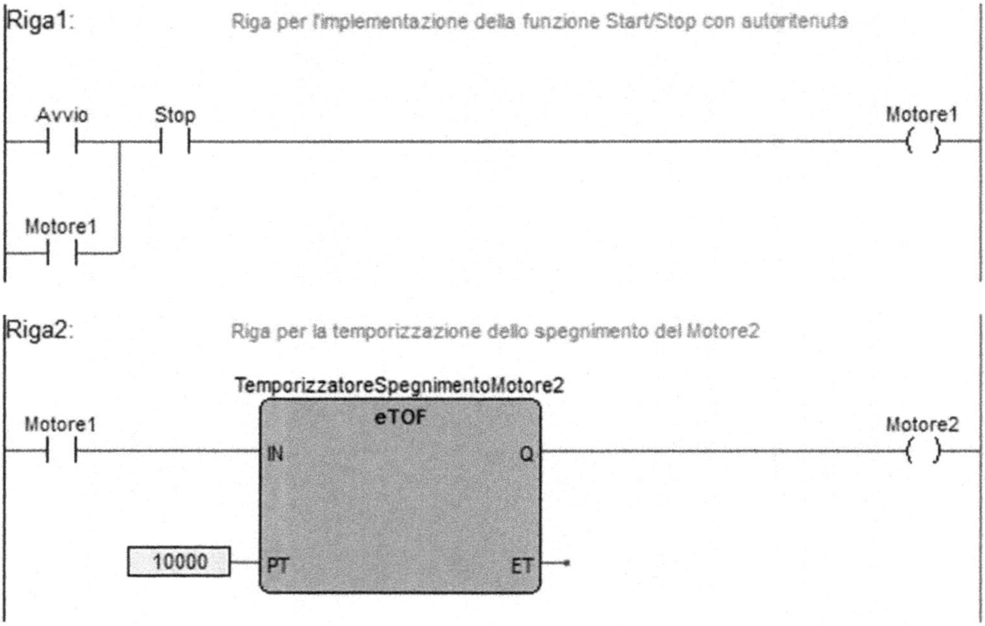

FIGURA 4.51: Programma in LD per implementare l'avvio di due motori con spegnimento temporizzato

Con riferimento alla FIGURA 4.52 lettera **A**, si nota che, dopo avere assegnato il nome *TemporizzatoreSpegnimentoMotore2* all'istanza con cui sarà richiamato il blocco, un FB **eTOF** sarà disponibile nel programma. Per collegare una costante di valore 10000 al pin **PT**, cliccare con il mouse sul pin (lettera **C** in figura) e successivamente cliccare sul bottone **Constant** della barra dei comandi **FBD** (lettera **B** in figura) o premere i tasti <Shift>+<K>.

Cliccare sul bottone **Constant** della barra dei comandi **FBD** (lettera **B** in figura) dopo avere selezionato il pin del blocco per poter accedere alla finestra di dialogo che consente di inserire il valore.

Qualora si voglia collegare una variabile al pin è necessario usare il bottone **Variable** della barra dei comandi **FBD** (lettera **C** in figura) o premere i tasti <Shift>+<K>.

Cliccare sul bottone **Variable** della barra dei comandi **FBD** (lettera **B** in figura) dopo avere selezionato il pin del blocco per poter accedere alla finestra di dialogo che consente di scegliere la variabile desiderata.

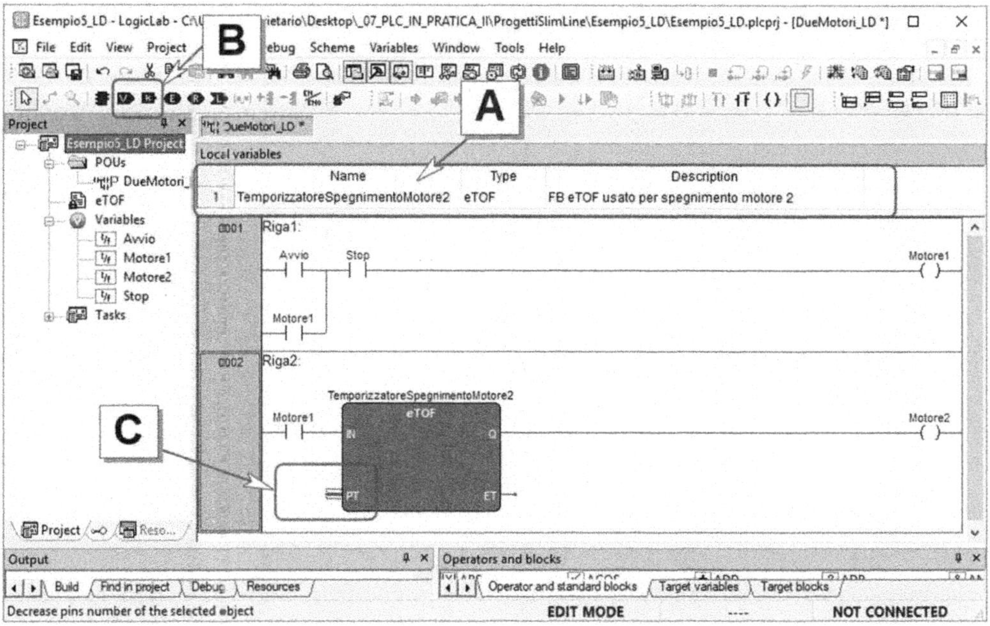

FIGURA 4.52: Collegamento di una costante al pin **PT** del blocco **eTOF**

Con riferimento alla FIGURA 4.53 lettera **A**, eseguire un doppio clic sul rettangolo rappresentante la costante inserita per modificare il valore 0 assegnato di default da LogicLab4.

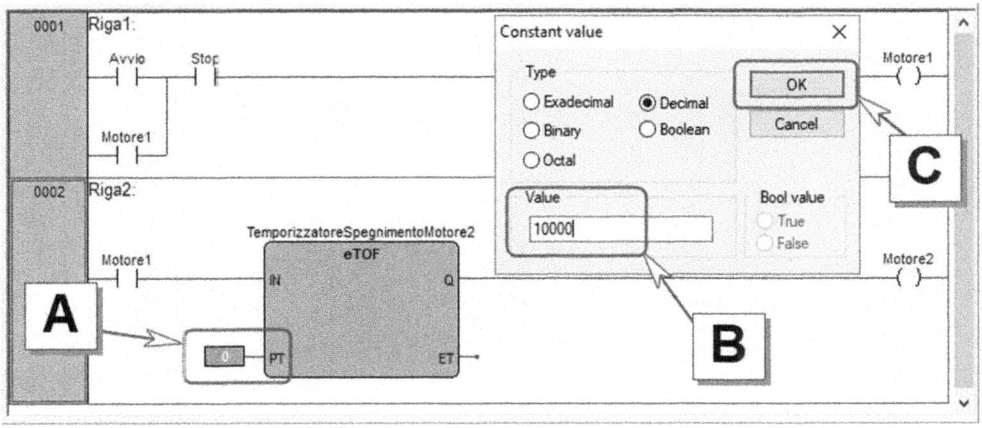

FIGURA 4.53: Finestra di dialogo **Constant value** per l'assegnazione del valore alla costante

Nel riquadro **Value** (lettera **B** in figura) della finestra di dialogo **Constant value** apparsa, digitare il valore **10000** e confermare con il bottone **OK** (lettera **C** in figura). Per rendere più leggibili i programmi si possono inserire dei commenti ai network componenti lo schema a contatti tramite il bottone **Comment** della barra dei comandi

FBD, come illustrato in FIGURA 4.54 lettera **B** o, utilizzando la combinazione di scelta rapida, premendo i tasti <Shift>+<M>.

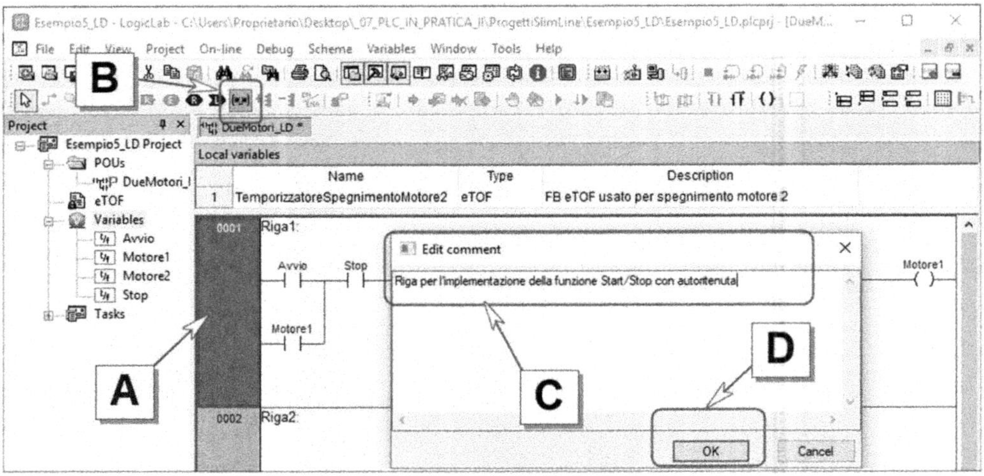

FIGURA 4.54: Aggiunta di commenti ai network dello schema a contatti

Selezionare il network, cliccando sulla barra indicata dalla lettera **A** in figura, e cliccare sul bottone **Comment** della barra dei comandi **FBD**.

Digitare il testo desiderato nel riquadro contenuto nella finestra di dialogo **Edit comment** (lettera **C** in figura) e confermare con il bottone **OK** (lettera **D** in figura).

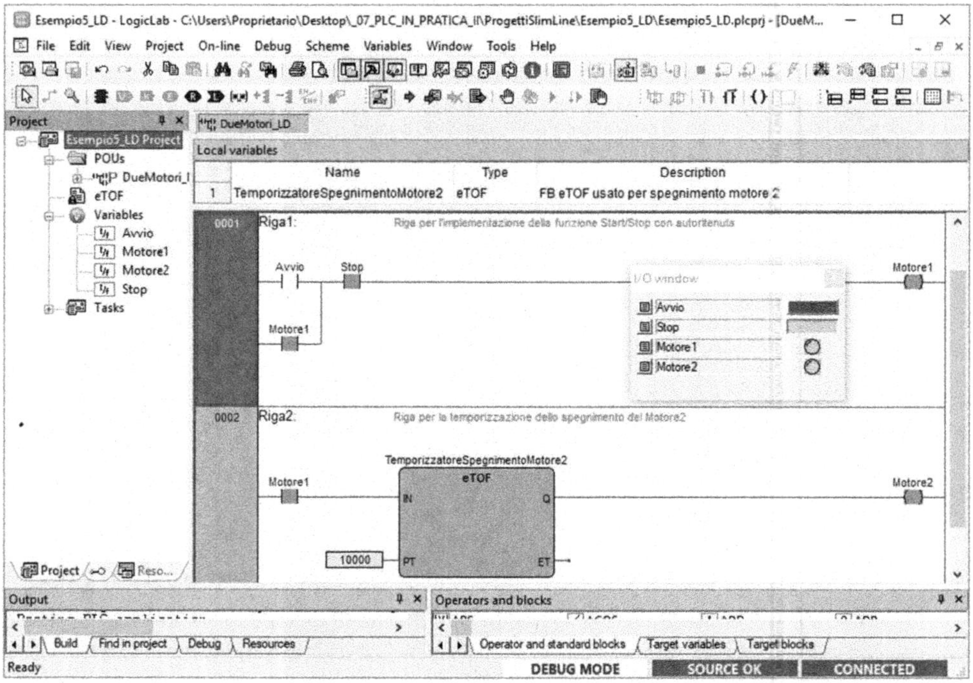

FIGURA 4.55: Verifica del programma con il simulatore SimuLab in modalità **Live debug mode**

Si proceda alla compilazione del programma e alla simulazione del funzionamento con SimuLab, come visibile in FIGURA 4.55 che mostra anche l'animazione dell'esecuzione del programma ottenuta in modalità **Live debug mode**. Come spiegato nel PARAGRAFO 3.8, occorre modificare le proprietà dell'elemento *Stop* del pannello di ingresso/uscita per simulare il funzionamento di un pulsante NC. Procediamo all'analisi del funzionamento:

Riga1:
Implementa il classico funzionamento di start-stop con autoritenuta del *Motore1* visto in precedenza.

Riga2:
Quando la variabile *Motore1* è **1** (**true**) viene attivato l'ingresso **IN** del blocco funzione **eTOF**, *TemporizzatoreSpegnimentoMotore2*, che attiva immediatamente l'uscita **Q** e, di conseguenza, l'uscita *Motore2*. Quando la variabile *Motore1* è **0** (**false**), l'ingresso **IN** è disabilitato e inizia il conteggio per la disattivazione, e dopo il tempo definito **PT**, fissato in 10000 mS, si disattiva l'uscita **Q** e, di conseguenza, l'uscita *Motore2*.

Trovate questo esempio (file ***Esempio5_LD. plcprj***) e il relativo pannello di simulazione nella cartella ***Capitolo4\Esempio5_LD*** del CD-ROM allegato.

Prima di aprire il file con LogicLab4, si raccomanda di copiare la cartella sul disco rigido del computer in modo da poter effettuare le modifiche al progetto e il download delle applicazioni sul target device (maggiori informazioni sono riportate nel file ***Avvertenze.pdf*** contenuto nel CD-ROM).

ESEMPIO 5-ST: Avvio di due motori con spegnimento temporizzato (codice in ST)

Seguendo le procedure illustrate negli esempi precedenti, creare il nuovo progetto **Esempio5_ST** e selezionare nella casella di scelta multipla il target device. Creare il nuovo programma in ST **DueMotori_ST**, assegnarlo al task **Slow** e importare il blocco funzione **eTON**. Le variabili globali mappate saranno identiche a quelle definite nell'esempio precedente. La FIGURA 4.56 mostra il codice commentato da scrivere nella finestra dell'**Editor ST** che compare nell'area di lavoro di LogicLab4. I commenti in ST sono delimitati, all'inizio e alla fine, dalle combinazioni dei caratteri speciali "(*" e "*)" oppure "/*" e "*/". In una singola riga, tutto il testo che segue la combinazione dei due caratteri speciali "//" è interpretato da Logiclab4 come un commento. Procediamo all'analisi del funzionamento del programma in ST.

Riga3 ÷ Riga5:
Implementano il classico funzionamento di start-stop con autoritenuta del *Motore1* il cui funzionamento è già stato analizzato negli esempi precedenti.

Riga10:
L'istruzione, che contiene il nome dell'istanza, richiama il blocco funzione.

Riga11÷ Riga13:
Si assegnano al blocco funzione gli argomenti. Nello specifico: alla *Riga11* si trasferisce il valore dell'uscita digitale 0 del PLC all'ingresso **IN** del blocco funzione; alla *Riga12* si trasferisce il valore 10000 al blocco funzione; alla *Riga13* il valore dell'uscita **Q** del blocco funzione è trasferito sull'uscita digitale 1 del PLC.

Quando la variabile *Motore1* è **1** (**true**) viene attivato l'ingresso **IN** del blocco funzione **eTOF**, *TemporizzatoreSpegnimentoMotore2*, che attiva immediatamente l'uscita **Q** e, di conseguenza, l'uscita *Motore2*. Quando la variabile *Motore1* è **0** (**false**), l'ingresso **IN** è disabilitato e inizia il conteggio per la disattivazione, e dopo il tempo definito **PT**, fissato in 10000 mS, si disattiva l'uscita **Q** e, di conseguenza l'uscita *Motore2*.

Resources | DueMotori_ST

Local variables

	Name	Type	Address	Description
1	TemporizzatoreSpegnimentoMotore2	eTOF	Auto	FB eTOF usato per spegnimento motore 2

```
(* Implementazione della funzione Start-Stop
   con autoritenuta *)
IF ((Avvio OR Motore1) AND Stop) THEN
    Motore1:=TRUE;
ELSE
    Motore1:=FALSE;
END_IF;
/* Temporizzazione dello spegnimento del
   motore 2*/
TemporizzatoreSpegnimentoMotore2();
TemporizzatoreSpegnimentoMotore2.IN := Motore1;
TemporizzatoreSpegnimentoMotore2.PT := 10000;
Motore2:= TemporizzatoreSpegnimentoMotore2.Q;
// Fine Programma DueMotori_ST
```

FIGURA 4.55: Programma in ST **DueMotori_ST**

Trovate questo esempio (file ***Esempio5_ST.plcprj***) e il relativo pannello di simulazione nella cartella ***Capitolo4\Esempio5_ST*** del CD-ROM allegato.

Prima di aprire il file con LogicLab4, si raccomanda di copiare la cartella sul disco rigido del computer in modo da poter effettuare le modifiche al progetto e il download delle applicazioni sul target device (maggiori informazioni sono riportate nel file ***Avvertenze.pdf*** contenuto nel CD-ROM).

4.6 – Contatori

I contatori (*counter*) sono elementi molto utilizzati per le procedure di automazione. Vedremo come utilizzare i blocchi funzione che possono essere richiamati in LogicLab4 per implementare le funzioni di conteggio sia nel linguaggio LD, sia nel linguaggio ST. Nella libreria standard **eLLabStdLib_B200.plclib** sono contenuti i seguenti FB che implementano funzioni di contatori:

- **CTD (Counter Down)** – Contatore in decremento;
- **CTU (Counter Up)** – Contatore in incremento;
- **CTUD (Counter Up/Down)** – Contatore in incremento e decremento.

CONTATORE IN DECREMENTO

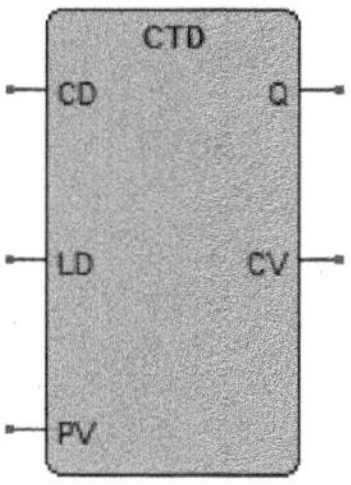

Il blocco funzione **CTD** (**Counter Down**) esegue la gestione di un contatore in decremento. Agendo sull'ingresso di *load* **LD** è possibile in qualsiasi momento trasferire il valore di *preset* definito su **PV** nel *counter* **CV**. Ad ogni fronte di attivazione dell'ingresso **CD**, il valore del counter **CV** viene decrementato. Quando il valore raggiunge 0, l'uscita **Q** viene attivata e il conteggio si arresta. Solo agendo sull'ingresso di load **LD** è possibile presettare il counter e fare ripartire un nuovo conteggio. L'ingresso di load **LD** è prioritario sull'ingresso di decremento **CD**.

Le variabili da collegare ai pin **CD**, **LD** e **Q** sono di tipo **BOOL** (booleano). Le variabili da collegare ai pin **PV** e **CV** sono di tipo **INT**, (numero intero con segno definito da 16 bit che può assumere un valore compreso tra -32768 e 32767). Al pin **PV** può essere collegata anche una costante.

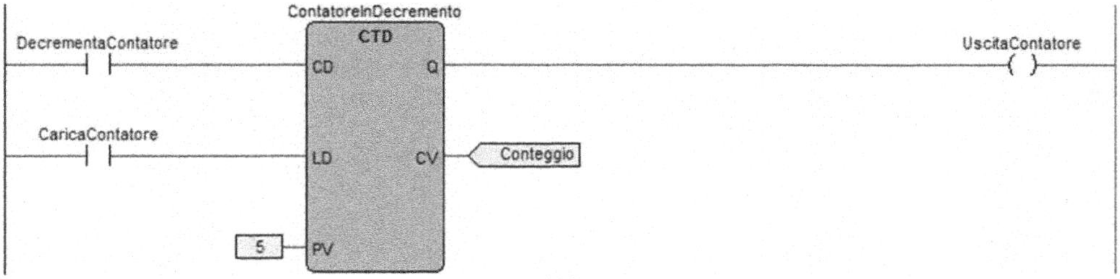

(A)

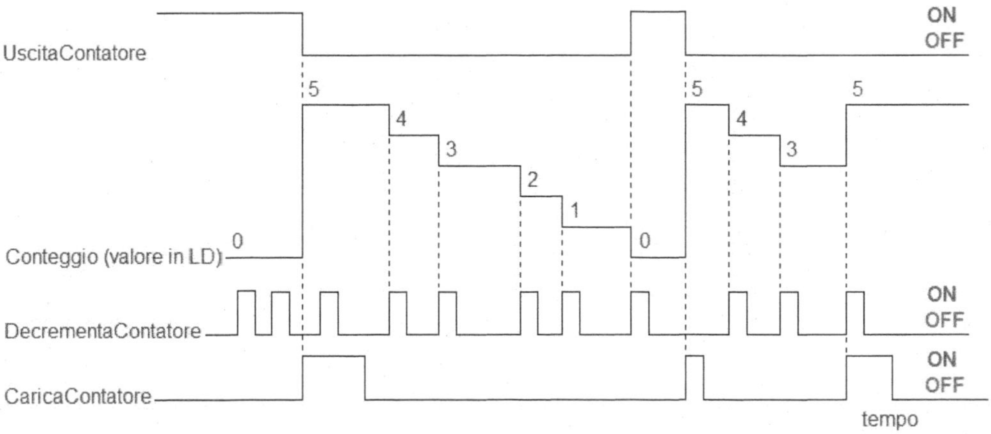

(B)

FIGURA 4.57: Esempio con il blocco funzione **CTD** (contatore in decremento)

Per esempio, consideriamo la riga di programma riportata in FIGURA 4.57 (A) dove: alla variabile *UscitaContatore* è stata associata una variabile mappata con indirizzo di memoria ***%QX255.0***, corrispondente all'uscita 0 del modulo CPU; alla variabile *DecrementaContatore* è stata associata una variabile mappata con indirizzo di memoria ***%IX255.0***, che corrisponde all'ingresso 0 del modulo CPU; alla variabile *CaricaContatore* è stata associata una variabile mappata con indirizzo di memoria ***%IX255.1***, che corrisponde all'ingresso 0 del modulo CPU; al pin **PV** è stata collegata una costante con valore 5; al pin **CV** è stata collegata la variabile *Conteggio*.

La FIGURA 4.57 (B) illustra il diagramma dei tempi relativo al funzionamento del blocco funzione **CTD**. Inizialmente, poiché il valore del counter **CV** è 0, l'uscita 0 del PLC è attivata e, di conseguenza, la variabile *UscitaContatore* assume il valore **1** (**true**). Quando sui morsetti dell'ingresso 1 del modulo CPU è presente una tensione tra 10 e 30 V la variabile *CaricaContatore* assume il valore **1** (**true**) e trasferisce il valore di preset, definito su **PV**, nel counter **CV** disattivando l'uscita 0 del PLC e, di conseguenza, facendo assumere alla variabile *UscitaContatore* il valore **0** (**false**). Ogni volta che sui morsetti dell'ingresso 0 del modulo CPU è presente una tensione tra 10 e 30 V la variabile *DecrementaContatore* assume il valore **1** (**true**) e il counter **CV** decrementerà il suo valore di un'unità. Quando il valore del counter **CV** avrà raggiunto il valore 0, l'uscita 0 del PLC sarà attivata e, di conseguenza, la variabile *UscitaContatore* assumerà il valore **1** (**true**). Si noti che, poiché l'ingresso di load **LD** è prioritario sull'ingresso di decremento **CD**, quando la variabile *CaricaContatore* è **1** (**true**) un valore **1** (**true**) assunto dalla variabile *DecrementaContatore* non potrà decrementare il valore del counter **CV**.

CONTATORE IN INCREMENTO

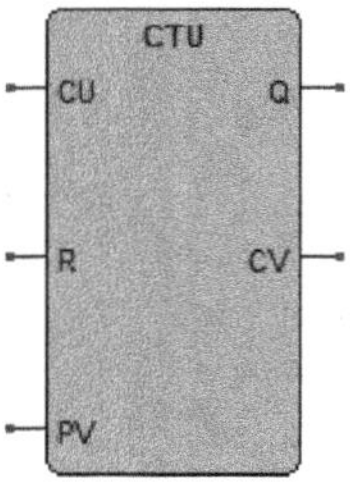

Il blocco funzione **CTU** (**Counter Up**) esegue la gestione di un contatore in incremento. Agendo sull'ingresso di *reset* **R** è possibile in qualsiasi momento azzerare il valore del *counter* **CV**. Ad ogni fronte di attivazione dell'ingresso **CU** il valore del counter **CV** viene incrementato. Quando il valore del counter **CV** raggiunge il valore di *preset*, definito su **PV**, l'uscita **Q** viene attivata e il conteggio si arresta. Solo agendo sull'ingresso di reset **R** si potrà resettare il counter e far ripartire un nuovo conteggio. L'ingresso di reset **R** è prioritario sull'ingresso di incremento **CU**.

Le variabili da collegare ai pin **CU**, **R** e **Q** sono di tipo **BOOL** (booleano). Le variabili da collegare ai pin **PV** e **CV** sono di tipo **INT** (numero intero con segno definito da 16 bit che può assumere un valore compreso tra -32768 e 32767). Al pin **PV** può essere collegata anche una costante.

Per esempio, consideriamo la riga di programma riportata in FIGURA 4.58 (A) dove: alla variabile *UscitaContatore* è stata associata una variabile mappata con indirizzo di memoria ***%QX255.0***, corrispondente all'uscita 0 del modulo CPU; alla variabile *DecrementaContatore* è stata associata una variabile mappata con indirizzo di memoria ***%IX255.0***, che corrisponde all'ingresso 0 del modulo CPU; alla variabile *ResetContatore* è stata associata una variabile mappata con indirizzo di memoria ***%IX255.1***, che corrisponde all'ingresso 0 del modulo CPU; al pin **PV** è stata collegata una costante con valore 5; al pin **CV** è stata collegata la variabile *Conteggio*.

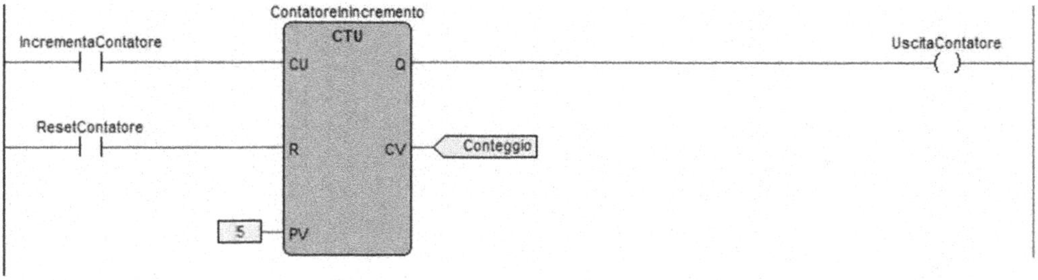

(A)

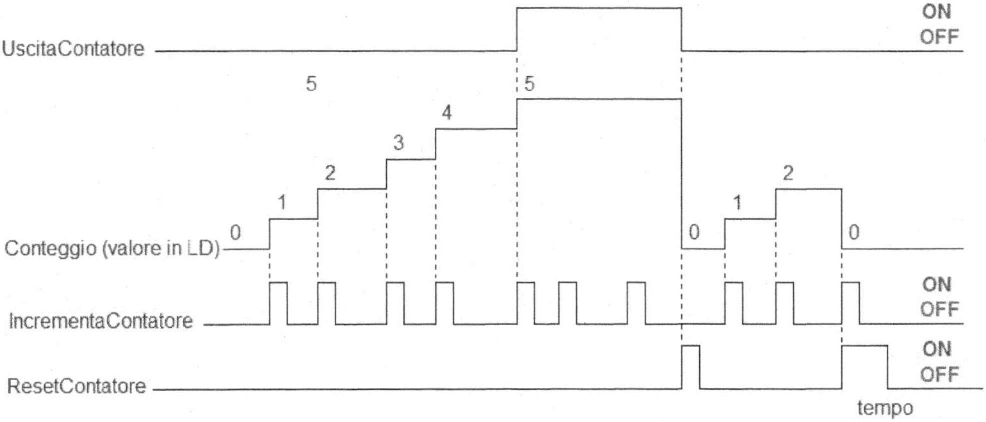

(B)

FIGURA 4.58: Esempio con il blocco funzione **CTU** (contatore in incremento)

La FIGURA 4.57 (B) illustra il diagramma dei tempi relativo al funzionamento del blocco funzione **CTU**. Inizialmente, poiché il valore del counter **CV** è 0, l'uscita 0 del PLC è disattivata e, di conseguenza, la variabile *UscitaContatore* assume il valore **0** (**false**). Ogni volta che sui morsetti dell'ingresso 0 del modulo CPU è presente una tensione tra 10 e 30 V la variabile *IncrementaContatore* assume il valore **1** (**true**) e il counter **CV** incrementerà il suo valore di un'unità.

Quando il valore del counter **CV** avrà raggiunto il valore 5, l'uscita 0 del PLC sarà attivata e, di conseguenza, la variabile *UscitaContatore* assumerà il valore **1** (**true**). Per far ripartire il contatore è necessario che sui morsetti dell'ingresso 1 del modulo CPU sia presente una tensione tra 10 e 30 V e che, di conseguenza, la variabile *ResetContatore* assuma il valore **1** (**true**), affinché il valore di preset, definito su **PV**, possa essere trasferito nel counter **CV**. Si noti che, poiché l'ingresso di reset **R** è prioritario sull'ingresso di incremento **CU**, quando la variabile *ResetContatore* è **1** (**true**) un valore **1** (**true**) assunto dalla variabile *IncrementaContatore* non potrà incrementare il valore del counter **CV**.

CONTATORE IN INCREMENTO E DECREMENTO

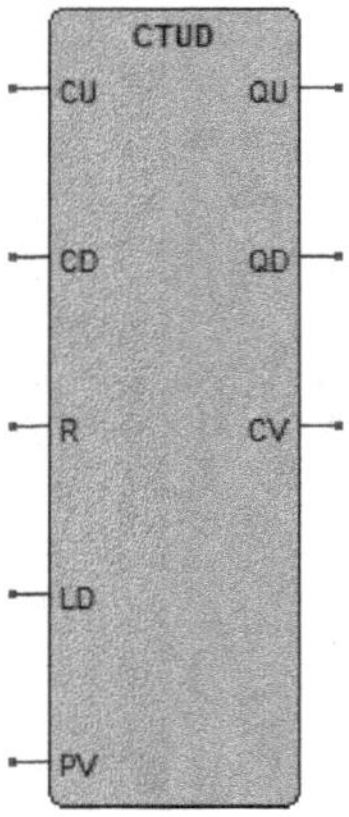

Il blocco funzione **CTUD** (**Counter Up/Down**) esegue la gestione di un contatore in incremento e decremento. Agendo sull'ingresso di *reset* **R** è possibile in qualsiasi momento azzerare il valore del *counter* **CV**. Agendo sull'ingresso di *load* **LD** è possibile in qualsiasi momento trasferire il valore di *preset* definito su **PV** nel *counter* **CV**.
Ad ogni fronte di attivazione dell'ingresso **CU** il valore del counter **CV** viene incrementato. Quando il valore del counter **CV** raggiunge il valore di preset, definito su **PV**, l'uscita **Q** viene attivata e il conteggio si arresta. Solo agendo sull'ingresso di reset **R** si potrà resettare il counter e far ripartire un nuovo conteggio.
Ad ogni fronte di attivazione dell'ingresso **CD**, il valore del counter **CV** viene decrementato. Quando il valore raggiunge 0, l'uscita **Q** viene attivata e il conteggio si arresta. Solo agendo sull'ingresso di load **LD** è possibile presettare il counter e fare ripartire un nuovo conteggio.

Le variabili da collegare ai pin **CU**, **CD**, **R**, **LD** e **Q** sono di tipo **BOOL** (booleano). Le variabili da collegare ai pin **PV** e **CV** sono di tipo **INT** (numero intero con segno definito da 16 bit che può assumere un valore compreso tra -32768 e 32767). Al pin **PV** può essere collegata anche una costante.
Per esempio, consideriamo la riga di programma riportata in FIGURA 4.59 (A) dove sono state effettuate le seguenti associazioni e collegamenti:

- alla variabile *UscitaContatoreU* è stata associata una variabile mappata con indirizzo di memoria ***%QX255.0*** (uscita 0 del modulo CPU);
- alla variabile *UscitaContatoreD* è stata associata una variabile mappata con indirizzo di memoria ***%QX255.1*** (uscita 1 del modulo CPU);
- alla variabile *IncrementaContatore* è stata associata una variabile mappata con indirizzo di memoria ***%IX255.0*** (ingresso 0 del modulo CPU);
- alla variabile *DecrementaContatore* è stata associata una variabile mappata con indirizzo di memoria ***%IX255.1*** (ingresso 1 del modulo CPU);
- alla variabile *Reset* è stata associata una variabile mappata con indirizzo di memoria ***%IX255.2*** (ingresso 2 del modulo CPU);
- alla variabile *CaricaContatore* è stata associata una variabile mappata con indirizzo di memoria ***%IX255.3***, (ingresso 3 del modulo CPU);
- al pin **PV** è stata collegata una costante con valore 3;
- al pin **CV** è stata collegata la variabile *Conteggio*.

Si noti che l'editor LD di LogicLab4 consente di collegare una sola bobina in un network tra i pin di un FB e il power rail destro. Per gestire le due uscite del blocco funzione, basta collegare una delle due al blocco funzione con le stesse regole utilizzate per collegare le variabili ai pin.

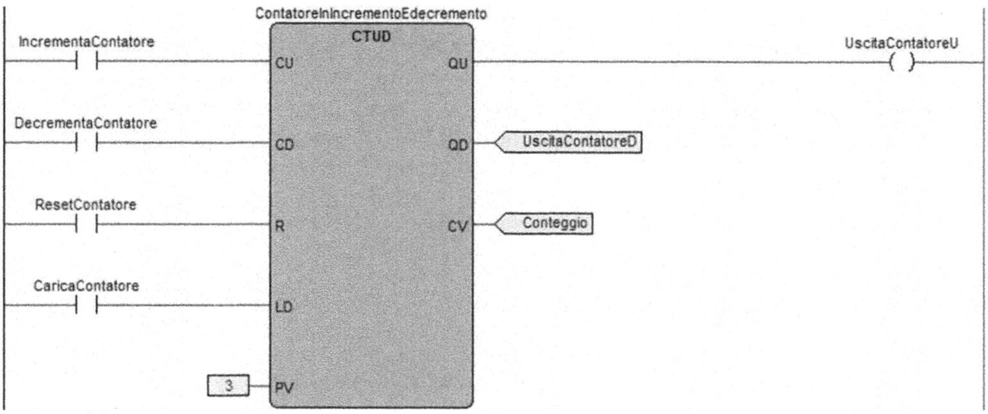

(A)

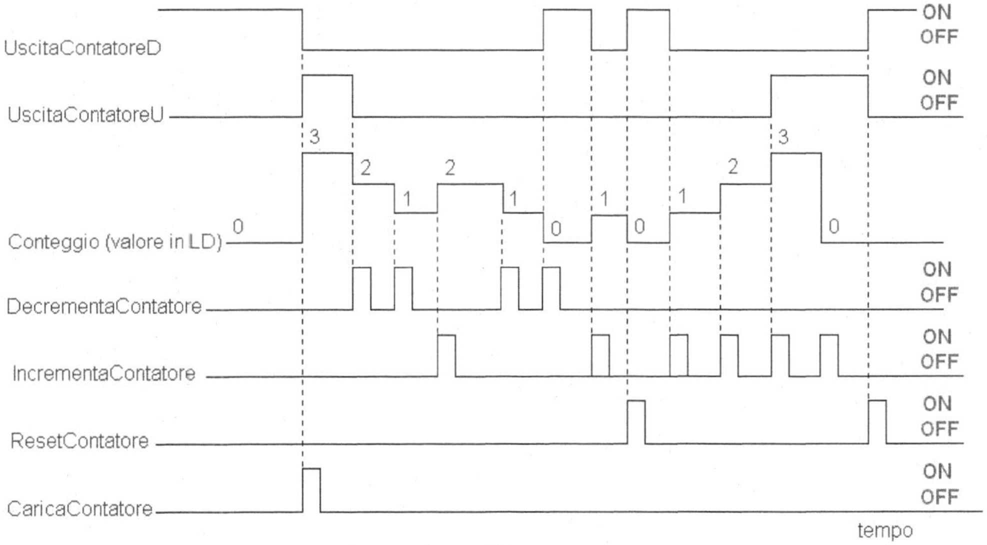

(B)

FIGURA 4.59: Esempio con il blocco funzione **CTUD** (contatore in incremento e decremento)

La FIGURA 4.58 (B) illustra il diagramma dei tempi relativo al funzionamento del blocco funzione **CTUD**. Inizialmente, poiché il valore del counter **CV** è 0, l'uscita 1 del PLC è attivata e, di conseguenza, la variabile *UscitaContatoreD* assume il valore **1** (**true**). Quando sui morsetti dell'ingresso 2 del modulo CPU è presente una tensione tra 10 e 30 V la variabile *CaricaContatore* assume il valore **1** (**true**) e trasferisce il valore di preset, definito su **PV**, nel counter **CV** disattivando l'uscita 1 del PLC (e facendo quindi assumere alla variabile *UscitaContatoreD* il valore **0**) e attivando l'uscita 0 del PLC (e facendo quindi assumere alla variabile *UscitaContatoreU* il valore **1**). Le variabili *IncrementaContatore* e *DecrementaContatore* fanno, rispettivamente, aumentare e diminuire il valore del counter **CV** di un'unità. Quando il valore del counter **CV** assume valore 3 l'uscita 0 del PLC è attivata e, di conseguenza, la variabile *UscitaContatoreU* assume il valore **1** (**true**). Quando il valore del counter **CV** assume valore 0 l'uscita 1 del PLC è attivata e, di conseguenza, la variabile *UscitaContatoreD* assume il valore **1** (**true**). Quando sui morsetti dell'ingresso 1 del modulo CPU è presente una tensione tra 10 e 30 V la variabile *ResetContatore* assume il valore **1** (**true**) e il valore del counter **CV** assume valore 0, attivando l'uscita 1 del PLC (e quindi facendo assumere alla variabile *UscitaContatoreD* il valore **1**) e disattivando l'uscita 0 del PLC (e, di conseguenza, facendo assumere alla variabile *UscitaContatoreU* il valore **0**).

ESEMPIO 6-LD: Inserimento sequenziale di quattro utilizzatori con contatore (codice in LD)

Vogliamo realizzare un programma con LogicLab4 per implementare lo stesso circuito visto nell'ESEMPIO 2 utilizzando un contatore **CTU**.

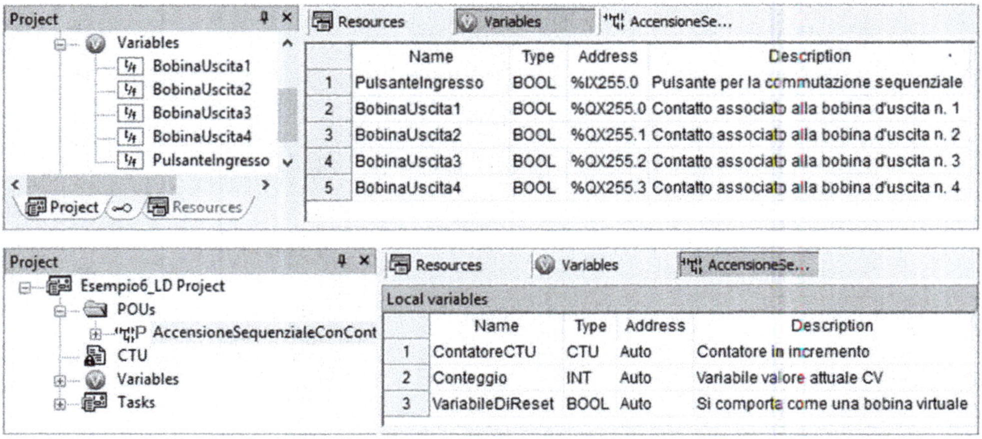

FIGURA 4.60: Variabili globali mappate e variabili locali del progetto dell'**Esempio6_LD**

Seguendo le procedure illustrate nei precedenti esempi, creare un nuovo progetto **Esempio6_LD** e selezionare nella casella di scelta multipla il target device. Definire le variabili globali mappate e le variabili locali mostrate in FIGURA 4.60.

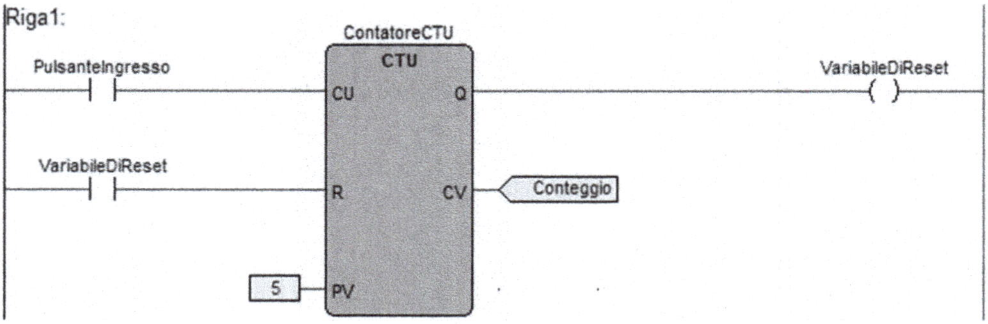

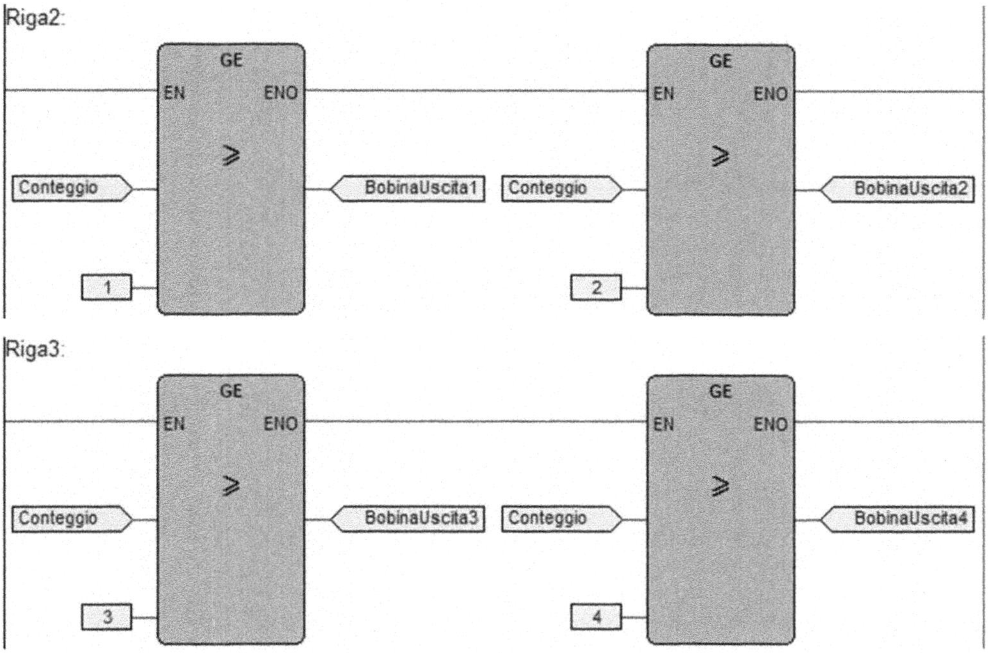

FIGURA 4.61: Programma in LD per implementare l'attivazione sequenziale con contatore

Creare un nuovo programma in LD **AccensioneSequenzialeConContatore_LD**, assegnarlo al task **Slow** e costruire lo schema a contatti completo, i cui tre network componenti sono riportati in FIGURA 4.61.

Nel programma è stato impiegato l'operatore **GE**, contenuto all'interno del tab **Operator and standard blocks**, come indicato in FIGURA 4.61, che restituisce in uscita il valore **true** se l'*operando1* è maggiore o uguale (*Greater or Equal*) dell'*operando2*.

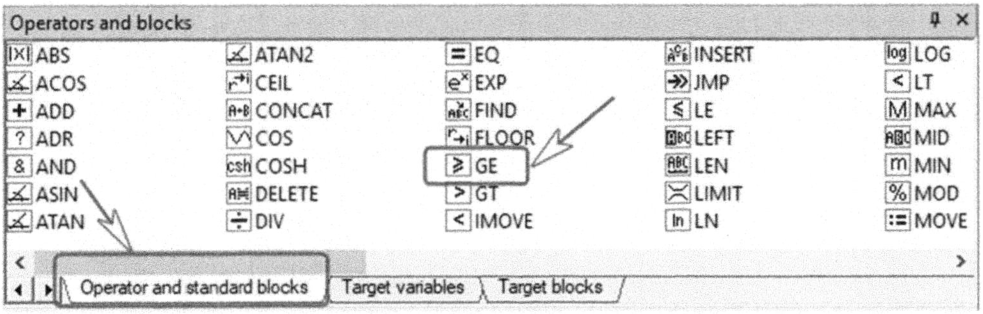

FIGURA 4.61: Attivazione del tab **Operator and standard blocks** della finestra **Operators and blocks**

La compilazione e la simulazione del funzionamento del progetto con SimuLab saranno eseguite con le stesse modalità descritte nell'esempio precedente.

Procediamo all'analisi del funzionamento:

Riga1:

La variabile *Conteggio*, collegata al counter **CV**, assume un valore che si incrementa di un'unità ad ogni pressione del tasto *PulsanteDiIngresso*. Quando il counter **CV** assume il valore 5, cioè alla **quinta** pressione del tasto *PulsanteDiIngresso*, l'uscita **Q** di **CTU** attiva la bobina virtuale *VariabileDiReset* e, di conseguenza, il contatto *VariabileDiReset*, collegato al pin **R** di **CTU** azzera il contatore.

Riga2:
La variabile *BobinaUscita1* assumerà valore **true** quando la variabile *Conteggio* assumerà un valore maggiore o uguale a 1 – quindi a partire dalla **prima** pressione del tasto *PulsanteDiIngresso* – assumerà valore **false** quando la variabile conteggio sarà uguale a 0 – quindi alla **quinta** pressione del tasto *PulsanteDiIngresso*.
La variabile *BobinaUscita2* assumerà valore **true** quando la variabile *Conteggio* assumerà un valore maggiore o uguale a 2 – quindi a partire dalla **seconda** pressione del tasto *PulsanteDiIngresso* – assumerà valore **false** quando la variabile conteggio sarà uguale a 0 – quindi alla **quinta** pressione del tasto *PulsanteDiIngresso*.

Riga3:
La variabile *BobinaUscita3* assumerà valore **true** quando la variabile *Conteggio* assumerà un valore maggiore o uguale a 3 – quindi a partire dalla **terza** pressione del tasto *PulsanteDiIngresso* – assumerà valore **false** quando la variabile conteggio sarà uguale a 0 – quindi alla **quinta** pressione del tasto *PulsanteDiIngresso*.
La variabile *BobinaUscita4* assumerà valore **true** quando la variabile *Conteggio* assumerà un valore maggiore o uguale a 4 – quindi a partire dalla **quarta** pressione del tasto *PulsanteDiIngresso* – assumerà valore **false** quando la variabile conteggio sarà uguale a 0 – quindi alla **quinta** pressione del tasto *PulsanteDiIngresso*.

Trovate questo esempio (file ***Esempio6_LD.plcpr***) e il relativo pannello di simulazione nella cartella ***Capitolo4\Esempio6_LD*** del CD-ROM allegato.

Prima di aprire il file con LogicLab4, si raccomanda di copiare la cartella sul disco rigido del computer in modo da poter effettuare le modifiche al progetto e il download delle applicazioni sul target device (maggiori informazioni sono riportate nel file ***Avvertenze.pdf*** contenuto nel CD-ROM).

ESEMPIO 6-ST: Inserimento sequenziale di quattro utilizzatori con contatore (codice in ST)

Seguendo le procedure illustrate negli esempi precedenti, creare il nuovo progetto **Esempio6_ST** e selezionare nella casella di scelta multipla il target device. Creare il nuovo programma in ST **AccensioneSequenzialeConContatore_ST**, assegnarlo al task **Slow** e importare il blocco funzione **eTON**. Le variabili globali mappate e le variabili locali saranno identiche a quelle definite nell'esempio precedente. La FIGURA 4.62 mostra il codice da scrivere nella finestra dell'**Editor ST** che compare nell'area di lavoro di LogicLab4. Procediamo all'analisi del funzionamento del programma in ST.

Riga1:
L'istruzione, che contiene il nome dell'istanza, richiama il blocco funzione.

Riga2÷ Riga6:
Si assegnano al blocco funzione gli argomenti. La variabile *Conteggio*, collegata al counter **CV**, assume un valore che si incrementa di un'unità ad ogni pressione del tasto *PulsanteDiIngresso*.

Quando il counter **CV** assume il valore 5, cioè alla **quinta** pressione del tasto *PulsanteDiIngresso*, l'uscita **Q** di **CTU** *VariabileDiReset* assume il valore **TRUE** e, di conseguenza, il contatto *VariabileDiReset*, collegato al pin **R** di **CTU** azzera il contatore.

```
0001 ContatoreCTU();
0002 ContatoreCTU.CU := PulsanteIngresso;
0003 ContatoreCTU.R := VariabileDiReset;
0004 ContatoreCTU.PV := 5;
0005 Conteggio := ContatoreCTU.CV;
0006 VariabileDiReset := ContatoreCTU.Q;
0007
0008 IF (Conteggio >= 1) THEN
0009     BobinaUscita1:= TRUE;
0010 END_IF;
0011 IF (Conteggio >= 2) THEN
0012     BobinaUscita2:= TRUE;
0013 END_IF;
0014 IF (Conteggio >= 3) THEN
0015     BobinaUscita3:= TRUE;
0016 END_IF;
0017 IF (Conteggio >= 4) THEN
0018     BobinaUscita4:= TRUE;
0019 END_IF;
0020 IF (Conteggio = 0) THEN
0021     BobinaUscita1:= FALSE;
0022     BobinaUscita2:= FALSE;
0023     BobinaUscita3:= FALSE;
0024     BobinaUscita4:= FALSE;
0025 END_IF;
```

FIGURA 4.62: Programma in ST **AccensioneSequenzialeConContatore_ST**

Riga8÷ Riga10:
La variabile *BobinaUscita1* assumerà valore **TRUE** quando la variabile *Conteggio* assumerà un valore maggiore o uguale a 1 – quindi a partire dalla **prima** pressione del tasto *PulsanteDiIngresso.*

Riga11÷ Riga13:
La variabile *BobinaUscita2* assumerà valore **TRUE** quando la variabile *Conteggio* assumerà un valore maggiore o uguale a 2 – quindi a partire dalla **seconda** pressione del tasto *PulsanteDiIngresso.*

Riga14÷ Riga16:
La variabile *BobinaUscita3* assumerà valore **TRUE** quando la variabile *Conteggio* assumerà un valore maggiore o uguale a 3 – quindi a partire dalla **terza** pressione del tasto *PulsanteDiIngresso.*

Riga17÷ Riga19:
La variabile *BobinaUscita4* assumerà valore **TRUE** quando la variabile *Conteggio*

assumerà un valore maggiore o uguale a 4 – quindi a partire dalla **quarta** pressione del tasto *PulsanteDiIngresso*.

Riga20÷ Riga25:
Le variabili *BobinaUscita1*, *BobinaUscita2*, *BobinaUscita3*, *BobinaUscita4*, assumeranno valore **FALSE** quando la variabile conteggio sarà uguale a 0 – quindi alla **quinta** pressione del tasto *PulsanteDiIngresso*.

Trovate questo esempio (file ***Esempio6_ST. plcprj***) e il relativo pannello di simulazione nella cartella ***Capitolo4\Esempio6_ST*** del CD-ROM allegato.

Prima di aprire il file con LogicLab4, si raccomanda di copiare la cartella sul disco rigido del computer in modo da poter effettuare le modifiche al progetto e il download delle applicazioni sul target device (maggiori informazioni sono riportate nel file ***Avvertenze.pdf*** contenuto nel CD-ROM).

CAPITOLO 5

Le applicazioni con i PLC SlimLine Elsist

5.1 – Programmazione dei PLC Elsist ARM7 CPU SlimLine

I PLC Elsist possono essere programmati, attraverso LogicLab4, utilizzando una qualsiasi delle porte di cui sono dotati. A seconda della serie, CPU SlimLine o Netlog III, e del modello del prodotto sono presenti le porte RS232, USB, Ethernet, RS485, attraverso cui può avvenire la programmazione.
Il PLC SlimLine Modulo CPU Compact Ethernet LLab (vers. Relé), identificato nel catalogo Elsist con il codice *MPS053*110*, a cui ci si riferisce in questo testo, è dotato di porta seriale RS232 e porta Ethernet. Per eseguire la programmazione è necessario stabilire una connessione con il target device attraverso una delle due porte. I prossimi paragrafi tratteranno:

- PARAGRAFO 5.2 – connessione attraverso la porta seriale RS232;
- PARAGRAFO 5.3 – connessione attraverso la porta Ethernet;
- PARAGRAFO 5.4 – procedura di attivazione della connessione;
- PARAGRAFO 5.5 – procedura di caricamento del programma.

Le modalità operative per stabilire la connessione con il target device ed effettuare il download e il debug di un'applicazione sono riportate nella guida "*Quick Start Guide ARM7 CPU SlimLine e Netlog III*", scaricabile dal sito web della Elsist, a cui si farà costante riferimento di seguito. Troverete la guida nella cartella ***Documentazione tecnica*** del CD Rom allegato (file ***Mnl169c000.pdf***). Per le connessioni con PLC Elsist diversi dal Modulo Compact Ethernet LLab (vers. Relé) e per quelle effettuate attraverso la porta USB o la porta RS485 si rimanda alla documentazione originale.

5.2 – Connessione attraverso la porta RS232

Il collegamento fisico della porta seriale RS232 deve essere effettuato utilizzando un set di cavi *RJ45-DB9F*, identificato nel catalogo Elsist con i codici *CBL057*300+CBL054*000*, realizzato rispettando i collegamenti tra i pin indicati in FIGURA 5.1. Qualora il computer utilizzato non fosse dotato di porta seriale RS232 sarà possibile utilizzare un convertitore USB-RS232 (per esempio il convertitore

USB-seriale ATC Technology modello ATC-810, distribuito dalla Elsist con il codice *HWPATC81*).
Con riferimento alla FIGURA 5.2, dopo aver avviato LogicLab4 e aperto il progetto da caricare nel target device, occorre dapprima effettuare il *setup della connessione* per stabilire le modalità di comunicazione tra LogicLab4 e il target device.

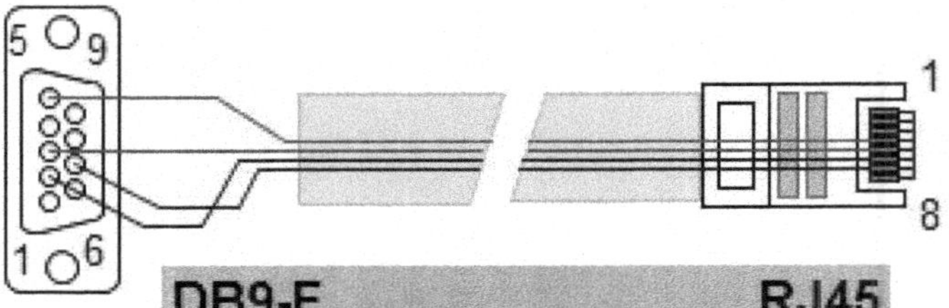

DB9-F	RJ45
5	4
3	5
7	7
2	6

FIGURA 5.1: Collegamenti del set di cavi RJ45-DB9F - Cavo RS232 Null-modem verso DTE(PC)

Selezionando il menu **On-line** ⇒ **Setup comunication...** si aprirà la finestra di dialogo **Device link manager**.

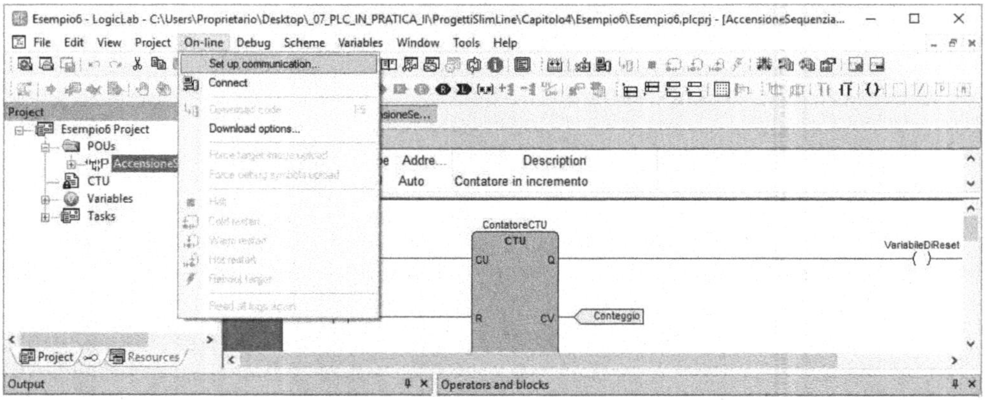

FIGURA 5.2: Avvio delle operazioni per effettuare il setup della connessione con LogicLab4

Con riferimento alla FIGURA 5.3, eseguire operazioni descritte di seguito.

1. Selezionare il protocollo **Modbus**.
2. Cliccare sul bottone **Activate**.
3. Cliccare sul bottone **Properties**.
4. Si aprirà la finestra di dialogo delle proprietà del protocollo **Modbus Config** da cui, attraverso i box di scelta multipla presenti nel riquadro

Comunication, occorrerà impostare:

- **Port** – la porta seriale utilizzata dal PC per la comunicazione;
- **Baudrate** – impostare a **115200**;
- **Frame settings** – impostare a **E,8,1**.

5. Cliccare sul bottone **OK** della finestra di dialogo **Modbus Config**.
6. Cliccare sul bottone **OK** della finestra di dialogo **Device link manager**.

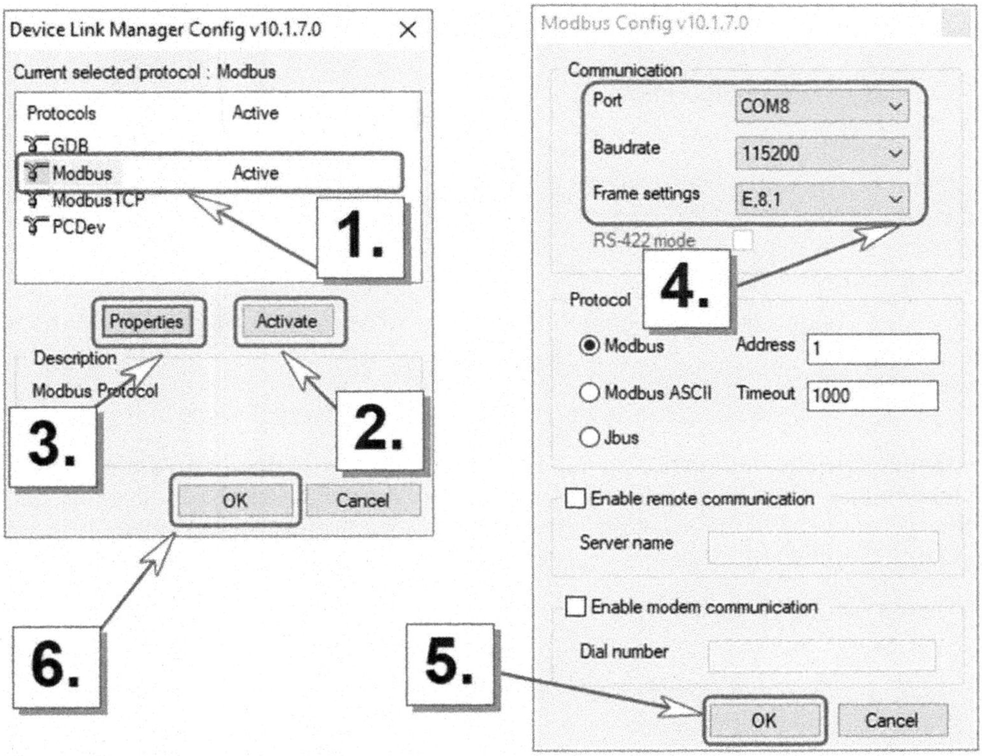

FIGURA 5.3: Impostazione parametri del protocollo Modbus per la connessione con il target device

5.3 – Connessione attraverso la porta Ethernet

Per il collegamento fisico della porta Ethernet del PLC in una rete informatica *LAN – Local Area Network* (*rete in area locale o, più semplicemente, rete locale*) – in cui è presente il PC, devono essere utilizzati cavi UDP Cat. 5 RJ45 e uno switch. Per il semplice collegamento punto-punto tra PLC e PC è sufficiente utilizzare solo un comune cavo patch RJ45. Il PLC SlimLine, infatti, è Auto-MDIX, quindi non è necessario disporre di un cavo cross per il collegamento diretto al PC.

I PLC Elsist sono dotati di web server integrato capace di rendere disponibili pagine web di configurazione e informazione generale sullo stato del sistema, nonché di pagine web configurabili integralmente dall'utente.

COLLEGAMENTO PLC-PC PUNTO-PUNTO

Con tale tipo di collegamento si riducono i problemi di connessione. Inoltre, poiché spesso è necessario cambiare l'indirizzo IP di fabbrica del PLC prima di poterlo connettere in una rete già esistente, tale metodo di collegamento si rileva rapido ed efficace anche per effettuare questa operazione. Ovviamente occorre sconnettere il PC dalla rete LAN e collegarlo direttamente con un cavo alla porta Ethernet dello SlimLine. Il modulo PLC Elsist della serie SlimLine Modulo CPU Compact Ethernet LLab (vers. Relé) utilizzato in questo testo, presenta le seguenti impostazioni predefinite.

Indirizzo IP della CPU:	192.168.0.122;
Maschera di sottorete:	255.255.255.0;
Gateway:	192.168.0.1.

Pertanto collegando il modulo CPU a un PC, opportunamente configurato, si potrà accedere direttamente alle pagine di sistema e di configurazione del web server. L'indirizzo IP e la subnet mask da assegnare al PC devono appartenere alla stessa rete del dispositivo SlimLine:

- l'indirizzo da assegnare al PC potrà, ad esempio, essere 192.168.0.15;
- alla subnet mask si assegnerà 255.255.255.0;
- l'indirizzo del gateway e del server DNS possono essere omessi.

Per l'impostazione dell'indirizzo IP sul PC accedere a **Pannello di controllo ⇒ Rete e Internet ⇒ Centro connessioni di rete e condivisione**. Nella finestra con l'elenco connessioni di rete attive che si aprirà cliccare sulla connessione che sarà utilizzata per connettersi al PLC.

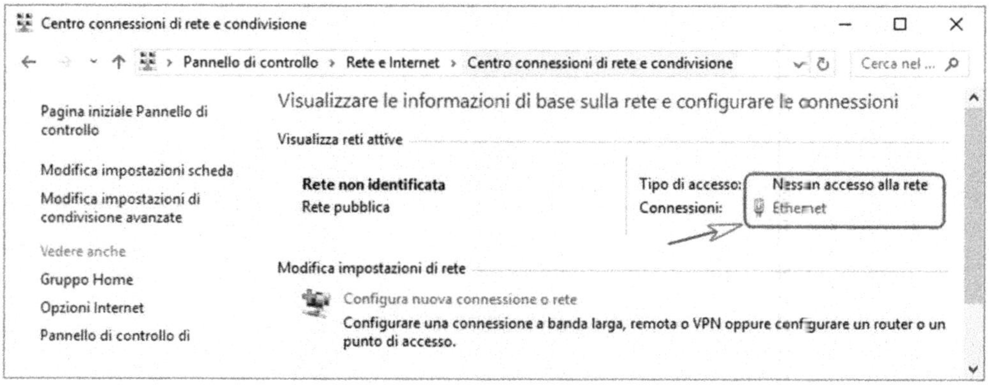

FIGURA 5.4: **Centro connessioni di rete e condivisione** del **Pannello di controllo** di Windows 10

Si aprirà la *finestra* di *stato della connessione*. Con riferimento alla FIGURA 5.5, eseguire operazioni descritte di seguito.

1. Nella finestra **Stato di Ethernet** cliccare sul bottone **Proprietà**.
2. Si aprirà la finestra **Proprietà-Ethernet**: selezionare **Protocollo Internet versione 4 (TCP/IPv4)**.

3. Cliccare sul bottone **Proprietà**.
4. Si aprirà la finestra **Proprietà - Protocollo Internet versione 4 (TCP/IPv4)** nella quale occorrerà impostare un indirizzo IP compatibile con l'indirizzo del dispositivo SlimLine al quale connettersi. Naturalmente, in generale, queste assegnazioni sono possibili solo se esse non sono in contrasto con la propria rete. L'indirizzo IP e la subnet mask da assegnare al PC devono appartenere alla stessa rete del dispositivo SlimLine:
   - assegnare al PC l'indirizzo 192.168.0.15;
   - assegnare 255.255.255.0 alla subnet mask;
   - l'indirizzo del gateway e del server DNS possono essere omessi.
5. Cliccare sul bottone **OK** della finestra **Proprietà - Protocollo Internet versione 4 (TCP/IPv4)**.
6. Cliccare sul bottone **OK** della finestra **Proprietà-Ethernet**.
7. Cliccare sul bottone **Chiudi** della finestra **Stato di Ethernet**.

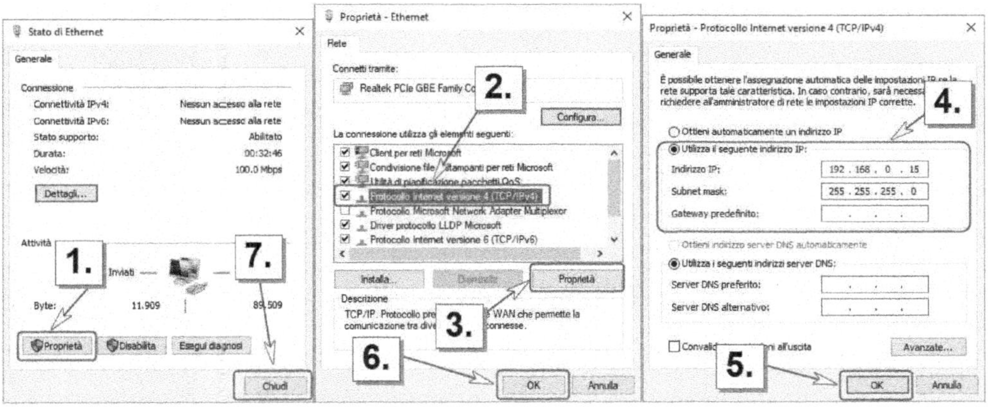

FIGURA 5.5: Impostazione dell'indirizzo IP per la connessione con il target device tramite Ethernet

Con riferimento alla FIGURA 5.2, dopo aver avviato LogicLab4 e aperto il progetto da caricare nel target device, occorre dapprima effettuare il setup della connessione per stabilire le modalità di comunicazione tra LogicLab4 e il target device. Selezionando il menu **On-line ⇒ Setup comunication...** si aprirà la finestra di dialogo **Device link manager**.

Con riferimento alla FIGURA 5.6, eseguire operazioni descritte di seguito.

1. Nella finestra di dialogo **Device Link Manager** selezionare il protocollo **Modbus TCP**.
2. Cliccare sul bottone **Activate**.
3. Cliccare sul bottone **Properties**.
4. Nella finestra delle proprietà del protocollo **Modbus TCP/IP config** inserire, nel campo **IP or hostname**, l'indirizzo del dispositivo a cui ci si vuole collegare, nel nostro caso **192.168.0.122**.

7. Cliccare sul bottone **OK** della finestra **Modbus TCP/IP config**.
8. Cliccare sul bottone **OK** della finestra di dialogo **Device Link Manager**.

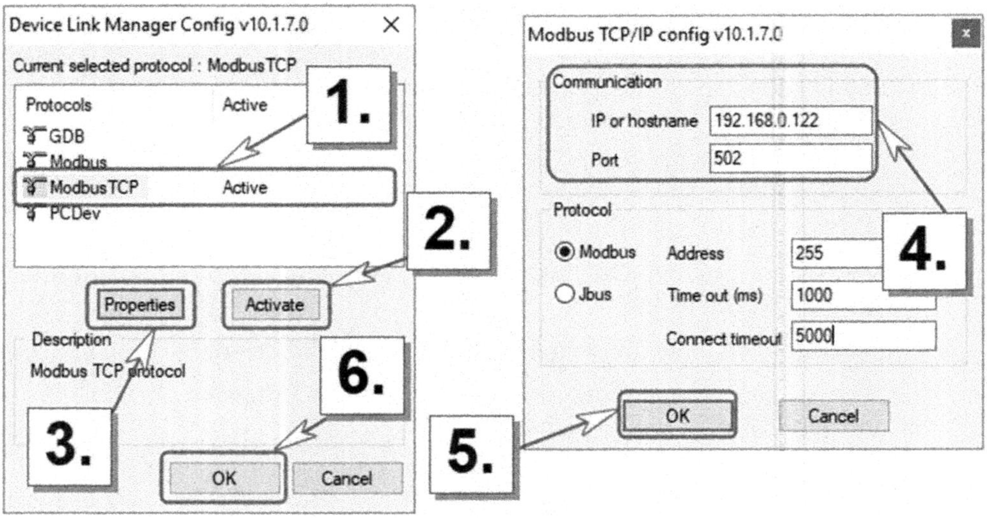

FIGURA 5.6: Impostazione parametri del protocollo Modbus TCP per la connessione con il target device

Digitando su qualsiasi browser internet del PC l'indirizzo IP dello SlimLine verrà visualizzata la pagina **Home** di report delle informazioni di sistema visibile in FIGURA 5.7.

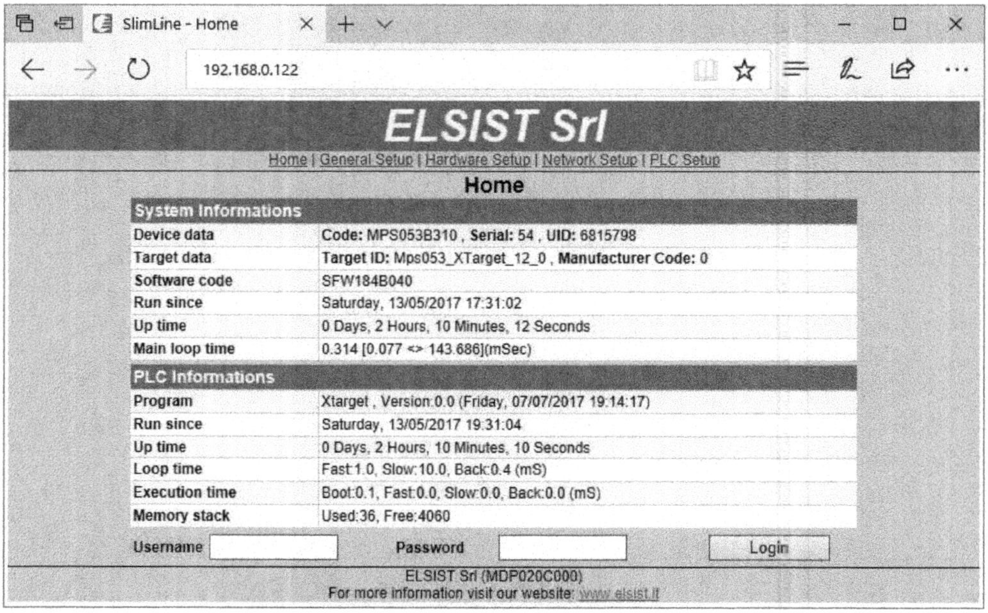

FIGURA 5.7: Pagina **Home** dello SlimLine Modulo CPU Compact Ethernet LLab

Ci si può spostare tra le varie pagine del web server tramite il menu presente nella parte superiore delle pagine.

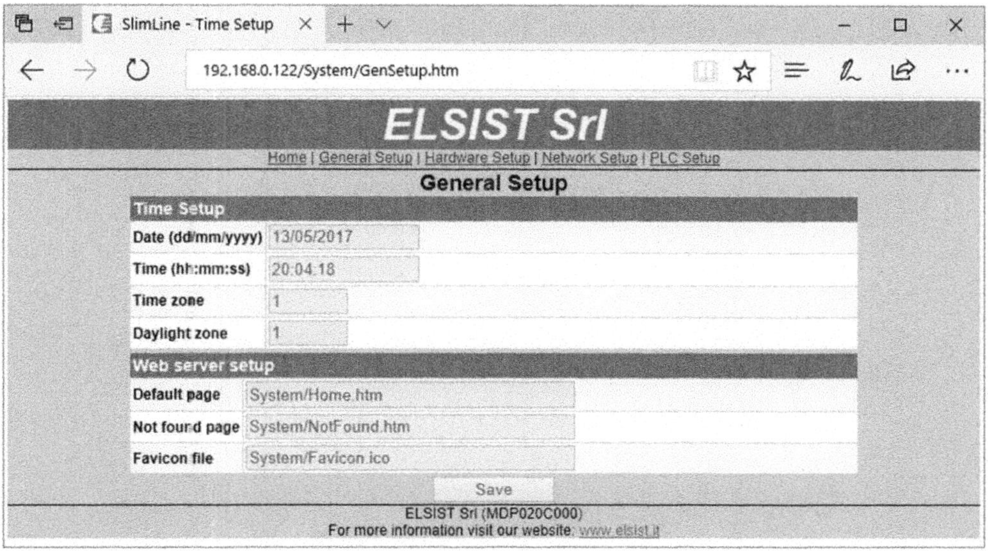

FIGURA 5.8: Pagina **General Setup** dello SlimLine Modulo CPU Compact Ethernet LLab

Alcuni parametri presenti nelle pagine possono essere modificati dall'utente. La pagina **General Setup** è visibile in FIGURA 5.8. Nelle figure seguenti sono riportate le pagine **Hardware Setup** (FIGURA 5.9) e **Network Setup** (FIGURA 5.10).

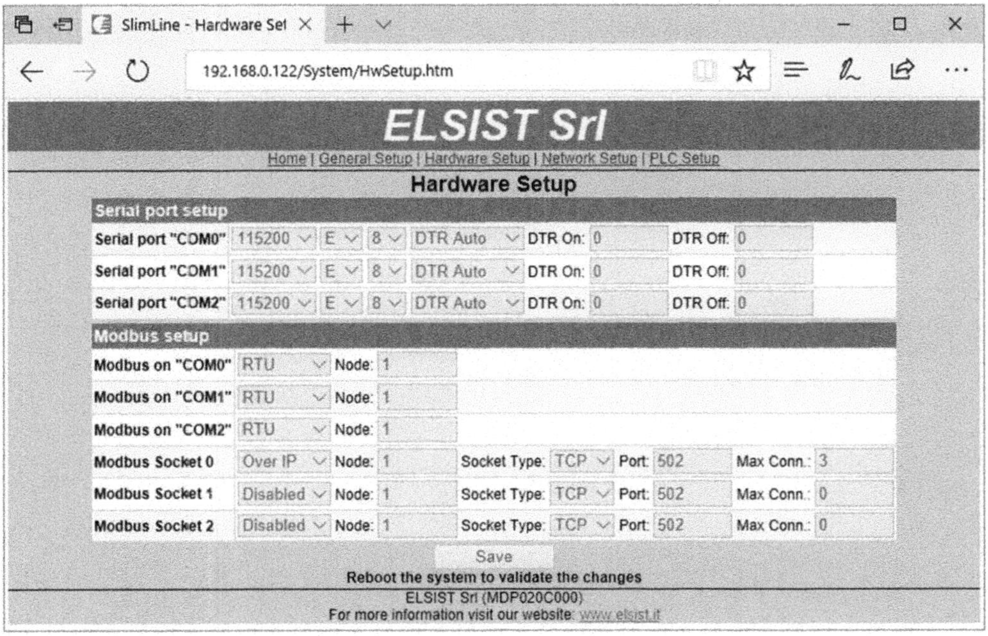

FIGURA 5.9: Pagina **Hardware Setup** dello SlimLine Modulo CPU Compact Ethernet LLab

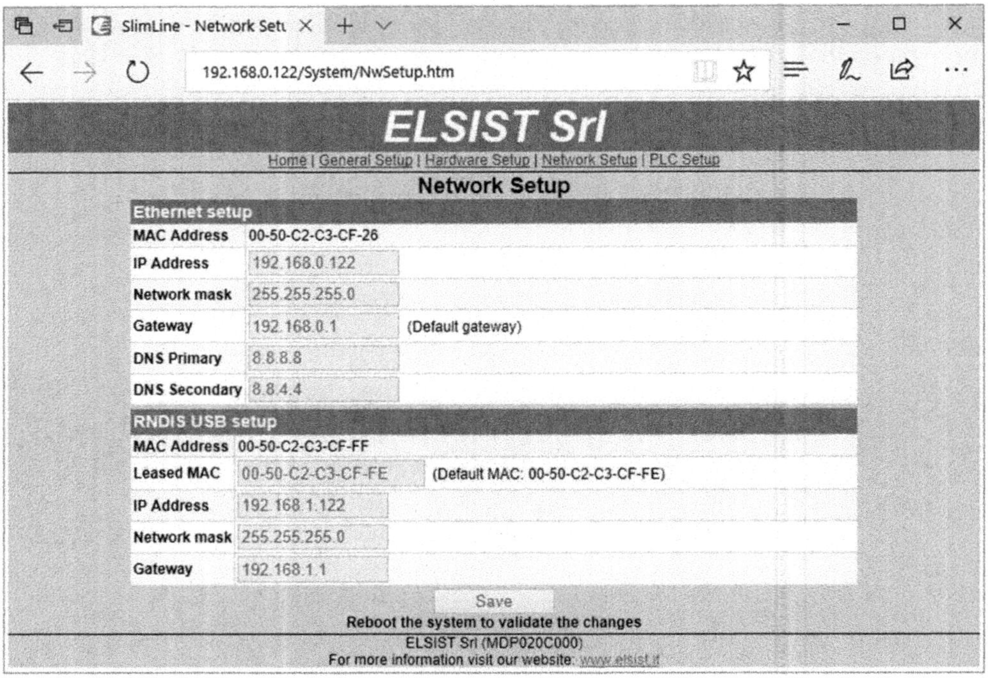

FIGURA 5.10: Pagina **Network Setup** dello SlimLine Modulo CPU Compact Ethernet LLab

Capita spesso di dover modificare le impostazioni di default dell'indirizzo IP del PLC per consentire di collegarlo a una rete LAN già presente. Per esempio supponiamo di voler modificare l'indirizzo IP di default **192.168.0.122** per assegnare il nuovo indirizzo IP **192.168.1.122**.

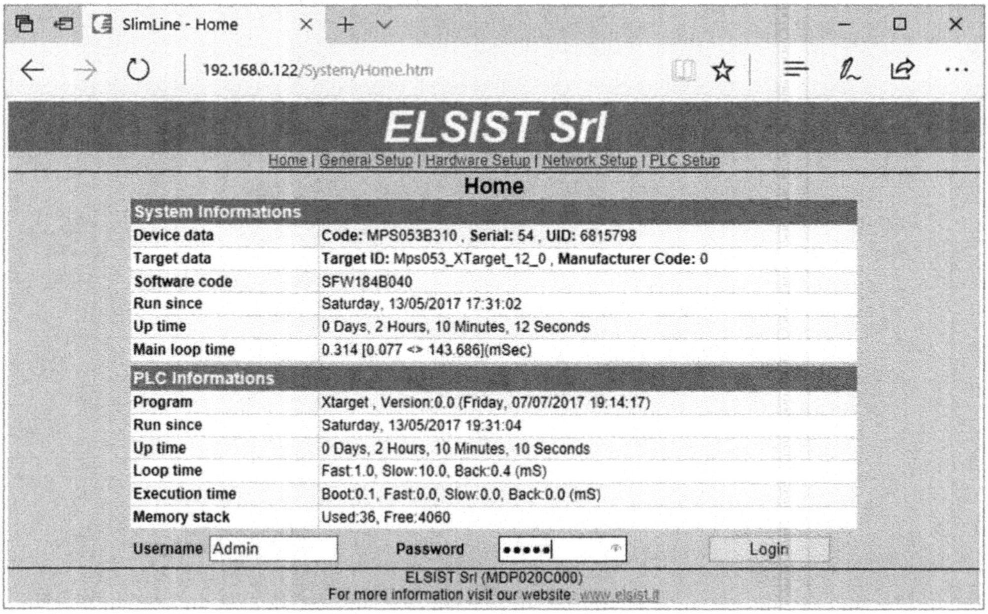

FIGURA 5.11: Autentificazione sulla pagina web **Home** dello SlimLine

Per prima cosa occorre eseguire il login, autentificandosi nella pagina web **Home** dello SlimLine, digitando le credenziali di accesso *Username:* **Admin**, *Password*: **Admin**, e premendo il bottone **Login**, come mostrato in FIGURA 5.11.

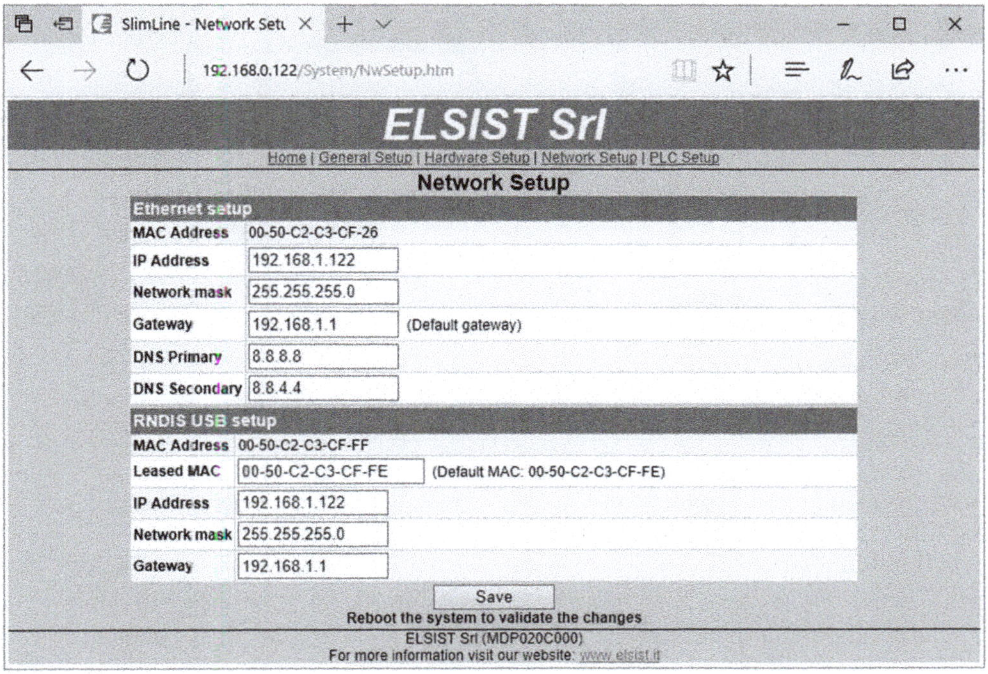

FIGURA 5.12: Modifica dell'indirizzo IP dalla pagina web **Network Setup** dello SlimLine

Tramite il menu presente nella parte superiore della pagina, è possibile accedere alla pagina web **Network Setup** di visualizzazione e impostazione. Nei riquadri della sezione **Ethernet setup** immettere i nuovi parametri di configurazione:

Indirizzo IP della CPU:	192.168.1.122
Maschera di sottorete:	255.255.255.0
Gateway:	192.168.1.1

come mostrato in FIGURA 5.12. Premere il bottone **Save**, per salvare le nuove impostazioni, e riavviare il PLC, per rendere valide le nuove impostazioni.
Al riavvio dello SlimLine, dopo avere modificato le impostazioni del PC per allinearlo al nuovo indirizzo assegnato al PLC, si potrà accedere alla sua pagina web **Home** digitando sul browser il nuovo indirizzo IP **192.168.1.122** assegnato.

COLLEGAMENTO PLC-PC IN UNA RETE LAN

I moderni PLC, di norma, vengono integrati nella rete LAN. Infatti, sfruttando la rete informatica con tecnologia standardizzata Ethernet, è possibile realizzare complessi sistemi automatizzati grazie allo scambio di dati che può essere effettuato tra alcune apparecchiature elettroniche (HMI, analizzatori di rete, sonde, attuatori ecc.) e i PLC. Inoltre, come visto nel CAPITOLO 1, per rispondere alle più avanzate esigenze dell'automazione sempre più spesso i PLC sono raggiungibili anche tramite la rete Internet.

In FIGURA 5.13 è illustrato il caso che più di frequente si presenta nella pratica. La rete LAN è gestita tramite il modem/router del provider che fornisce il servizio di collegamento a Internet.

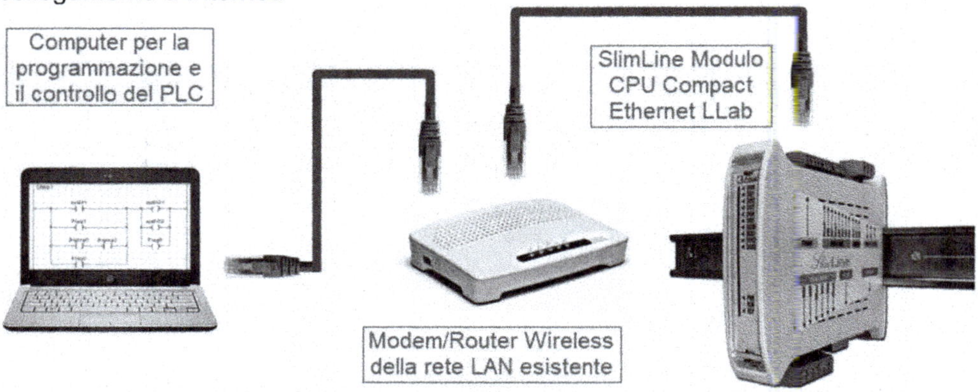

FIGURA 5.13: Collegamento del PLC SlimLine Modulo CPU Compact Ethernet alla rete LAN

Nella figura non sono riportati gli altri PC collegati alla rete locale, il collegamento alla rete telefonica ADSL e gli alimentatori delle varie apparecchiature.

Il modem/router potrebbe anche essere diverso da quello fornito dal gestore del servizio telefonico, ma la sostanza non cambia. Per esempio il modem/router fornito da TIM ha la seguente configurazione predefinita:

Indirizzo IP del Modem:		192.168.1.1
Maschera di sottorete:		255.255.255.0
Indirizzi IP assegnati tramite DHCP:	da	192.168.0.2
	a	192.168.0.253

Il protocollo *DHCP – Dynamic Host Configuration Protocol (protocollo di configurazione IP dinamica)* – a ogni richiesta di accesso alla rete, provvede ad assegnare automaticamente gli indirizzi IP ai dispositivi e ai terminali di una rete LAN connessi al router. Ovviamente è possibile modificare questa impostazione predefinita del router e assegnare gli indirizzi IP manualmente. Ciò che è essenziale è che l'indirizzo IP del PLC deve essere compatibile con quelli della rete LAN. In altre parole, l'indirizzo IP che si imposta sul PLC, deve essere libero, cioè non deve essere assegnato a nessun altro dispositivo presente nella rete. Ovviamente, anche l'indirizzo IP impostato sul PC, deve essere libero.

Lo SlimLine ha come indirizzo IP predefinito (sulla porta Ethernet RJ45) **192.168.0.122**, pertanto occorrerà provvedere a modificarlo in, per esempio, **192.168.1.122**, come spiegato precedentemente.

CONFIGURARE IL PLC CON IL SOFTWARE TOOLLY

Per semplificare le operazioni di configurazione dei PLC presenti in una rete LAN, può essere utilizzato il software Toolly, un set di utility gratuito in ambiente Windows™ progettato e sviluppato da Elsist per essere utilizzato prevalentemente con i PLC delle serie SlimLine e Netlog III. Toolly include diverse utility.

- **Terminal**
  L'utility attiva un terminale seriale configurabile, TCP-IP (Client/Server) o UDP (Client/Server).
- **Discoverer**
  Questa utility è particolarmente utile per individuare i PLC Elsist connessi alla rete e modificarne le impostazioni di rete senza utilizzo delle porte seriali. Essa permette anche la visualizzazione delle Network Interfaces presenti sui PLC.
- **X-Connect**
  Grazie a questa utility è possibile indirizzare i dati da un dispositivo a un altro. Sono supportati device seriali o TCP-IP (Client/Server). È possibile ad esempio rendere accessibile da Internet un dispositivo dotato della sola porta COM.
- **Check-sum calculator**
  Con questa utility è possibile effettuare il calcolo del check-sum nei formati CRC16 e LRC ISO1155 su una stringa o un array di valori HEX.
- **Network Interfaces**
  Attraverso questa semplice utility si possono visualizzare i parametri di configurazione di rete del proprio PC.
- **Loader**
  Una semplice e intuitiva utility, compatibile con le CPU e le espansioni SlimLine e Netsyst, che permette il caricamento diretto dei file in formato Intel Hex da una porta COM del PC, semplificando notevolmente le operazioni di upgrade del firmware dei dispositivi.

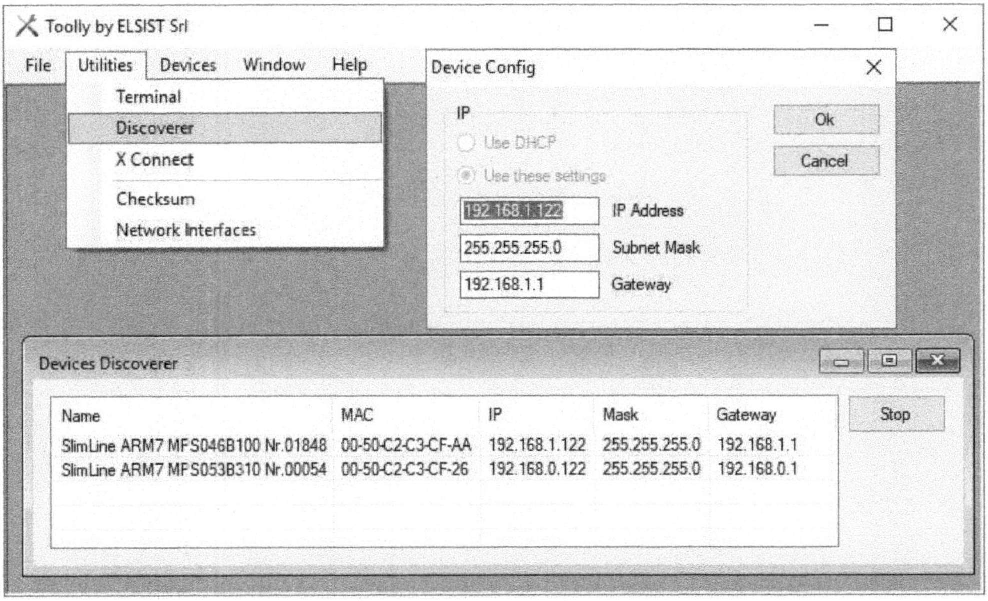

FIGURA 5.14: Finestra dell'utility Discoverer del software Toolly di Elsist

Per installare Toolly si apra il file ***ToollySetup.exe***, contenuto nella cartella ***Toolly-Vers.3.3\PacchettoInstallazionePerWindows\Sfw172c300*** del CD-ROM allegato. Nella cartella ***Toolly-Vers.3.3\FileEseguibilePerLinux-Windows*** del CD-ROM allegato troverete anche la versione direttamente eseguibile per i SO Linux e Windows (file ***Toolly.exe***).

Una volta installato e lanciato il software Toolly, per cambiare i parametri di rete di un PLC Elsist selezionare **Utilities ⇒ Discoverer**. Nella finestra mostrata in FIGURA 5.14 cliccare sul bottone **Scan** per rilevare i PLC Elsist presenti sulla rete, ed eseguire un doppio clic (o cliccare sul tasto destro e poi scegliere la voce **Config**) sulla riga del device di cui si vogliono modificare i parametri.

Per conoscere i parametri di rete del proprio PC selezionare **Utilities ⇒ Network Interfaces**. Tutti i dati di rete verranno riportati nella finestra mostrata in FIGURA 5.15.

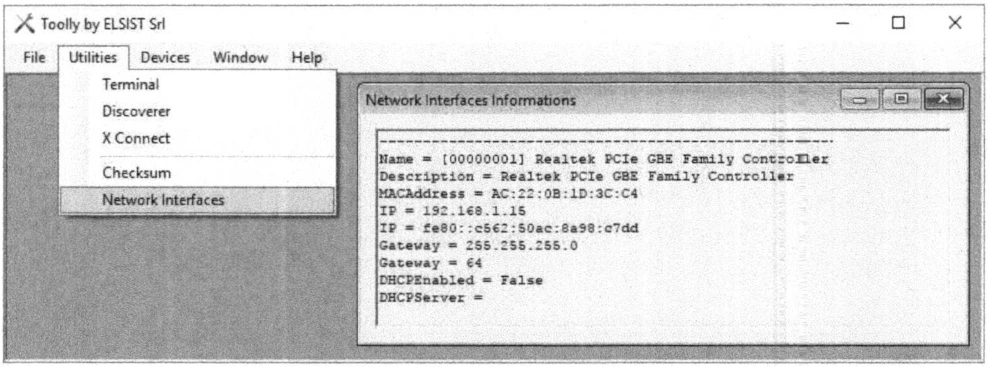

FIGURA 5.15: Finestra dell'utility Network Interfaces del software Toolly di Elsist

5.4 – Attivazione della connessione

Dopo aver settato il tipo di comunicazione da utilizzare occorre attivare la connessione con il target device.

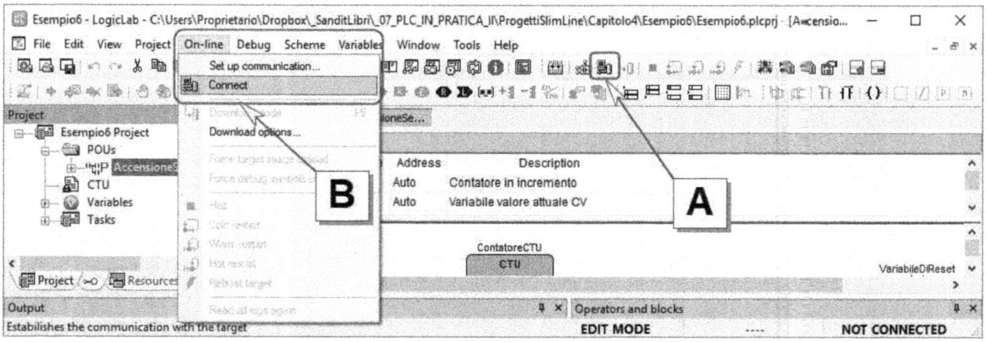

FIGURA 5.16: Attivazione della comunicazione tra LogicLab4 e il target device

Cliccare sul bottone **Connects to the target** della barra dei comandi **Project**, mostrata in FIGURA 5.16 lettera **A**. Lo stesso risultato può essere ottenuto tramite il menu **On-line ⇒ Connect**, lettera **B** in figura.

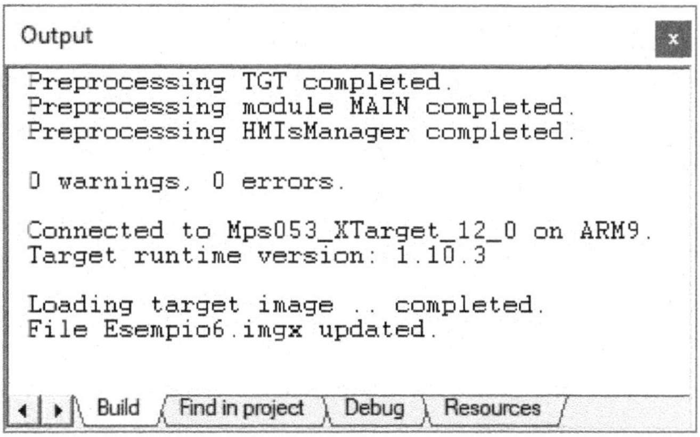

FIGURA 5.17: Finestra di **Output** con il messaggio di avvenuta connessione

Se le operazioni di comunicazione vanno a buon fine, il messaggio di avvenuta connessione con il target device, mostrato in FIGURA 5.17, compare nella finestra di **Output**.

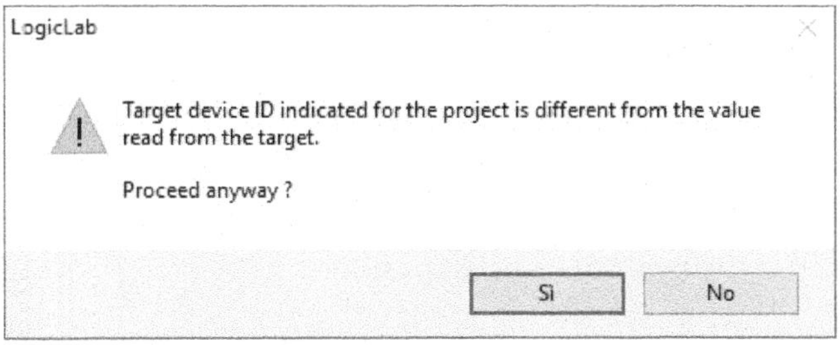

FIGURA 5.18: Avviso di difformità tra il dispositivo utilizzato nel progetto e quello connesso al PC

Qualora il dispositivo utilizzato nel progetto aperto non fosse conforme con quello connesso al PC comparirà una finestra di dialogo con il messaggio mostrato in FIGURA 5.18.

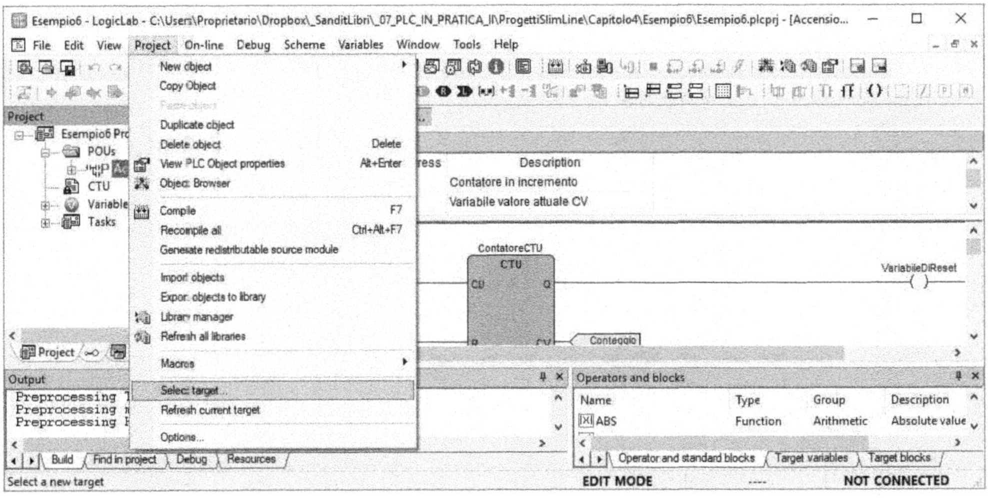

FIGURA 5.19: Impostazione del dispositivo da utilizzare nel progetto

In questo caso, con riferimento alla FIGURA 5.19, tramite il menu **Project ⇒ Select target...** è possibile richiamare la finestra **Select target**, mostrata in FIGURA 5.20, e selezionare il PLC Elsist **SlimLine Mps053XTarget 12.0** nella casella di scelta multipla.

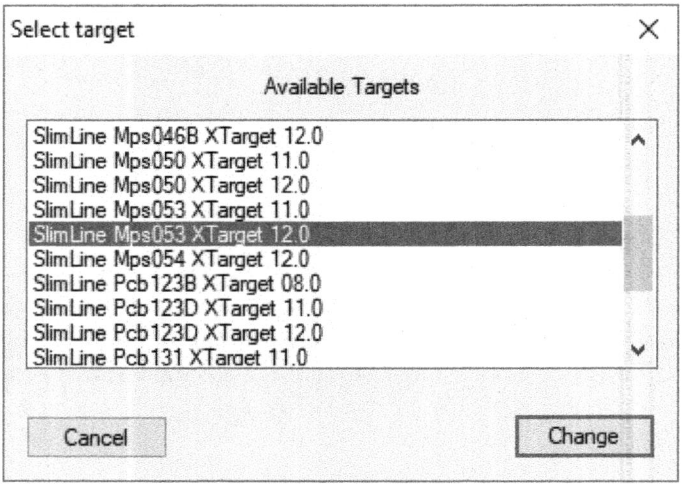

FIGURA 5.20: Impostazione del PLC SlimLine Mps053XTarget 12.0 come target device del progetto

5.5 – Download del programma sul dispositivo

Dopo aver attivato la connessione come descritto nel capitolo precedente, sarà possibile effettuare il caricamento del programma sul target device.

Cliccare sul bottone **Code download** della barra dei comandi **Project**, mostrata in FIGURA 5.21 lettera **A**. Lo stesso risultato può essere ottenuto tramite il menu **On-line ⇒ Download code**, lettera **B** in figura.

Con riferimento alla FIGURA 5.22, se il progetto non è stato compilato, o se è stato modificato dopo la complilazione, si aprirà la finestra di richiesta compilazione, che occorrerà confermare cliccando sul bottone **Si**, lettera (A) in figura.

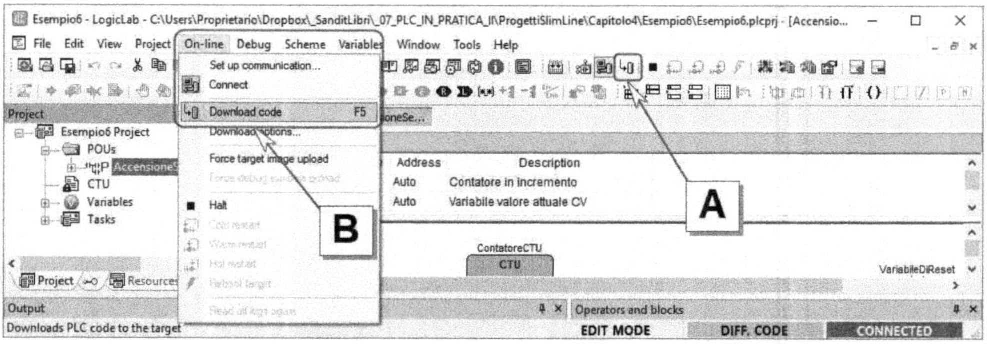

FIGURA 5.21: Caricamento del programma nel target device

Il codice sorgente scaricato sul target device può essere protetto con una password, così che LogicLab non potrà aprire un progetto scaricato dal PLC se la password di verifica inserita non risulterà corretta. Per proteggere il codice, aprire la finestra **Project options** dal menu **Project ⇒ Options** e impostare la password (per approfondimenti si può fare riferimento al manuale d'uso di LogicLab). Se il codice non è stato protetto comparirà una finestra di dialogo con un messaggio di avvertimento, lettera (B) in figura. Verrà successivamente richiesta conferma per il riavvio del PLC, che occorrerà confermare cliccando sul bottone **Si**, lettera (C) in figura.

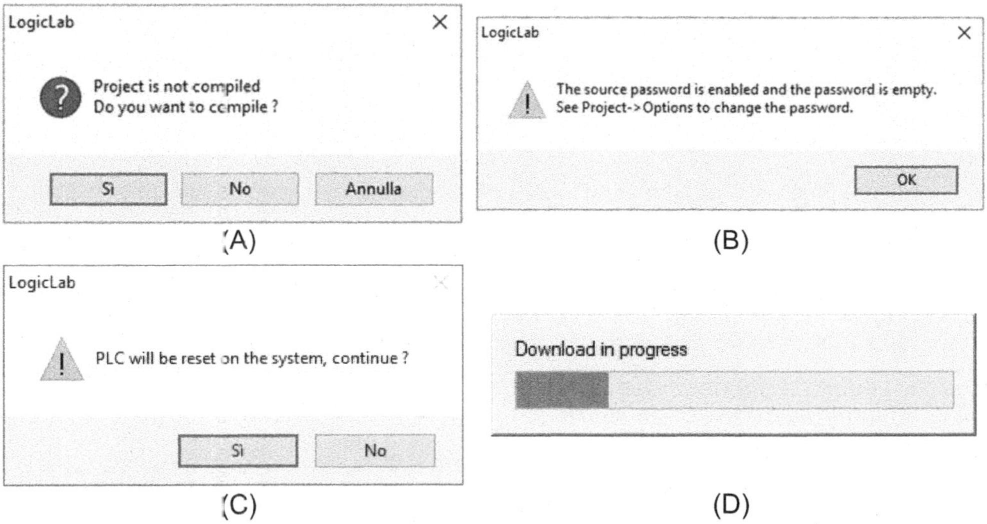

FIGURA 5.22: Finestre di dialogo con messaggi di avvertimento e avanzamento del dowlnoad

A questo punto inizierà il trasferimento del programma, lettera (D) in figura. Al termine del download il PLC sarà posto automaticamente in modalità **RUN** e il programma andrà in esecuzione.

5.6 – Le informazioni riportate sulla barra di stato di LogicLab

Nella barra di stato di Logiclab4, mostrata in FIGURA 5.23, vengono riportate le informazioni relative al target device, sullo stato della connessione, sullo stato dell'applicazione e sulla modalità di funzionamento dell'ambiente di sviluppo dell'applicazione.

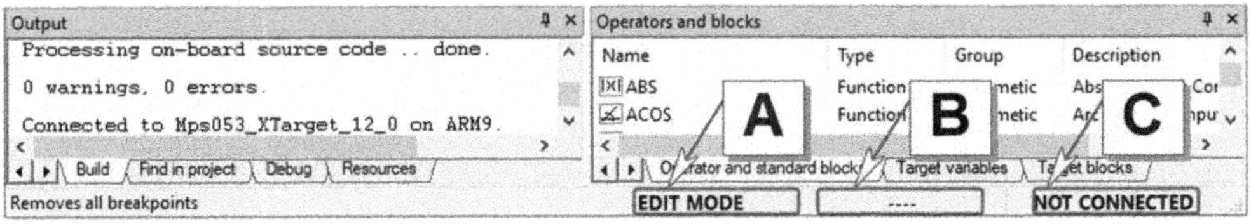

FIGURA 5.23: Barra di stato di Logiclab4

STATO DELLA CONNESSIONE

Lo stato della comunicazione con il target device è mostrato nella casella vicina al bordo destro della barra di stato, indicata dalla lettera **C** in FIGURA 5.23.

NOT CONNECTED Se non si è ancora provato a stabilire una connessione con il target device, lo stato della comunicazione è impostato su **NOT CONNECTED**.

Provando a connettersi al target device, lo stato di comunicazione assume uno dei seguenti valori.

ERROR **ERROR**: la comunicazione non può essere stabilita e occorrerà controllare sia i collegamenti fisici, sia le impostazioni di comunicazione.

CONNECTED **CONNECTED**: la comunicazione è stata stabilita.

STATO DELL'APPLICAZIONE

A fianco del riquadro indicante lo stato della comunicazione, è presente un'altra casella che fornisce informazioni sullo stato dell'applicazione attualmente in esecuzione sul target device, indicata dalla lettera **B** in FIGURA 5.23.

---- Non è stata stabilita nessuna connessione con il target device, lo stato della comunicazione è ancora impostato su **NOT CONNECTED**.

Quando lo stato di connessione è **CONNECTED**, lo stato dell'applicazione assume uno dei seguenti valori.

NO CODE **NO CODE**: nessuna applicazione è eseguita sul target device.

DIFF. CODE **DIFF. CODE**: l'applicazione attualmente in esecuzione sul target device non è la stessa di quella aperta in LogicLab; inoltre non è disponibile nessuna informazione di debug in linea con l'applicazione, i valori mostrati nelle finestre **Watch** o **Oscilloscope** non sono reali e la modalità **Debug** non può essere attivata.

DIFF. CODE (SYM) **DIFF. CODE, SYMBOLS OK**: l'applicazione attualmente in esecuzione sul target device non è la stessa di quella attualmente aperta in LogicLab; tuttavia sono disponibili alcune informazioni di debug (per esempio, perché l'applicazione è stata precedentemente scaricata dal target device sul PC). I valori nelle finestre **Watch** o **Oscilloscope** sono reali, ma la modalità **Debug** non può essere ancora attivata.

SOURCE OK **SOURCE OK**: l'applicazione attualmente in esecuzione sul target device è la stessa aperta in LogicLab. La modalità **Debug** può essere attivata.

NOT RUNNING **NOT RUNNING**: L'applicazione in esecuzione sul target device è stata interrotta tramite il comando **HALT**.

Cliccare sul bottone **Halt** della barra dei comandi **Project** per interrompere l'esecuzione. Lo stesso risultato può essere ottenuto tramite il menu **On-line ⇒ Halt**.

Cliccare sul bottone **Warm restart** della barra dei comandi **Project** per far ripartire l'esecuzione dell'applicazione. Lo stesso risultato può essere ottenuto tramite il menu **On-line ⇒ Warm restart**.

MODALITÀ DI MODIFICA E DEBUG

A fianco del riquadro indicante lo stato dell'applicazione, è presente un'altra casella che fornisce informazioni sulla modalità in cui si trova l'ambiente di sviluppo LogicLab dell'applicazione, indicata dalla lettera **A** in FIGURA 5.23.
Durante la fase di sviluppo delle applicazioni si possono impostare due differenti modalità di funzionamento di LogicLab.

EDIT MODE: in questa modalità sono permesse le modifiche al codice sorgente.

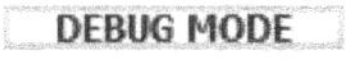

DEBUG MODE: in questa modalità non sono permesse le modifiche al codice sorgente. LogicLab è in modalità **Live debug mode**. Per la messa a punto dei programmi su LogicLab possono essere implementabili anche tecniche di debug avanzato. L'analisi approfondita dell'argomento esula dagli scopi del presente testo. Per approfondimenti si può fare riferimento al manuale d'uso di LogicLab.

Telecomando di un MAT

L'applicazione realizza l'avviamento di un motore asincrono trifase. Dapprima viene sviluppato il tradizionale schema elettromeccanico in logica cablata del sistema, comprensivo dello schema elettrico di potenza e dello schema elettrico di comando e segnalazione. Successivamente viene proposto lo schema di comando e segnalazione con il PLC SlimLine. Infine vengono implementati due progetti contenenti l'uno il programma in LD e l'altro il programma in ST.

DESCRIZIONE DEL FUNZIONAMENTO

L'avviamento di un *MAT* (*Motore Asincrono Trifase*) è realizzato impiegando un teleruttore. Lo schema elettrico del circuito con logica cablata che realizza il telecomando del MAT è riportato in FIGURA 5.24. Il pulsante S1 avvia il motore, il pulsante S2 ne comanda l'arresto. La protezione dal cortocircuito è affidata a fusibili opportunamente scelti. La protezione dal sovraccarico del motore è affidata al relè termico F2. Lo schema elettrico del circuito per la realizzazione dell'applicazione con il PLC SlimLine Modulo CPU Compact Ethernet LLab (vers. Relé) è riportato in FIGURA 5.25, lo schema di potenza è lo stesso di quello riportato in FIGURA 5.24.

Le variabili globali che saranno utilizzate nei progetti di LogicLab4 in LD e in ST sono riportate nella TABELLA 5.1.

VARIABILI GLOBALI			
Nome	**Tipo**	**Indirizzo**	**Descrizione**
Avvio	BOOL	%IX255.0	Pulsante N.A. S1 per l'avvio del motore
Stop	BOOL	%IX255.1	Pulsante N.C. S2 per l'arresto del motore
ReleTermico	BOOL	%IX255.2	Contatto del relè termico N.C. F2 per arresto motore per sovraccarico
BobinaK1M	BOOL	%QX255.3	Uscita digitale per alimentazione bobina contattore K1M
L3	BOOL	%QX255.2	Uscita digitale per alimentazione lampada H3 segnalazione intervento relè termico
L2	BOOL	%QX255.1	Uscita digitale per alimentazione lampada H2 segnalazione arresto motore
L1	BOOL	%QX255.0	Uscita digitale per alimentazione lampada H1 segnalazione marcia motore

TABELLA 5.1: Variabili globali definite nei progetti con LogicLab4 per il telecomando di un MAT

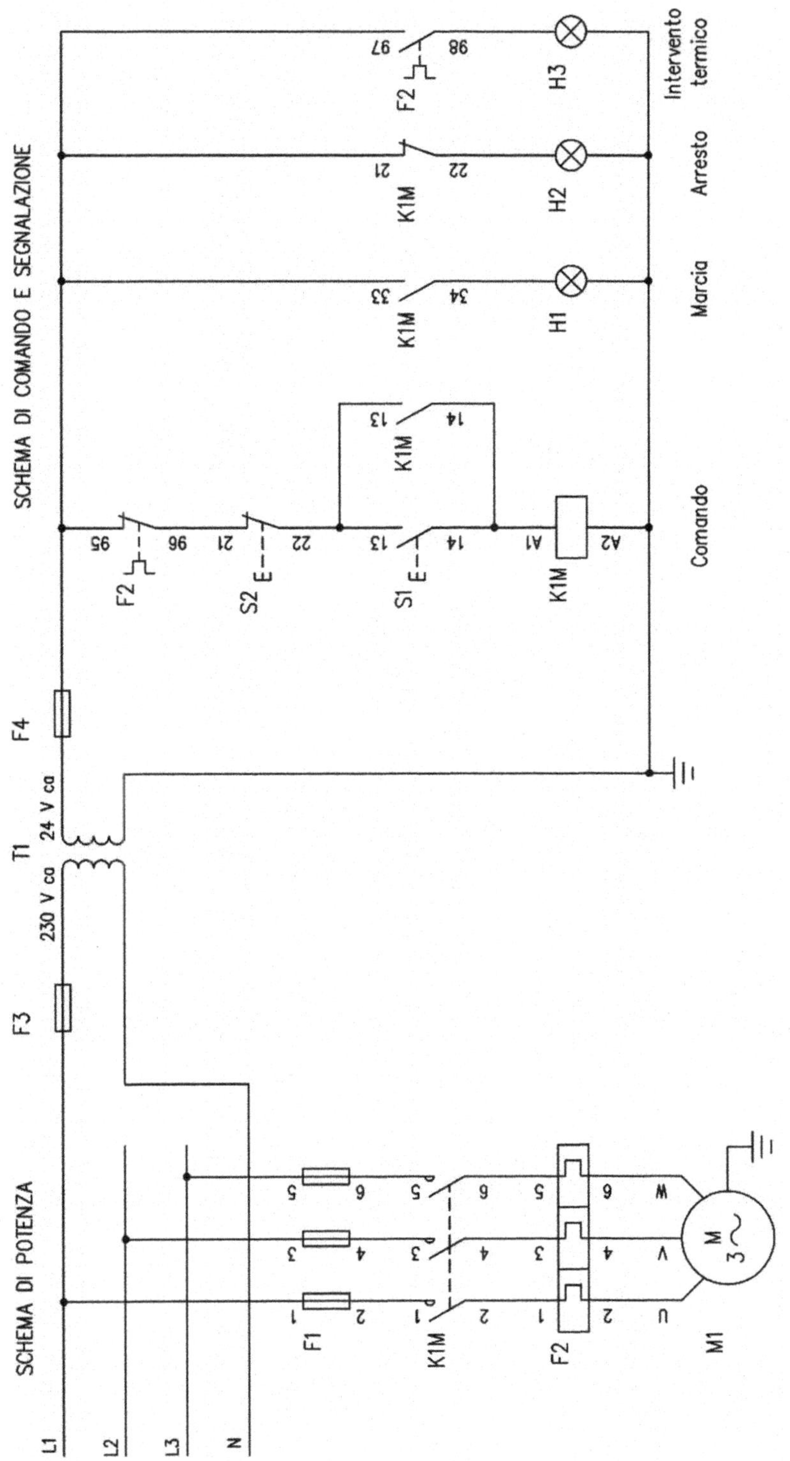

FIGURA 5.24: Schema elettrico del circuito in logica cablata per il telecomando di un MAT

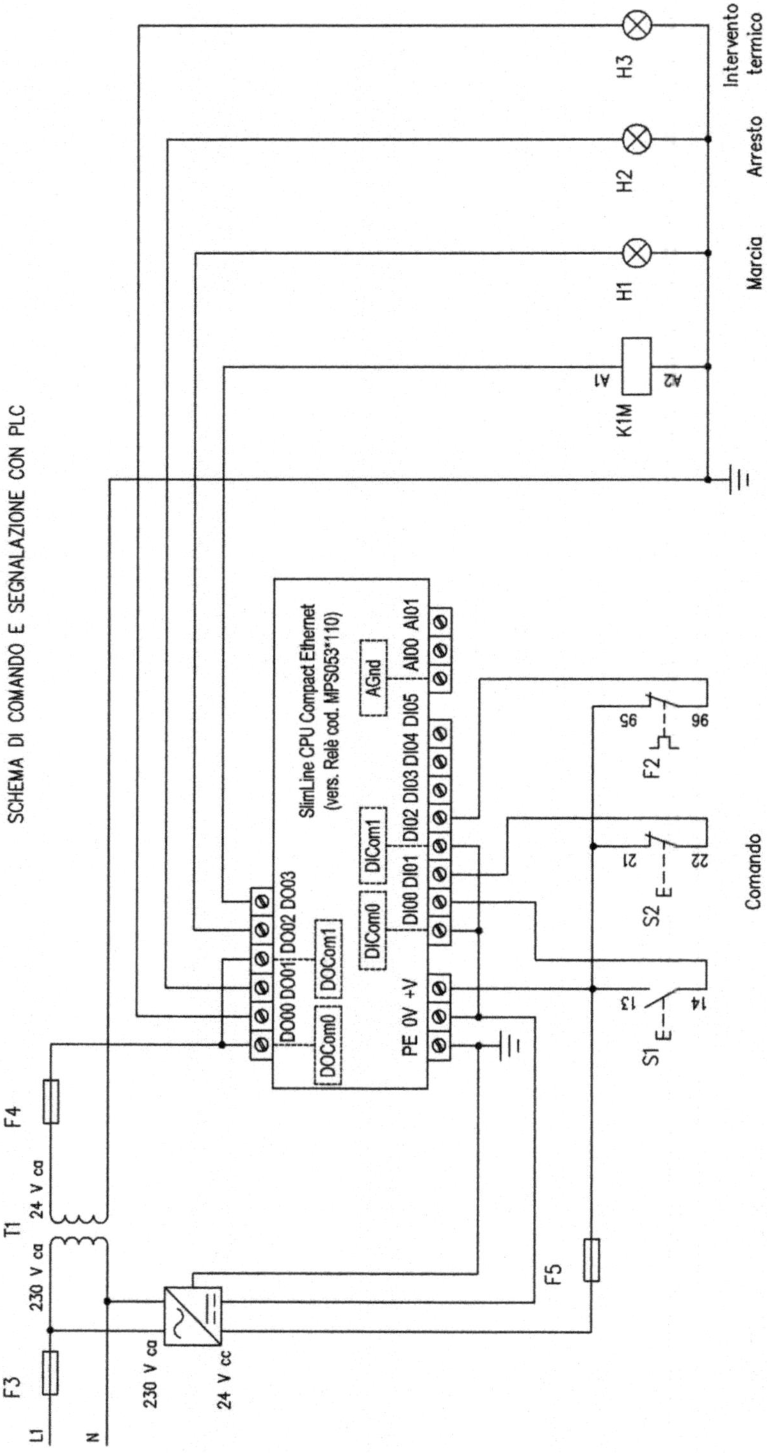

FIGURA 5.25: Schema del circuito con PLC Elsist per il telecomando di un MAT

Di seguito vengono presentati due progetti per quest'applicazione:

- trovate il progetto sviluppato in LD (file ***Applicazione1_LD.plcprj***) nella cartella ***Capitolo5\Applicazione1_LD*** del CD-ROM allegato. Dal progetto potrà anche essere richiamato il pannello per la simulazione del funzionamento contenuto nel workspace **TelecomandoMAT_LD**.
- trovate il progetto sviluppato in ST (file ***Applicazione1_ST.plcprj***) nella cartella ***Capitolo5\Applicazione1_ST*** del CD-ROM allegato. Dal progetto potrà anche essere richiamato il pannello per la simulazione del funzionamento contenuto nel workspace **TelecomandoMAT_ST**.

Prima di aprire il file con LogicLab4, si raccomanda di copiare la cartella sul disco rigido del computer in modo da poter effettuare le modifiche al progetto e il download delle applicazioni sul target device (maggiori informazioni sono riportate nel file ***Avvertenze.pdf*** contenuto nel CD-ROM).

IL PROGETTO APPLICAZIONE1 IN LD CON LOGICLAB4

Il programma **TelecomandoMAT_LD** in linguaggio LD, costituito da quattro network, è riportato in FIGURA 5.26. La sua esecuzione può essere assegnata al task **Slow**.

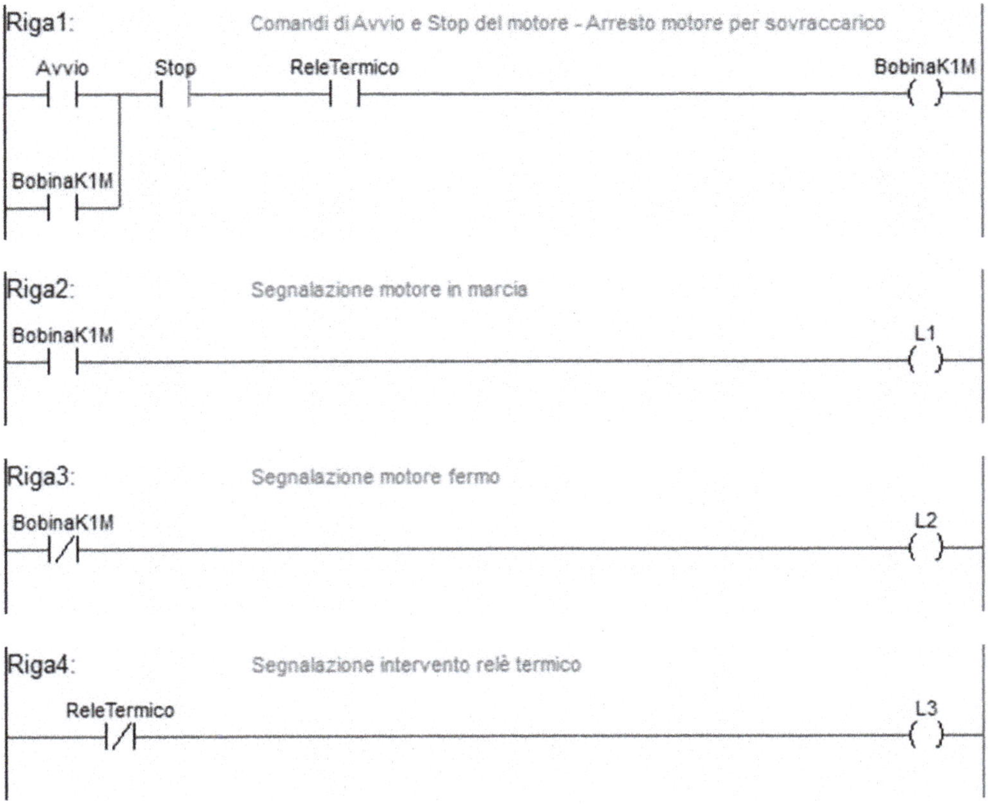

FIGURA 5.26: Programma **TelecomandoMAT_LD** per il telecomando di un MAT

Il progetto Applicazione1 in ST con LogicLab4

Il programma **TelecomandoMAT_ST** in linguaggio ST è riportato in Figura 5.27. La sua esecuzione può essere assegnata al task **Slow**.

```
(** - Comandi di Avvio e Stop del motore **)
(** - Arresto motore per sovraccarico    **)
IF ((Avvio OR BobinaK1M) AND Stop AND ReleTermico) THEN
    BobinaK1M := TRUE;
ELSE
    BobinaK1M := FALSE;
END_IF;

(** Segnalazione motore in marcia **)
IF (BobinaK1M) THEN
    L1 := TRUE;
ELSE
    L1 := FALSE;
END_IF;

(** Segnalazione motore fermo **)
IF (NOT BobinaK1M) THEN
    L2 := TRUE;
ELSE
    L2 := FALSE;
END_IF;

(** Segnalazione intervento relè termico **)
IF (NOT ReleTermico) THEN
    L3 := TRUE;
ELSE
    L3 := FALSE;
END_IF;
```

Figura 5.27: Programma **TelecomandoMAT_ST** per il telecomando di un MAT

Teleinversione di marcia di un MAT

L'applicazione realizza l'inversione di marcia di un motore asincrono trifase. Dapprima viene proposto il tradizionale schema elettromeccanico in logica cablata del sistema, comprensivo dello schema elettrico di potenza e dello schema elettrico di comando e segnalazione. Successivamente viene sviluppato lo schema di comando e segnalazione con il PLC SlimLine. Infine vengono implementati due progetti contenenti l'uno il programma in LD e l'altro il programma in ST.

DESCRIZIONE DEL FUNZIONAMENTO

L'inversione di marcia di un motore asincrono trifase è realizzata grazie all'impiego di due teleruttori collegati in modo da effettuare lo scambio di due delle tre fasi di alimentazione del motore. Lo schema elettrico del circuito con logica cablata che realizza la teleinversione di un MAT è riportato in FIGURA 5.28. Il pulsante S1 avvia la marcia del motore in direzione destra, il pulsante S2 avvia la marcia del motore in direzione sinistra, il pulsante S3 ne comanda l'arresto. Il cambiamento del senso di rotazione richiede l'arresto della marcia del MAT. La presenza di un interblocco elettrico, costituito dai contatti ausiliari K1M (21-22) e K2M (21-22), evita che i due contattori possano essere eccitati contemporaneamente, provocando un cortocircuito tra due fasi. Le variabili globali che saranno utilizzate nei progetti di LogicLab4 in LD e in ST sono riportate nella TABELLA 5.2.

VARIABILI GLOBALI			
Nome	**Tipo**	**Indirizzo**	**Descrizione**
AvvioMarciaDX	BOOL	%IX255.0	Pulsante N.A. S1 per l'avvio del motore con marcia a destra
AvvioMarciaSX	BOOL	%IX255.1	Pulsante N.A. S2 per l'avvio del motore con marcia a sinistra
Stop	BOOL	%IX255.2	Pulsante N.C. S3 per l'arresto del motore
ReleTermico	BOOL	%IX255.3	Contatto del relè termico N.C. F2 per arresto motore per sovraccarico
BobinaK1M	BOOL	%QX255.3	Uscita digitale per alimentazione bobina contattore K1M per marcia a DX
BobinaK2M	BOOL	%QX255.2	Uscita digitale per alimentazione bobina contattore K2M per marcia a SX
L3	BOOL	%QX255.1	Uscita digitale per alimentazione lampada H3 segnalazione arresto motore
L4	BOOL	%QX255.0	Uscita digitale per alimentazione lampada H4 segnalazione intervento relè termico

TABELLA 5.2: Variabili globali definite nei progetti con LogicLab4 per la teleinversione di un MAT

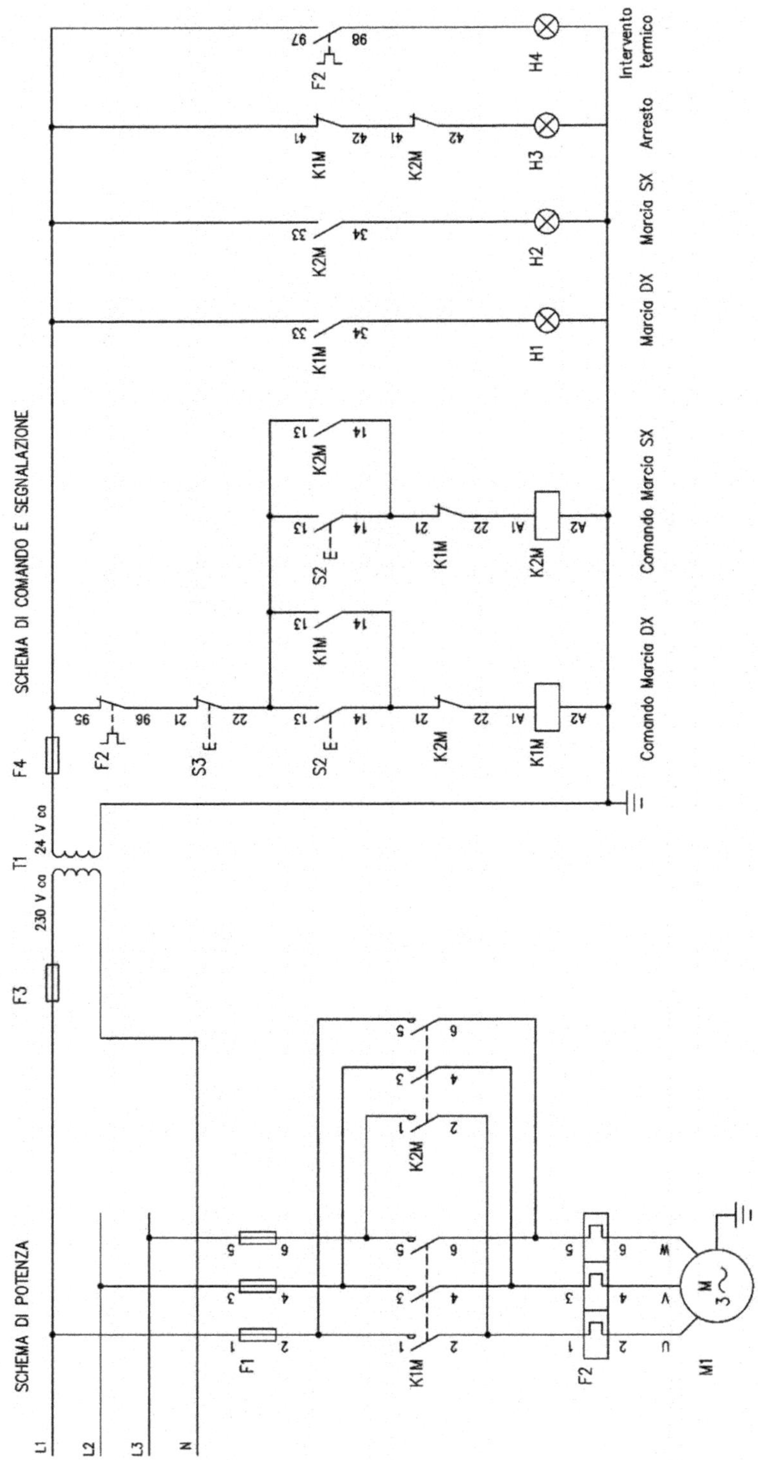

FIGURA 5.28: Schema elettrico del circuito in logica cablata per la teleinversione di un MAT

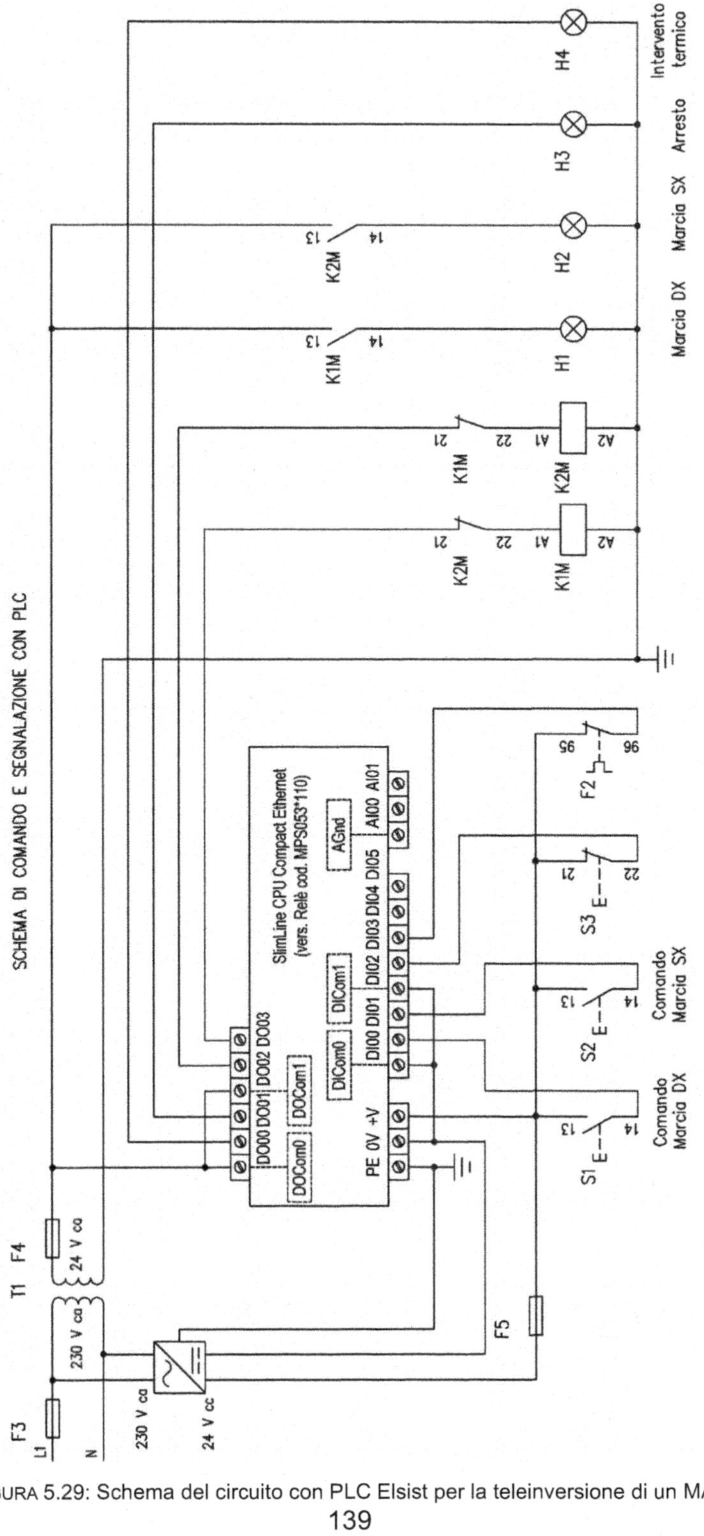

FIGURA 5.29: Schema del circuito con PLC Elsist per la teleinversione di un MAT

La protezione dal cortocircuito è affidata a fusibili opportunamente scelti. La protezione dal sovraccarico del motore è affidata al relè termico F2.
Lo schema elettrico del circuito di comando e segnalazione per la realizzazione dell'applicazione con PLC SlimLine Modulo CPU Compact Ethernet LLab (vers. Relé) è riportato in FIGURA 5.29, lo schema di potenza è lo stesso di quello riportato in FIGURA 5.28. Si noti la presenza dell'interblocco a livello hardware.

Di seguito vengono presentati due progetti per quest'applicazione:

- trovate il progetto sviluppato in LD (file ***Applicazione2_LD.plcprj***) nella cartella ***Capitolo5\Applicazione2_LD*** del CD-ROM allegato. Dal progetto potrà anche essere richiamato il pannello per la simulazione del funzionamento contenuto nel workspace **TeleinversioneMAT_LD**.
- trovate il progetto sviluppato in ST (file ***Applicazione2_ST.plcprj***) nella cartella ***Capitolo5\Applicazione2_ST*** del CD-ROM allegato. Dal progetto potrà anche essere richiamato il pannello per la simulazione del funzionamento contenuto nel workspace **TeleinversioneMAT_ST**.

Prima di aprire il file con LogicLab4, si raccomanda di copiare la cartella sul disco rigido del computer in modo da poter effettuare le modifiche al progetto e il download delle applicazioni sul target device (maggiori informazioni sono riportate nel file ***Avvertenze.pdf*** contenuto nel CD-ROM).

IL PROGETTO APPLICAZIONE2 IN LD CON LOGICLAB4

Il programma **TeleinversioneMAT_LD** in linguaggio LD, costituito da quattro network, è riportato in FIGURA 5.31. La sua esecuzione può essere assegnata al task **Slow**. Si noti che i due contatti negati, *BobinaK2M* alla *Riga1* e *BobinaK1M* alla *Riga2*, realizzano un interblocco tra i due teleruttori a livello software.

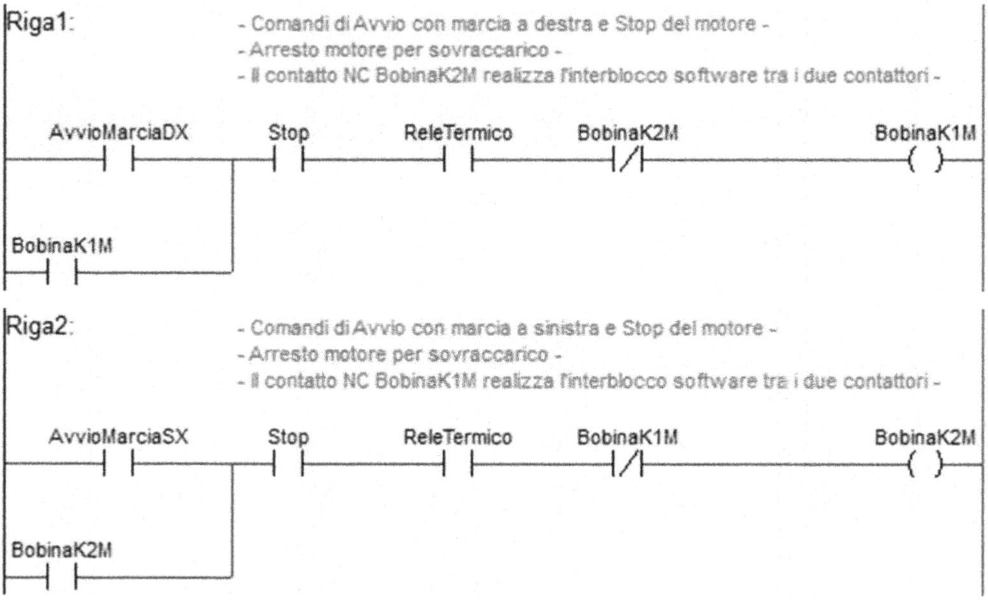

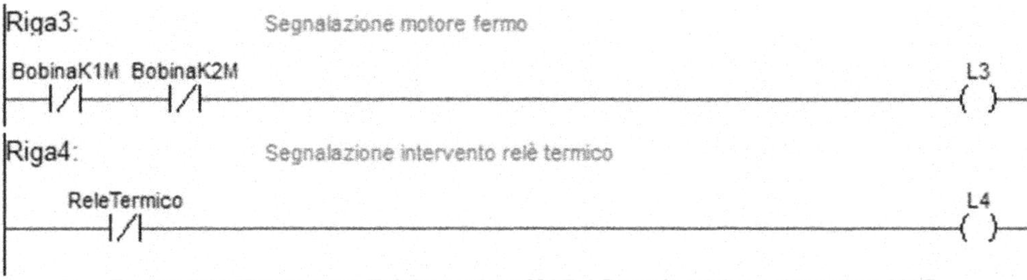

FIGURA 5.30: Programma **TeleinversioneMAT_LD** per la teleinversione di un MAT

IL PROGETTO APPLICAZIONE2 IN ST CON LOGICLAB4

Il programma **TeleinversioneMAT_ST** in linguaggio ST è riportato in FIGURA 5.31. La sua esecuzione può essere assegnata al task **Slow**.

```
(** - Comandi di Avvio con marcia a destra e Stop.   **)
(** - Arresto motore per sovraccarico.               **)
(** - Il contatto NC BobinaK2M realizza              **)
(**   l'interblocco software tra i due contattori.   **)
IF ((AvvioMarciaDX OR BobinaK1M)
       AND Stop AND ReleTermico AND NOT BobinaK2M) THEN
    BobinaK1M := TRUE;
ELSE
    BobinaK1M := FALSE;
END_IF;

(** - Comandi di Avvio con marcia a sinistra e Stop.**)
(** - Arresto motore per sovraccarico.               **)
(** - Il contatto NC BobinaK1M realizza              **)
(**   l'interblocco software tra i due contattori.   **)
IF ((AvvioMarciaSX OR BobinaK2M)
       AND Stop AND ReleTermico AND NOT BobinaK1M) THEN
    BobinaK2M := TRUE;
ELSE
    BobinaK2M := FALSE;
END_IF;

(** Segnalazione motore fermo  **)
IF (NOT BobinaK1M AND NOT BobinaK2M)THEN
    L3 := TRUE;
ELSE
    L3 := FALSE;
END_IF;

(** Segnalazione intervento relè termico **)
IF (NOT ReleTermico) THEN
    L4 := TRUE;
ELSE
    L4 := FALSE;
END_IF;
```

FIGURA 5.31: Programma **TeleinversioneMAT_ST** per la teleinversione di un MAT

Teleavviatore stella-triangolo per un MAT

L'applicazione realizza l'avvio di marcia di un motore asincrono trifase con commutazione stella-triangolo. Dapprima viene proposto il tradizionale schema elettromeccanico in logica cablata del sistema, comprensivo dello schema elettrico di potenza e dello schema elettrico di comando e segnalazione. Successivamente viene sviluppato lo schema di comando e segnalazione con il PLC SlimLine. Infine vengono implementati due progetti contenenti l'uno il programma in LD e l'altro il programma in ST.

DESCRIZIONE DEL FUNZIONAMENTO

L'avviamento stella-triangolo di un motore asincrono trifase è realizzato impiegando tre teleruttori, due dei quali sono utilizzati per effettuare la connessione a stella o a triangolo degli avvolgimenti del motore. Lo schema di potenza del circuito che realizza il teleavviamento stella-triangolo di un MAT è riportato in FIGURA 5.32.

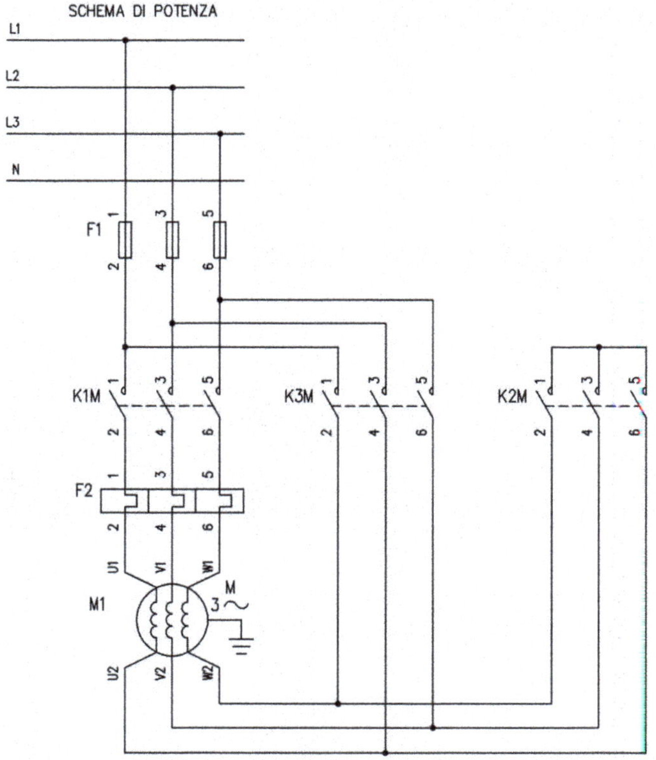

FIGURA 5.32: Schema elettrico di potenza del circuito per il teleavviamento stella-triangolo di un MAT

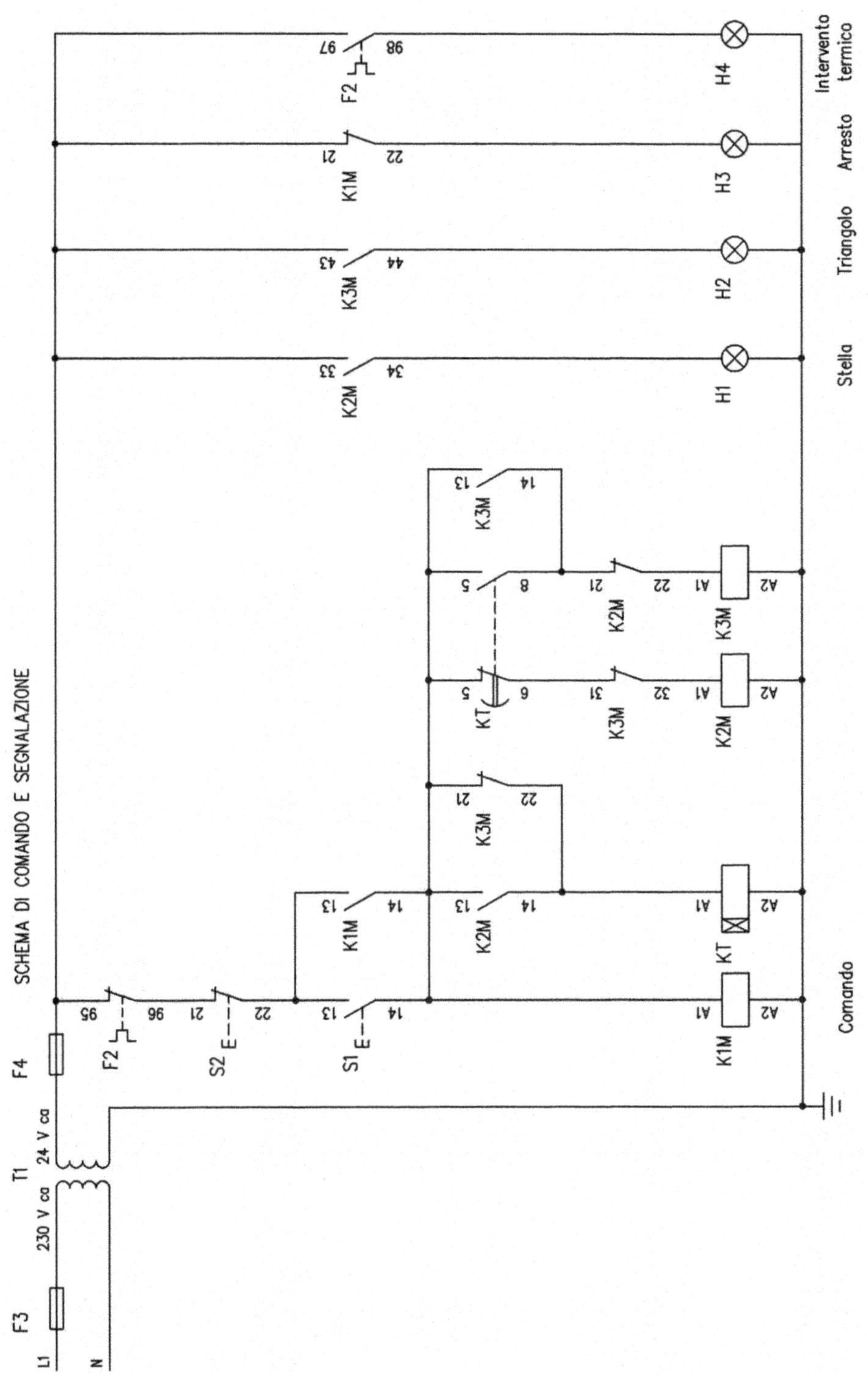

FIGURA 5.33: Schema del circuito in logica cablata per il teleavviamento stella-triangolo di un MAT

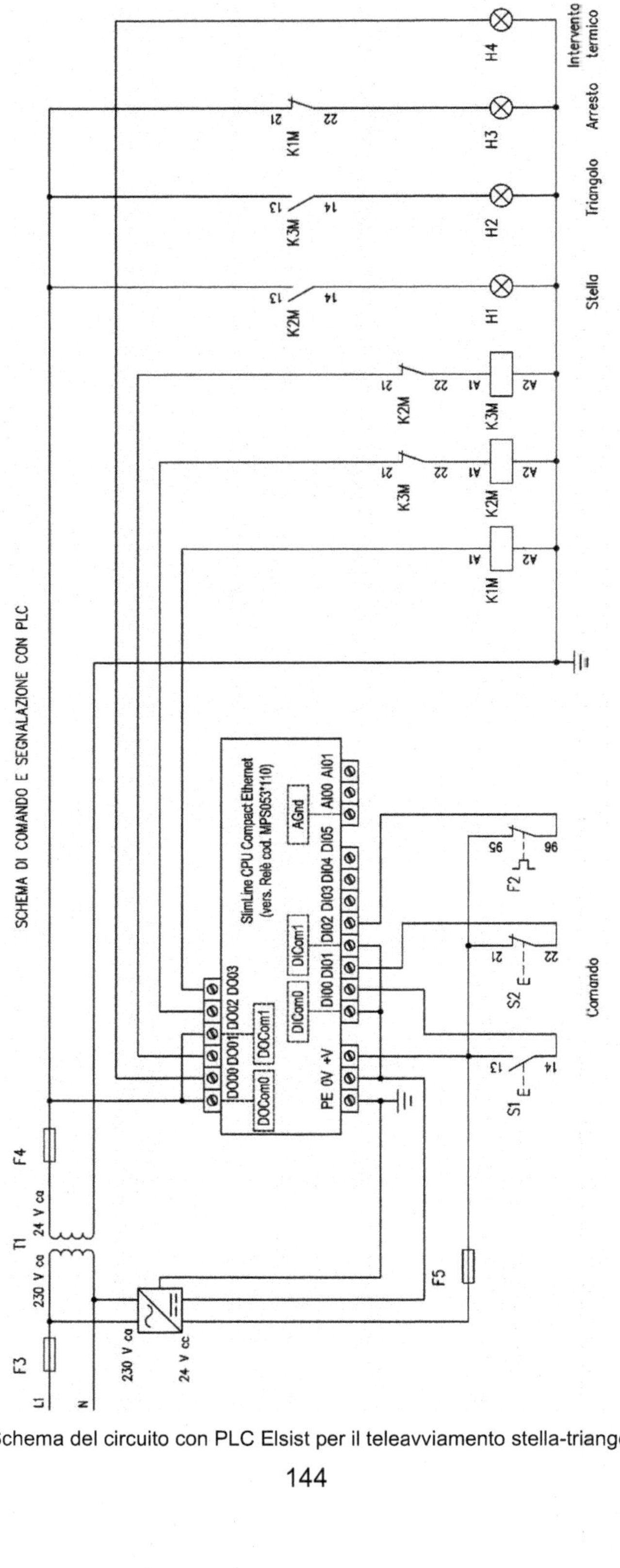

FIGURA 5.34: Schema del circuito con PLC Elsist per il teleavviamento stella-triangolo di un MAT

Lo schema elettrico del circuito di comando e segnalazione con logica cablata è riportato in FIGURA 5.33. Il pulsante S1 avvia il motore, il pulsante S2 ne comanda l'arresto. La protezione dal cortocircuito è affidata a fusibili opportunamente scelti. La protezione dal sovraccarico del motore è affidata al relè termico F2.
La presenza di un interblocco elettrico evita che i due teleruttori K2M e K3M possano essere eccitati contemporaneamente, provocando un cortocircuito.

Lo schema elettrico del circuito di comando e segnalazione per la realizzazione dell'applicazione con il PLC SlimLine Modulo CPU Compact Ethernet LLab (vers. Relé) è riportato in FIGURA 5.34, lo schema di potenza è lo stesso di quello riportato in FIGURA 5.32. Si noti che, anche in questo caso, è presente l'interblocco elettrico a livello hardware, costituito dai contatti ausiliari K2M (21-22) e K3M (21-22).

Le variabili globali che saranno utilizzate nei progetti di LogicLab4 in LD e in ST sono riportate nella TABELLA 5.3.

VARIABILI GLOBALI			
Nome	**Tipo**	**Indirizzo**	**Descrizione**
Avvio	BOOL	%IX255.0	Pulsante N.A. S1 per l'avvio del motore
Stop	BOOL	%IX255.1	Pulsante N.C. S2 per l'arresto del motore
ReleTermico	BOOL	%IX255.2	Contatto del relè termico N.C. F2 per arresto motore per sovraccarico
BobinaK1M	BOOL	%QX255.3	Uscita digitale per alimentazione bobina contattore K1M
BobinaK2M	BOOL	%QX255.2	Uscita digitale per alimentazione bobina contattore K2M
BobinaK3M	BOOL	%QX255.1	Uscita digitale per alimentazione bobina contattore K3M
L4	BOOL	%QX255.0	Uscita digitale per alimentazione lampada H4 segnalazione intervento relè termico

TABELLA 5.3: *Variabili globali* definite nei progetti per il teleavviamento stella-triangolo di un MAT

La TABELLA 5.4 riporta le variabili locali definite nei programmi in LD e in ST. Il ritardo di sei secondi sull'attivazione del teleruttore K3M che effettua il collegamento a triangolo è conseguito con l'impiego di un blocco funzione **eTON** (**Timer On**).

VARIABILI LOCALI			
Nome	**Tipo**	**Indirizzo**	**Descrizione**
TempInserzioneTriangolo	eTON	Auto	Temporizzatore per abilitazione collegamento a triangolo dopo 6 secondi dall'avvio

TABELLA 5.4: Variabili locali definite nei programmi per il teleavviamento stella-triangolo di un MAT

Di seguito vengono presentati due progetti per quest'applicazione:

- trovate il progetto sviluppato in LD (file ***Applicazione3_LD.plcprj***) nella cartella ***Capitolo5\Applicazione3_LD*** del CD-ROM allegato. Dal progetto potrà anche essere richiamato il pannello per la simulazione del funzionamento contenuto nel workspace **StellaTriangoloMAT_LD**.

- trovate il progetto sviluppato in ST (file ***Applicazione3_ST.plcprj***) nella cartella ***Capitolo5\Applicazione3_ST*** del CD-ROM allegato. Dal progetto potrà anche essere richiamato il pannello per la simulazione del funzionamento contenuto nel workspace **StellaTriangoloMAT_ST**.

Prima di aprire il file con LogicLab4, si raccomanda di copiare la cartella sul disco rigido del computer in modo da poter effettuare le modifiche al progetto e il download delle applicazioni sul target device (maggiori informazioni sono riportate nel file ***Avvertenze.pdf*** contenuto nel CD-ROM).

IL PROGETTO APPLICAZIONE3 IN LD CON LOGICLAB4

Il programma **StellaTriangoloMAT_LD** in linguaggio LD, costituito da quattro network, è riportato in FIGURA 5.35. La sua esecuzione può essere assegnata al task **Slow**.

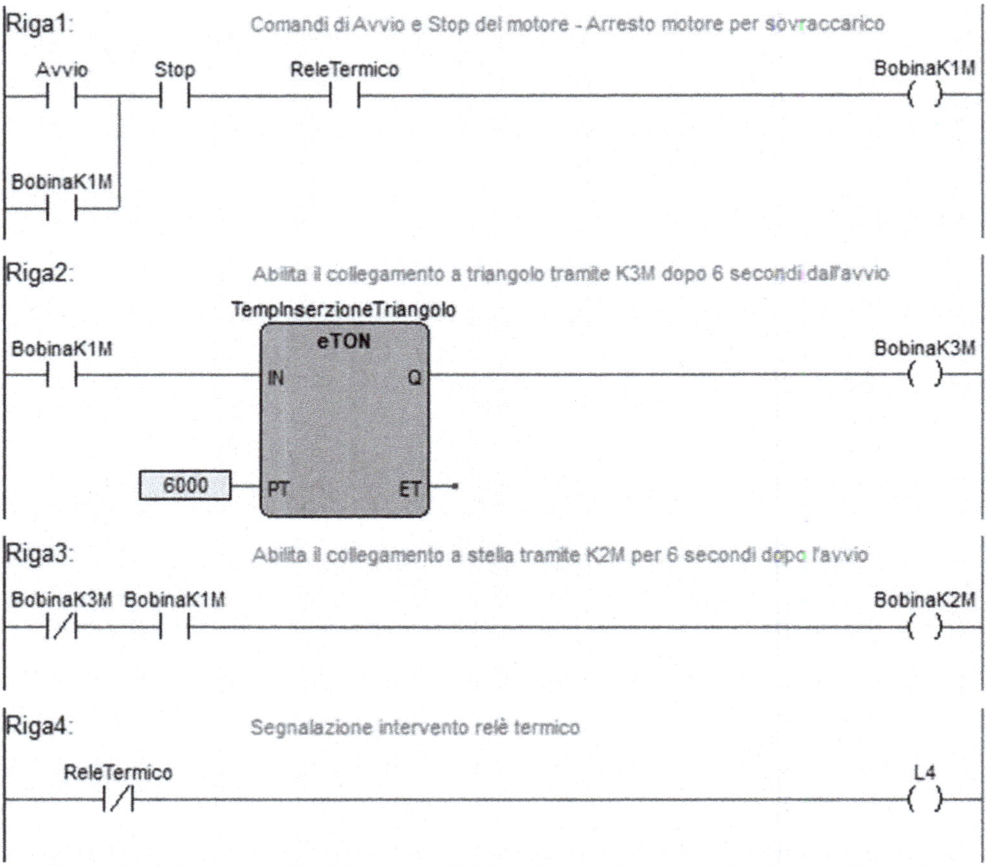

FIGURA 5.35: Programma **StellaTriangoloMAT** per il teleavviamento stella-triangolo di un MAT

IL PROGETTO APPLICAZIONE3 IN ST CON LOGICLAB4

Il programma **StellaTriangoloMAT_ST** in linguaggio ST è riportato in FIGURA 5.36. La sua esecuzione può essere assegnata al task **Slow**.

```
(** - Comandi di Avvio e Stop del motore **)
(** - Arresto motore per sovraccarico    **)
IF ((Avvio OR BobinaK1M) AND Stop AND ReleTermico) THEN
    BobinaK1M := TRUE;
ELSE
    BobinaK1M := FALSE;
END_IF;

(** Abilita il collegamento a triangolo tramite K3M **)
(** dopo 6 secondi dall'avvio.                      **)
TempInserzioneTriangolo();
TempInserzioneTriangolo.IN := BobinaK1M;
TempInserzioneTriangolo.PT := 6000;
BobinaK3M := TempInserzioneTriangolo.Q;

(** Segnalazione motore fermo **)
IF (NOT BobinaK3M AND BobinaK1M) THEN
    BobinaK2M := TRUE;
ELSE
    BobinaK2M := FALSE;
END_IF;

(** Segnalazione intervento relè termico **)
IF (NOT ReleTermico) THEN
    L4 := TRUE;
ELSE
    L4 := FALSE;
END_IF;
```

FIGURA 5.36: Programma **StellaTriangoloMAT_ST** per il teleavviamento stella-triangolo di un MAT

Impastatrice industriale azionata da un MAT

L'applicazione seguente realizza un sistema di comando e controllo del ciclo di lavoro di un'impastatrice industriale azionata da un MAT. Viene sviluppato lo schema di comando e segnalazione con il PLC SlimLine. In seguito vengono implementati due progetti contenenti l'uno il programma in LD e l'altro il programma in ST.

DESCRIZIONE DEL FUNZIONAMENTO

Il ciclo di funzionamento prevede:

- rotazione del motore in senso orario per 15 secondi;
- fermo del motore per 1 secondo;
- rotazione del motore in senso antiorario per 15 secondi.

Lo schema elettrico del circuito di potenza che realizza l'automatismo è identico a quello utilizzato per la teleinversione di un MAT riportato in FIGURA 5.28.

VARIABILI GLOBALI			
Nome	**Tipo**	**Indirizzo**	**Descrizione**
Avvio	BOOL	%IX255.0	Pulsante N.A. S1 per l'avvio del motore
Stop	BOOL	%IX255.1	Pulsante N.C. S2 per l'arresto del motore
GrigliaProtezione	BOOL	%IX255.2	Consenso alla rotazione motore solo se il contatto di sicurezza N.C. S3 è chiuso (griglia di protezione abbassata)
ReleTermico	BOOL	%IX255.3	Contatto del relè termico N.C. F2 per arresto motore per sovraccarico
BobinaK1M	BOOL	%QX255.3	Uscita digitale per alimentazione bobina contattore K1M per marcia Oraria
BobinaK2M	BOOL	%QX255.2	Uscita digitale per alimentazione bobina contattore K2M per marcia a Antioraria
L1	BOOL	%QX255.1	Uscita digitale per alimentazione lampada H1 segnalazione griglia di protezione aperta
L2	BOOL	%QX255.0	Uscita digitale per alimentazione lampada H2 segnalazione intervento relè termico

TABELLA 5.5: Variabili globali definite nei progetti dell'impastatrice industriale azionata da un MAT

Lo schema elettrico del circuito di comando e segnalazione per la realizzazione dell'applicazione con il PLC SlimLine Modulo CPU Compact Ethernet LLab (vers. Relé) è riportato in FIGURA 5.37.

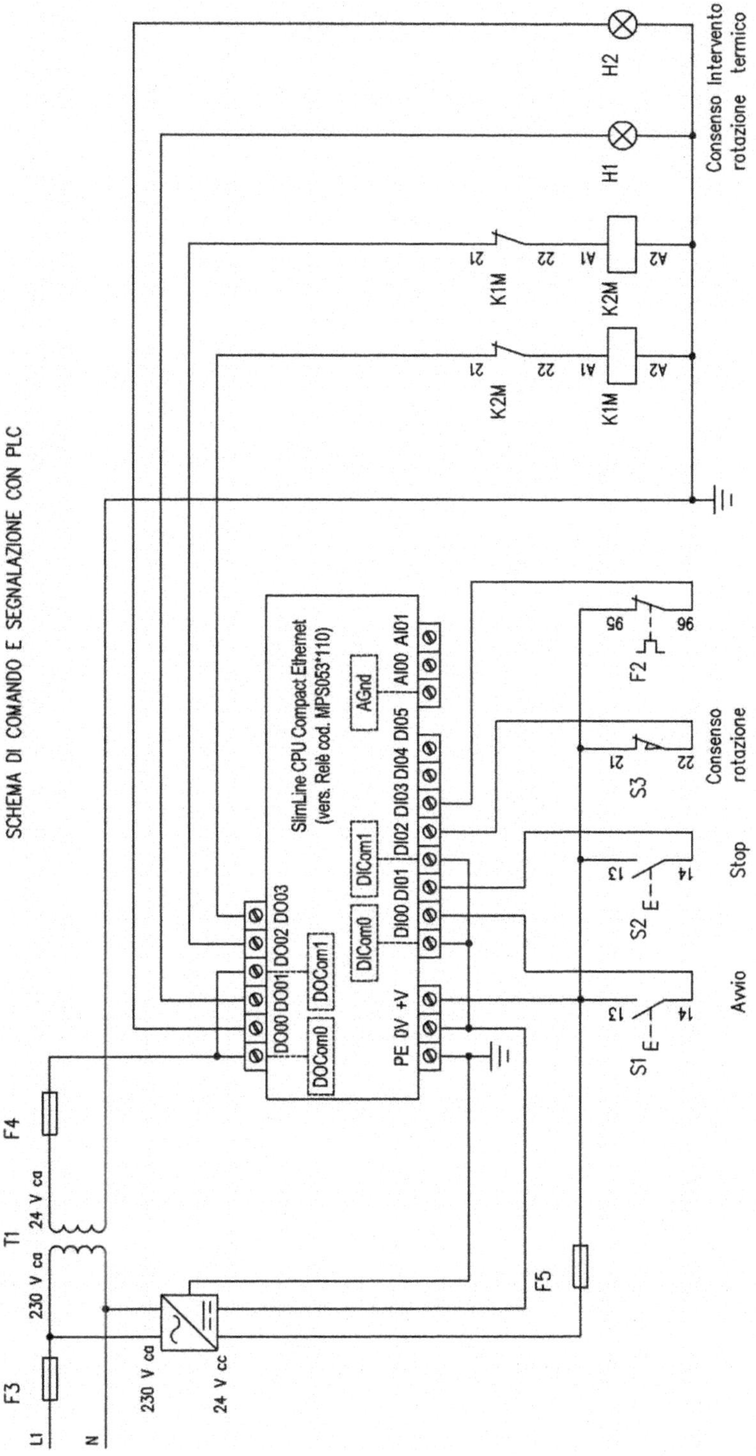

FIGURA 5.37: Schema del circuito con PLC Elsist dell'impastatrice industriale azionata da un MAT

Il pulsante S1 avvia la marcia del motore, il pulsante S2 ne comanda l'arresto, il contatto di posizione di chiusura (finecorsa) S3 impedisce la rotazione del motore quando la griglia di protezione, necessaria per garantire l'incolumità dell'operatore, è alzata. In condizioni di sicurezza la griglia è abbassata, S3 è chiuso e sull'ingresso 2 del modulo CPU è presente una tensione di 24 Vcc. Anche in questo caso è presente l'interblocco elettrico a livello hardware, costituito dai contatti ausiliari K1M (21-22) e K2M (21-22).

Le variabili globali che saranno utilizzate nei progetti di LogicLab4 in LD e in ST sono riportate nella TABELLA 5.5.

La TABELLA 5.6 riporta le variabili locali definite nei programmi in LD e in ST. Il ciclo di lavoro ON-OFF della durata di 15 secondi è determinato dai due blocchi funzione **eTOFF** (**Timer Off**) *Temp1* e *Temp2*. Il ritardo dell'attivazione del motore di un secondo è ottenuto con l'impiego dei due blocchi funzione **eTON** (**Timer On**) che ritardano l'attivazione dei teleruttori K1M e K2M.

VARIABILI LOCALI			
Nome	**Tipo**	**Indirizzo**	**Descrizione**
MemoriaAvvio	BOOL	Auto	Bobina virtuale memoria impastatrice avviata
Temp1	eTOF	Auto	Primo temporizzatore per ciclo di lavoro ON-OFF della durata di 15 secondi
Temp2	eTOF	Auto	Secondo temporizzatore per ciclo di lavoro ON-OFF della durata di 15 secondi
Q_Temp1	BOOL	Auto	Primo temporizzatore per ciclo di lavoro ON-OFF della durata di 15 secondi
Q_Temp2	BOOL	Auto	Secondo temporizzatore per ciclo di lavoro ON-OFF della durata di 15 secondi
TempRitardoRotazioneOraria	eTON	Auto	Ritarda l'attivazione del teleruttore K1M
TempRitardoRotazioneAntioraria	eTON	Auto	Ritarda l'attivazione del teleruttore K2M

TABELLA 5.6: Variabili locali definite nei programmi dell'impastatrice industriale azionata da un MAT

Di seguito vengono presentati due progetti per quest'applicazione:

- trovate il progetto sviluppato in LD (file ***Applicazione4_LD.plcprj***) nella cartella ***Capitolo5\Applicazione4_LD*** del CD-ROM allegato. Dal progetto potrà anche essere richiamato il pannello per la simulazione del funzionamento contenuto nel workspace **InversioneAutomatica_LD**.
- trovate il progetto sviluppato in ST (file ***Applicazione4_ST.plcprj***) nella cartella ***Capitolo5\Applicazione4_ST*** del CD-ROM allegato. Dal progetto potrà anche essere richiamato il pannello per la simulazione del funzionamento contenuto nel workspace **InversioneAutomatica_ST**.

Prima di aprire il file con LogicLab4, si raccomanda di copiare la cartella sul disco rigido del computer in modo da poter effettuare le modifiche al progetto e il download delle applicazioni sul target device (maggiori informazioni sono riportate nel file ***Avvertenze.pdf*** contenuto nel CD-ROM).

IL PROGETTO APPLICAZIONE4 IN LD CON LOGICLAB4

Il programma **InversioneAutomatica_LD** in linguaggio LD, costituito da sette network, è riportato in FIGURA 5.38. La sua esecuzione può essere assegnata al task **Slow**.

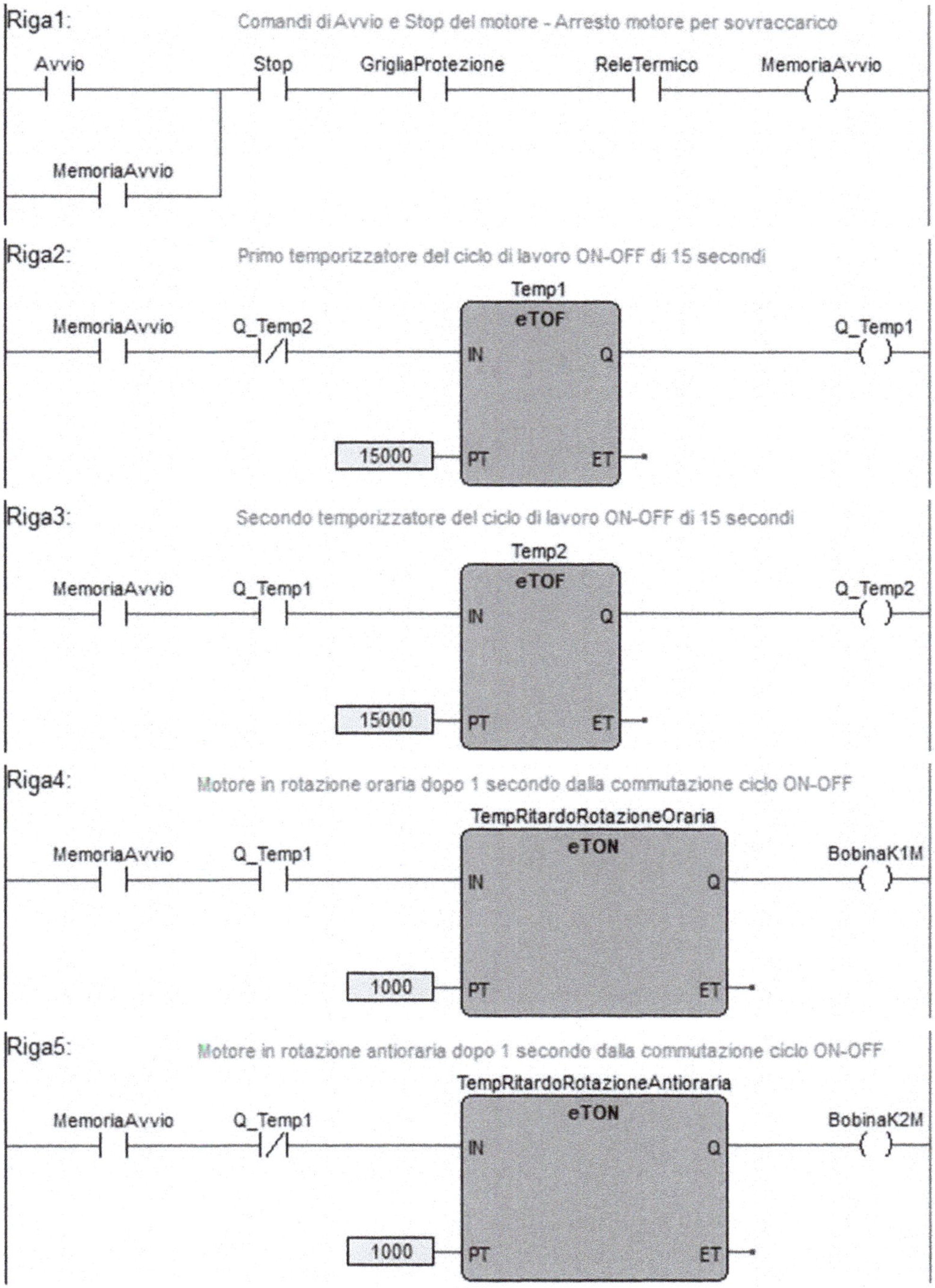

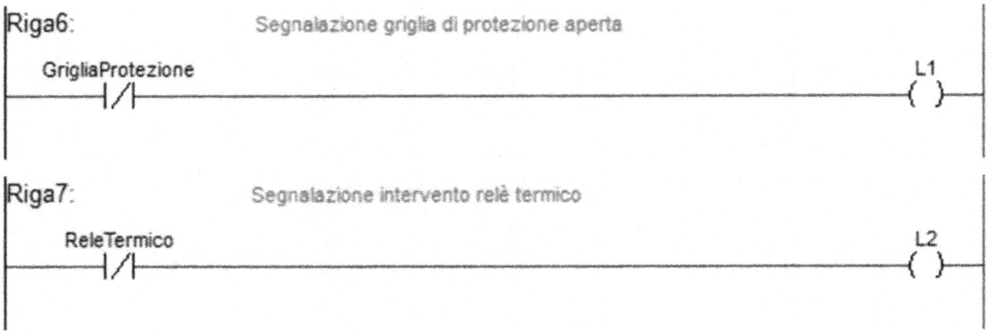

FIGURA 5.38: Programma **InversioneAutomatica_LD** dell'impastatrice industriale azionata da un MAT

IL PROGETTO APPLICAZIONE4 IN ST CON LOGICLAB4

Il programma **InversioneAutomatica_ST** in linguaggio ST è riportato in FIGURA 5.39. La sua esecuzione può essere assegnata al task **Slow**.

```
(** Comandi di Avvio e Stop del motore  **)
(** dell'impastatrice.                  **)
(** Arresto motore per sovraccarico.    **)
IF ((Avvio OR MemoriaAvvio)
    AND Stop AND GrigliaProtezione AND ReleTermico) THEN
    MemoriaAvvio := TRUE;
ELSE
    MemoriaAvvio := FALSE;
END_IF;

IF (MemoriaAvvio) THEN

  (** Primo temporizzatore del ciclo di lavoro **)
  (** ON-OFF di 15 secondi.                    **)
    Temp1();
    Temp1.IN := NOT Q_Temp2;
    Temp1.PT := 15000;
    Q_Temp1 := Temp1.Q;

  (** Secondo temporizzatore del ciclo di lavoro  **)
  (** ON-OFF di 15 secondi.                       **)
    Temp2();
    Temp2.IN := Q_Temp1;
    Temp2.PT := 15000;
    Q_Temp2 := Temp2.Q;

  (** Motore in rotazione antioraria dopo 1 secondo **)
  (** dalla commutazione ciclo ON-OFF.              **)
    TempRitardoRotazioneOraria();
    TempRitardoRotazioneOraria.IN := Q_Temp1;
    TempRitardoRotazioneOraria.PT := 1000;
    BobinaK1M := TempRitardoRotazioneOraria.Q;

```

```
    (** Motore in rotazione oraria dopo 1 secondo  **)
    (** dalla commutazione ciclo ON-OFF.           **)
     TempRitardoRotazioneAntioraria();
     TempRitardoRotazioneAntioraria.IN := NOT Q_Temp1;
     TempRitardoRotazioneAntioraria.PT := 1000;
     BobinaK2M := TempRitardoRotazioneAntioraria.Q;

END_IF;

(** Segnalazione griglia di protezione aperta.  **)
IF (NOT GrigliaProtezione) THEN
    L1 := TRUE;
ELSE
    L1 := FALSE;
END_IF;

(** Segnalazione intervento relè termico.  **)
IF (NOT ReleTermico) THEN
    L2 := TRUE;
ELSE
    L2 := FALSE;
END_IF;
```

FIGURA 5.39: Programma **InversioneAutomatica_ST** dell'impastatrice industriale azionata da un MAT

Comando di una tenda motorizzata con sensore di vento

L'applicazione seguente realizza un sistema di comando e controllo per tende motorizzate con richiusura automatica in caso di vento forte. La velocità del vento viene rilevata tramite un apposito sensore, collegato a un ingresso analogico del PLC SlimLine. Viene sviluppato lo schema di comando e segnalazione con il PLC SlimLine. In seguito vengono implementati due progetti contenenti l'uno il programma in LD e l'altro il programma in ST.

DESCRIZIONE DEL FUNZIONAMENTO

Le modalità di funzionamento dell'automatismo sono descritte di seguito.

- Il sensore vento fornisce un valore di tensione continua variabile tra 0 e 10 V per valori di velocità del vento corrispondenti, rispettivamente, a 0 km/h e 40 km/h.
- Quando la velocità del vento supera i 20 km/h una lampada segnala la presenza di vento forte. Il valore di tensione fornito dal sensore alla velocità di 20 km/h è pari a (10:40)x20 = 5 V.
- Quando la velocità del vento supera i 25 km/h la tenda, se aperta, si richiude in automatico; se chiusa, non può essere aperta. Una lampada segnala questa condizione. Il valore di tensione fornito dal sensore alla velocità di 25 km/h è pari a (10:40)x25 = 6,25 V.
- I pulsanti S1 e S2 comandano l'apertura e la chiusura della tenda.
- I contatti di posizione di chiusura N.C. (finecorsa), S3 (per l'apertura) ed S4 (per la chiusura), comandano il fermo del motore quando la tenda è completamente aperta o chiusa.
- Durante le operazioni d'apertura e chiusura si avrà: contatto S3 chiuso e contatto S4 chiuso.
- A tenda completamente aperta si avrà: contatto S3 aperto e contatto S4 chiuso.
- A tenda completamente chiusa si avrà: contatto S3 chiuso e contatto S4 aperto.

Lo schema elettrico del circuito di comando e segnalazione per la realizzazione dell'applicazione con il PLC SlimLine Modulo CPU Compact Ethernet LLab (vers. Relé) è riportato in FIGURA 5.40. Anche in questo caso è presente l'interblocco elettrico a livello hardware, costituito dai contatti ausiliari K1M (21-22) e K2M (21-22). Lo schema di potenza del circuito che realizza l'automatismo è riportato in FIGURA 5.41.

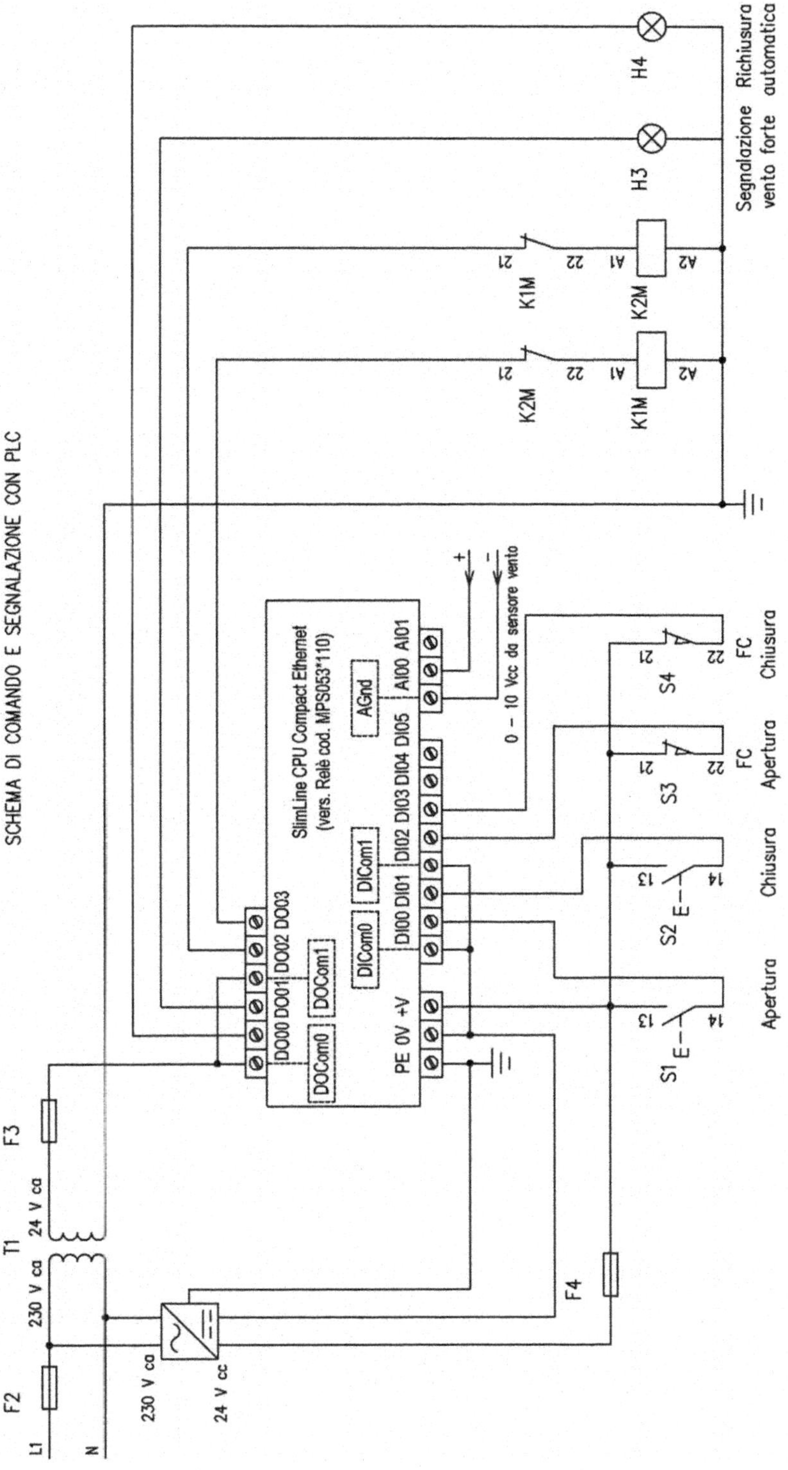

FIGURA 5.40: Schema del circuito di comando con PLC della tenda motorizzata con sensore di vento

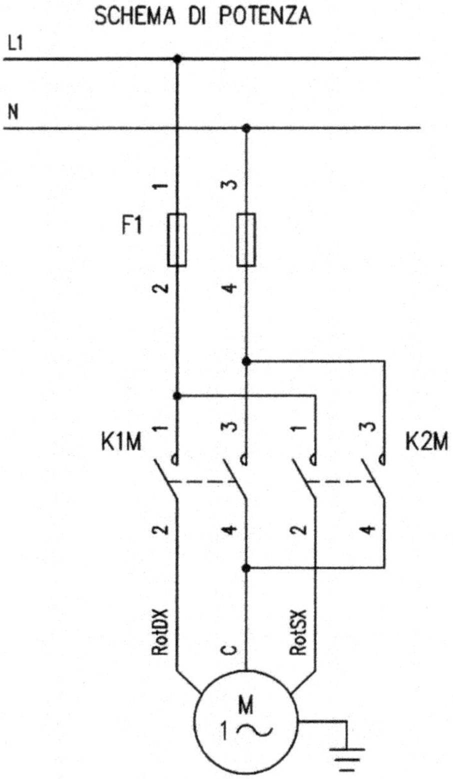

FIGURA 5.41: Schema elettrico di potenza del circuito della tenda motorizzata con sensore di vento

Le variabili globali che saranno utilizzate nei progetti di LogicLab4 in LD e in ST sono riportate nella TABELLA 5.7.

VARIABILI GLOBALI			
Nome	**Tipo**	**Indirizzo**	**Descrizione**
AperturaTenda	BOOL	%IX255.0	Pulsante N.A. S1 per comando apertura tenda
ChiusuraTenda	BOOL	%IX255.1	Pulsante N.A. S2 per comando chiusura tenda
FC_Apertura	BOOL	%IX255.2	Fine corsa tenda aperta (contatto N.C. S3)
FC_Chiusura	BOOL	%IX255.3	Fine corsa tenda chiusa (contatto N.C. S4)
BobinaK1M	BOOL	%QX255.3	Uscita digitale per alimentazione bobina contattore K1M per rotazione motore in apertura
BobinaK2M	BOOL	%QX255.2	Uscita digitale per alimentazione bobina contattore K2M per rotazione motore in chiusura
AllarmeVentoForte	BOOL	%QX255.1	Uscita digitale per alimentazione lampada H1 segnalazione velocità del vento maggiore di 20 km/h
RichiusuraAutomatica	BOOL	%QX255.0	Uscita digitale per alimentazione lampada H2 segnalazione velocità del vento maggiore di 25 km/h

TABELLA 5.7: Variabili globali definite nei progetti della tenda motorizzata con sensore di vento

La TABELLA 5.8 riporta le variabili locali definite nei programmi in LD e in ST.

VARIABILI LOCALI			
Nome	**Tipo**	**Indirizzo**	**Descrizione**
ValoreLetto	REAL	Auto	Valore di tensione letto sull'ingresso analogico 0 del modulo CPU
LetturaAnalogica	SysGetAnInp	Auto	Blocco funzione per lettura di valori analogici
AllarmePerVento	BOOL	Auto	Bobina virtuale memoria velocità del vento maggiore di 20 km/h
ChiusuraPerVento	BOOL	Auto	Bobina virtuale memoria velocità del vento maggiore di 25 km/h

TABELLA 5.8: Variabili locali definite nei programmi della tenda motorizzata con sensore di vento

Di seguito vengono presentati due progetti per quest'applicazione:

- trovate il progetto sviluppato in LD (file ***Applicazione5_LD.plcprj***) nella cartella ***Capitolo5\Applicazione5_LD*** del CD-ROM allegato. Dal progetto potrà anche essere richiamato il pannello per la simulazione del funzionamento contenuto nel workspace **TendaMotorizzata_LD**.
- trovate il progetto sviluppato in ST (file ***Applicazione5_ST.plcprj***) nella cartella ***Capitolo5\Applicazione5_ST*** del CD-ROM allegato. Dal progetto potrà anche essere richiamato il pannello per la simulazione del funzionamento contenuto nel workspace **TendaMotorizzata_ST**.

Prima di aprire il file con LogicLab4, si raccomanda di copiare la cartella sul disco rigido del computer in modo da poter effettuare le modifiche al progetto e il download delle applicazioni sul target device (maggiori informazioni sono riportate nel file ***Avvertenze.pdf*** contenuto nel CD-ROM).

IL PROGETTO APPLICAZIONE5 IN LD CON LOGICLAB4

Il programma **TendaMotorizzata_LD** in linguaggio LD, costituito da sette network, è riportato in FIGURA 5.42.

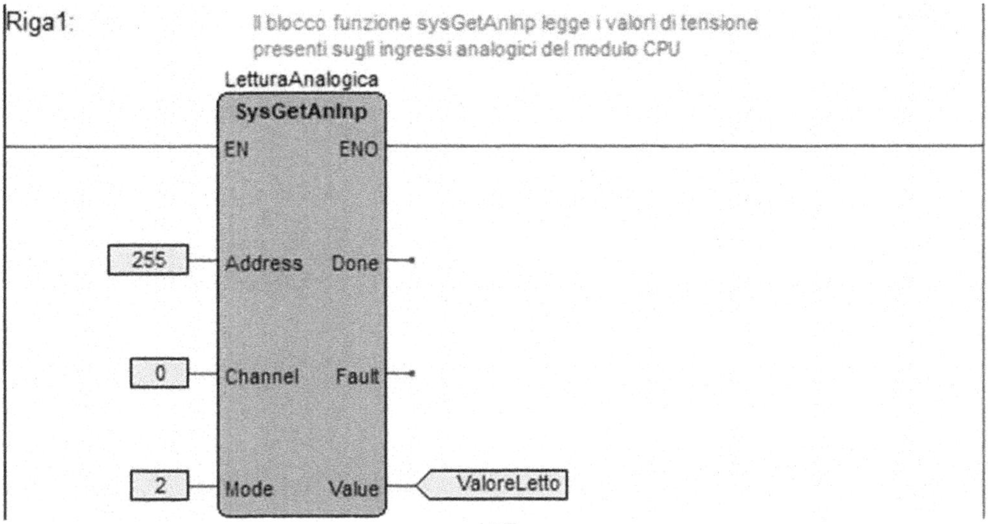

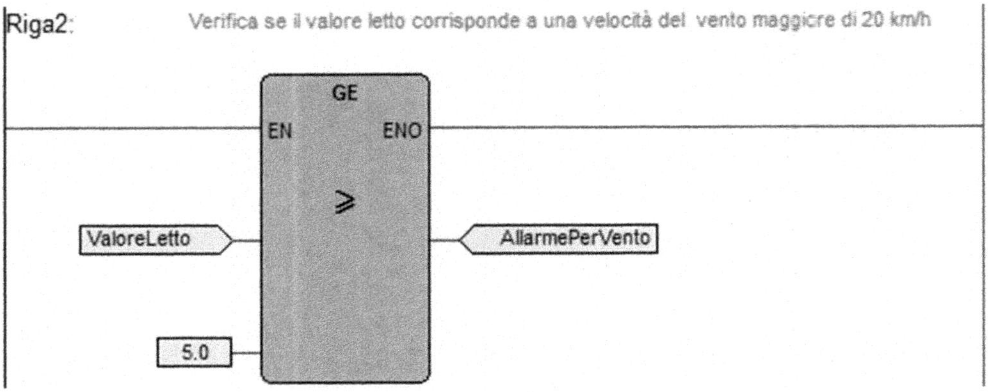
Riga2:
Verifica se il valore letto corrisponde a una velocità del vento maggiore di 20 km/h
GE
EN
ENO
ValoreLetto
AllarmePerVento
5.0

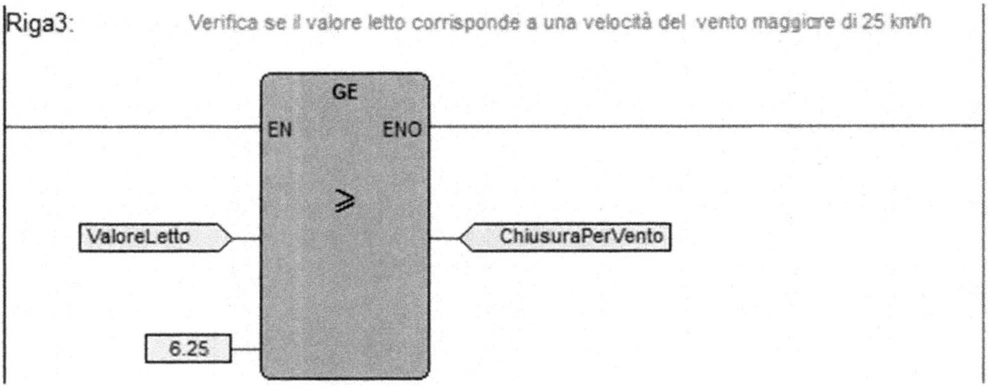
Riga3:
Verifica se il valore letto corrisponde a una velocità del vento maggiore di 25 km/h
GE
EN
ENO
ValoreLetto
ChiusuraPerVento
6.25

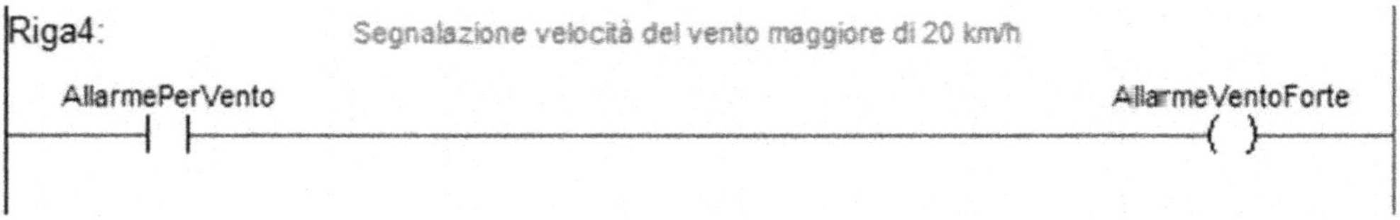
Riga4:
Segnalazione velocità del vento maggiore di 20 km/h
AllarmePerVento
AllarmeVentoForte

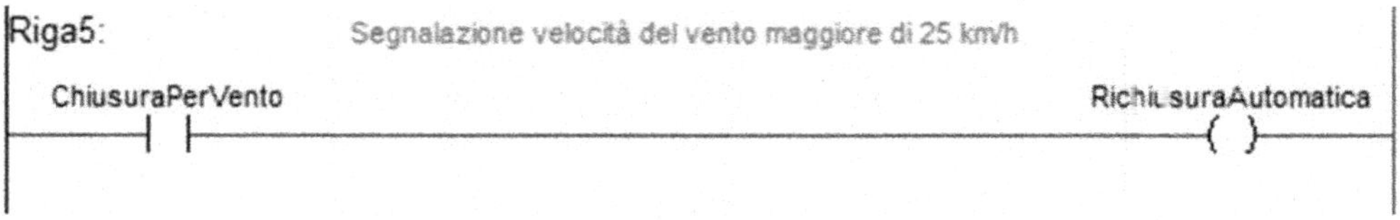
Riga5:
Segnalazione velocità del vento maggiore di 25 km/h
ChiusuraPerVento
RichiusuraAutomatica

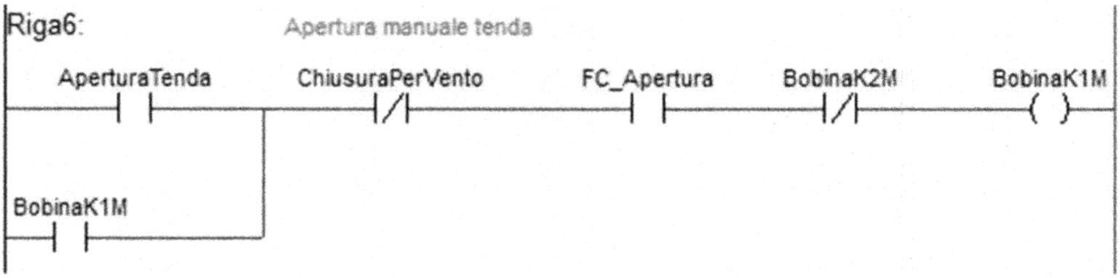
Riga6:
Apertura manuale tenda
AperturaTenda
ChiusuraPerVento
FC_Apertura
BobinaK2M
BobinaK1M
BobinaK1M

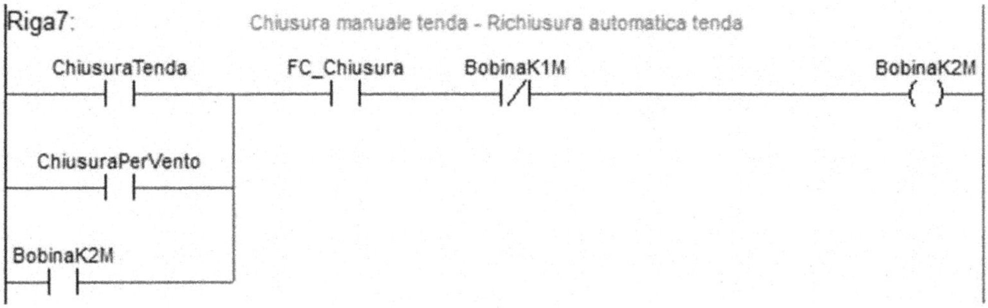

FIGURA 5.42: Programma **TendaMotorizzata_LD** della tenda motorizzata con sensore di vento

La sua esecuzione è assegnata al task **Slow**. Si noti che il blocco funzione **SysGetAnInp** esegue la lettura del valore di tensione presente sugli ingressi analogici del modulo CPU o dei moduli di espansione. Si tratta di un blocco funzione embedded, fornito con l'ambiente di sviluppo LogicLab4 che permette di accedere alle risorse hardware e software del PLC SlimLine. Esso gestisce differenti modi d'acquisizione differenti a seconda del modulo su cui è posizionato l'ingresso analogico a cui si fa riferimento.
Per acquisire gli ingressi analogici presenti sul modulo CPU occorre definire **Address** 255 e **Mode** AD_VOLT_0_10_COMMON (**Mode** = 2: Modalità acquisizione tensioni da 0 a 10 V *Common mode*). Per utilizzare il blocco, come è stato spiegato nel PARAGRAFO 4.4, occorre accedere alla finestra **Operators and blocks** e selezionare il tab **Target blocks**.

IL PROGETTO APPLICAZIONE5 IN ST CON LOGICLAB4

Il programma **TendaMotorizzata_ST** in linguaggio ST è riportato in FIGURA 5.43. La sua esecuzione può essere assegnata al task **Slow**.

```
(** Il blocco funzione sysGetAnInp legge **)
(** i valori di tensione presenti sugli  **)
(** ingressi analogici del modulo CPU    **)
    LetturaAnalogica();
    LetturaAnalogica.Address := 255;
    LetturaAnalogica.Channel := 0;
    LetturaAnalogica.Mode := 2;
    ValoreLetto := LetturaAnalogica.Value;

(** Verifica se il valore letto corrisponde a una **)
(** velocità del  vento maggiore di 20 km/h        **)
IF (ValoreLetto >= 5.0) THEN
    AllarmePerVento := TRUE;
ELSE
    AllarmePerVento := FALSE;
END_IF;
```

```
(** Verifica se il valore letto corrisponde a una **)
(** velocità del  vento maggiore di 25 km/h       **)
IF (ValoreLetto >= 6.25) THEN
    ChiusuraPerVento := TRUE;
ELSE
    ChiusuraPerVento := FALSE;
END_IF;

(** Segnalazione velocità del vento **)
(** maggiore di 20 km/h             **)
AllarmeVentoForte := AllarmePerVento;

(** Segnalazione velocità del vento **)
(** maggiore di 25 km/h             **)
RichiusuraAutomatica := ChiusuraPerVento;

(** Apertura manuale tenda **)
IF ((AperturaTenda OR BobinaK1M)
                AND NOT ChiusuraPerVento
                AND FC_Apertura
                AND NOT BobinaK2M)       THEN
    BobinaK1M := TRUE;
ELSE
    BobinaK1M := FALSE;
END_IF;

(** - Chiusura manuale tenda      **)
(** - Richiusura automatica tenda **)
IF ((ChiusuraTenda OR ChiusuraPerVento
     OR BobinaK2M) AND FC_Chiusura
                   AND NOT BobinaK1M)    THEN
    BobinaK2M := TRUE;
ELSE
    BobinaK2M := FALSE;
END_IF;
```

FIGURA 5.43: Programma **TendaMotorizzata_ST** della tenda motorizzata con sensore di vento

Cancello automatico

L'applicazione proposta realizza un sistema di comando e controllo per un cancello automatico. Viene sviluppato lo schema di comando e segnalazione con il PLC SlimLine. In seguito vengono implementati due progetti contenenti l'uno il programma in LD e l'altro il programma in ST.

DESCRIZIONE DEL FUNZIONAMENTO

Lo schema elettrico del circuito di potenza che realizza l'automatismo dipende dal tipo di motore utilizzato per la movimentazione:

- con alimentazione trifase lo schema è identico a quello utilizzato per la teleinversione di un MAT riportato in FIGURA 5.28;
- con alimentazione monofase lo schema è identico a quello utilizzato per il sistema della tenda motorizzata con sensore vento riportato in FIGURA 5.44.

Lo schema elettrico del circuito di comando e segnalazione per la realizzazione dell'applicazione con il PLC SlimLine Modulo CPU Compact Ethernet LLab (vers. Relé) è riportato in FIGURA 5.42. Anche in questo caso è presente l'interblocco elettrico a livello hardware, costituito dai contatti ausiliari K1M (21-22) e K2M (21-22). Le modalità di funzionamento dell'automatismo sono descritte di seguito.

- Quando il cancello è completamente aperto o chiuso, l'azionamento del pulsante a chiave S1 (o del contatto S2 posto in parallelo e comandato dal radiocomando) avvia la chiusura o l'apertura del cancello.
- Se il cancello è in fase di apertura, l'azionamento del pulsante a chiave S1 (o del contatto S2 posto in parallelo e comandato dal radiocomando), se non sono presenti ostacoli che facciano intervenire la barriera IR, avvia la chiusura del cancello.
- Se il cancello è in fase di chiusura, l'azionamento del pulsante a chiave S1 (o del contatto S2 posto in parallelo e comandato dal radiocomando) avvia l'apertura del cancello.
- Se il cancello è in fase di chiusura, l'apertura del contatto N.C. S3, dovuto all'interruzione del fascio che va dal trasmettitore al ricevitore della barriera a infrarossi (IR), blocca immediatamente la chiusura del cancello e ne comanda la riapertura dopo un secondo.
- I contatti di posizione di chiusura N.C. (finecorsa), S4 (per l'apertura) e S5 (per la chiusura), comandano il fermo del motore quando il cancello è completamente aperto o chiuso.

- A cancello completamente aperto si avrà: contatto S4 aperto e contatto S5 chiuso.
- A cancello completamente chiuso si avrà: contatto S4 chiuso e contatto S5 aperto.
- Il cancello si richiude automaticamente, se non sono presenti ostacoli che facciano intervenire la barriera IR, dopo 15 secondi dalla sua completa apertura.
- Durante le operazioni di apertura e chiusura si avrà: contatto S4 chiuso e contatto S5 chiuso. Questa condizione si presenta anche nel caso in cui si verifichi la mancanza di energia elettrica durante la fase di movimentazione del cancello.
- Il cancello rimasto aperto per mancanza di energia elettrica, si richiude automaticamente, se non sono presenti ostacoli che facciano intervenire la barriera IR, al ritorno dell'energia elettrica.

Le variabili globali che saranno utilizzate nei progetti di LogicLab4 in LD e in ST sono riportate nella TABELLA 5.9.

VARIABILI GLOBALI			
Nome	Tipo	Indirizzo	Descrizione
ApreChiude	BOOL	%IX255.0	Pulsante N.A. S1 e contatto S2 per comando apertura e chiusura cancello
BarrieraIR	BOOL	%IX255.1	Contatto N.C. S3 barriera IR
FC_CancAperto	BOOL	%IX255.2	Fine corsa cancello aperto (contatto N.C. S4)
FC_CancChiuso	BOOL	%IX255.3	Fine corsa cancello chiuso (contatto N.C. S5)
BobinaK1M	BOOL	%QX255.3	Uscita digitale per alimentazione bobina contattore K1M per rotazione motore in apertura
BobinaK2M	BOOL	%QX255.2	Uscita digitale per alimentazione bobina contattore K2M per rotazione motore in chiusura
L1	BOOL	%QX255.1	Uscita digitale per alimentazione lampada H1 segnalazione cancello in movimento
MemoriaChiusura	BOOL	Auto	Bobina virtuale memoria cancello in chiusura

TABELLA 5.9: Variabili globali definite nei programmi del cancello automatico

La TABELLA 5.10 riporta le variabili locali comuni, definite e utilizzate nei programmi in LD e in ST. La TABELLA 5.11 riporta le variabili locali definite e utilizzate solo nel programma **CancelloAutomatico_ST** in ST. Si tratta di tre variabili booleane ausiliarie utilizzate per implementare il codice con funzionamento equivalente al contatto ladder sensibile al fronte di salita (per la variabile *ApreChiude*) e al contatto ladder sensibile al fronte di discesa (per le variabili *FC_CancAperto* e *FC_CancChiuso*).

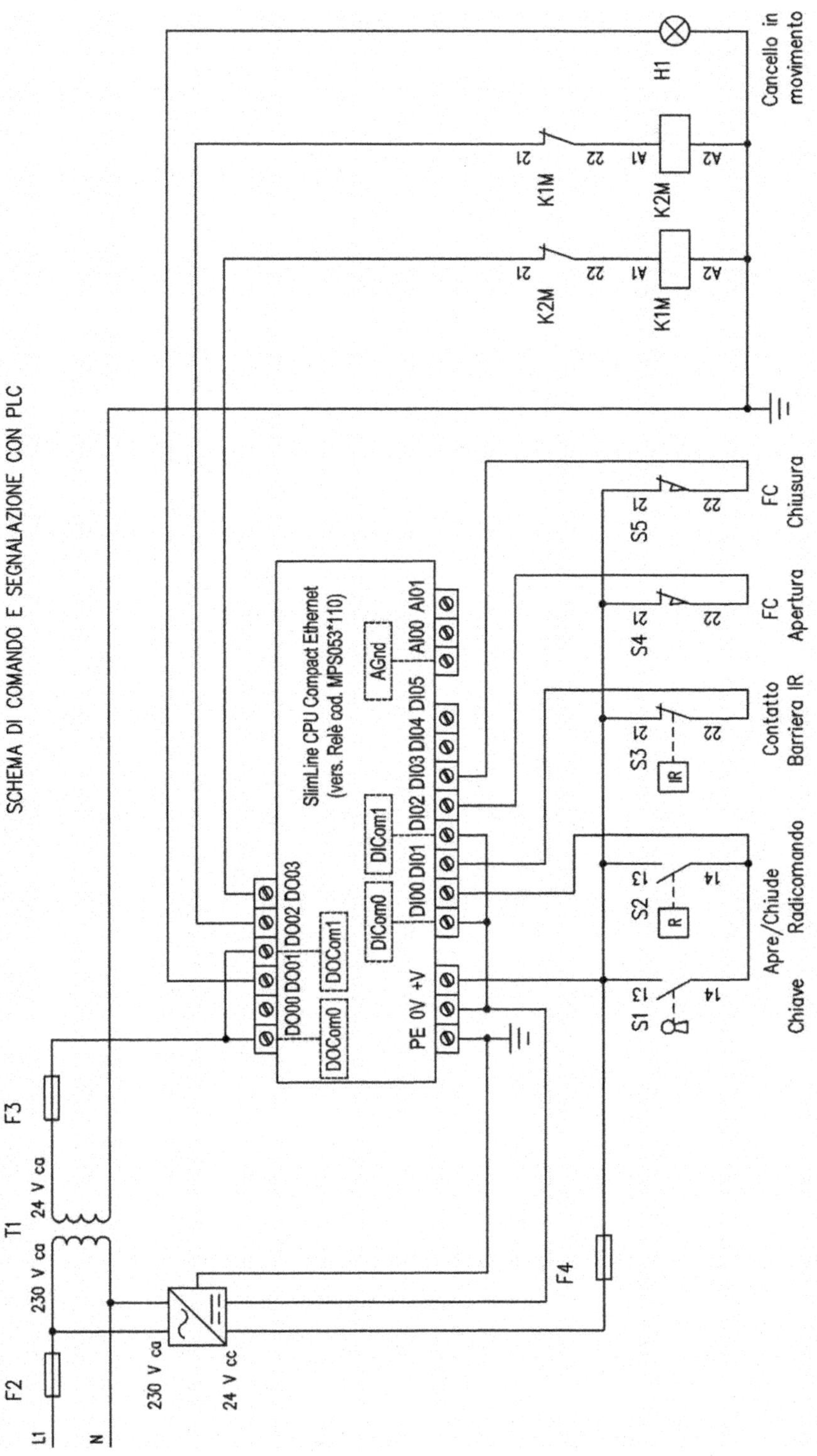

FIGURA 5.44: Schema del circuito con PLC Elsist del cancello automatico

VARIABILI LOCALI COMUNI UTILIZZATE DAI PROGRAMMI IN LD E IN ST			
Nome	**Tipo**	**Indirizzo**	**Descrizione**
MemoriaApertura	BOOL	Auto	Bobina virtuale memoria cancello in apertura
InterruzioneIR	BOOL	Auto	Bobina virtuale memoria interruzione fascio barriera IR con cancello in chiusura
Temp_Rit_Riapertura	eTON	Auto	Temporizzatore ritardo di 1 secondo per riapertura automatica cancello in seguito a interruzione fascio barriera IR
Temp_Richiusura	eTON	Auto	Temporizzatore ritardo di 15 secondi per richiusura automatica cancello
AperturaSuChiusura	BOOL	Auto	Bobina virtuale memoria richiesta APERTURA quando il cancello è in chiusura
ChiusuraSuApertura	BOOL	Auto	Bobina virtuale memoria richiesta CHIUSURA quando il cancello è in apertura
Temp_Rit_Chiusura	eTON	Auto	Temporizzatore ritardo di 1 secondo per chiusura cancello in seguito a richiesta CHIUSURA quando il cancello è in apertura
Temp_Rit_Apertura	eTON	Auto	Temporizzatore ritardo di 1 secondo per apertura cancello in seguito a richiesta APERTURA quando il cancello è in chiusura
Lampeggiante	BLINK	Auto	Blocco funzione BLINK per segnalazione cancello in movimento

TABELLA 5.10: Variabili locali comuni utilizzate dai programmi in LD e in ST del cancello automatico

VARIABILI LOCALI UTILIZZATE SOLO DAL PROGRAMMA IN ST				
Nome	**Tipo**	**Indirizzo**	**Valore Iniziale**	**Descrizione**
FS_ApreChiude	BOOL	Auto	FALSE	Variabile ausiliaria per l'implementazione del codice equivalente al contatto ladder su fronte di salita per la variabile ApreChiude
FD_FC_CancAperto	BOOL	Auto	TRUE	Variabile ausiliaria per l'implementazione del codice equivalente al contatto ladder su fronte di discesa per la variabile FC_CancAperto
FD_FC_CancChiuso	BOOL	Auto	TRUE	Variabile ausiliaria per l'implementazione del codice equivalente al contatto ladder su fronte di discesa per la variabile FC_CancChiuso

TABELLA 5.11: Variabili locali utilizzate solo dal programma in ST del cancello automatico

Di seguito vengono presentati due progetti per quest'applicazione:

- trovate il progetto sviluppato in LD (file ***Applicazione6_LD.plcprj***) nella cartella ***Capitolo5\Applicazione6_LD*** del CD-ROM allegato. Dal progetto potrà anche essere richiamato il pannello per la simulazione del funzionamento contenuto nel workspace **CancelloAutomatico_LD**.
- trovate il progetto sviluppato in ST (file ***Applicazione6_ST.plcprj***) nella cartella ***Capitolo5\Applicazione6_ST*** del CD-ROM allegato. Dal progetto potrà anche essere richiamato il pannello per la simulazione del funzionamento contenuto nel workspace **CancelloAutomatico_ST**.

Prima di aprire il file con LogicLab4, si raccomanda di copiare la cartella sul disco rigido del computer in modo da poter effettuare le modifiche al progetto e il download delle applicazioni sul target device (maggiori informazioni sono riportate nel file ***Avvertenze.pdf*** contenuto nel CD-ROM).

IL PROGETTO APPLICAZIONE6 IN LD CON LOGICLAB4

Il programma principale **CancelloAutomatico_LD** in linguaggio LD, costituito da quattordici network, è riportato in FIGURA 5.45. La sua esecuzione viene assegnata al task **Fast**.

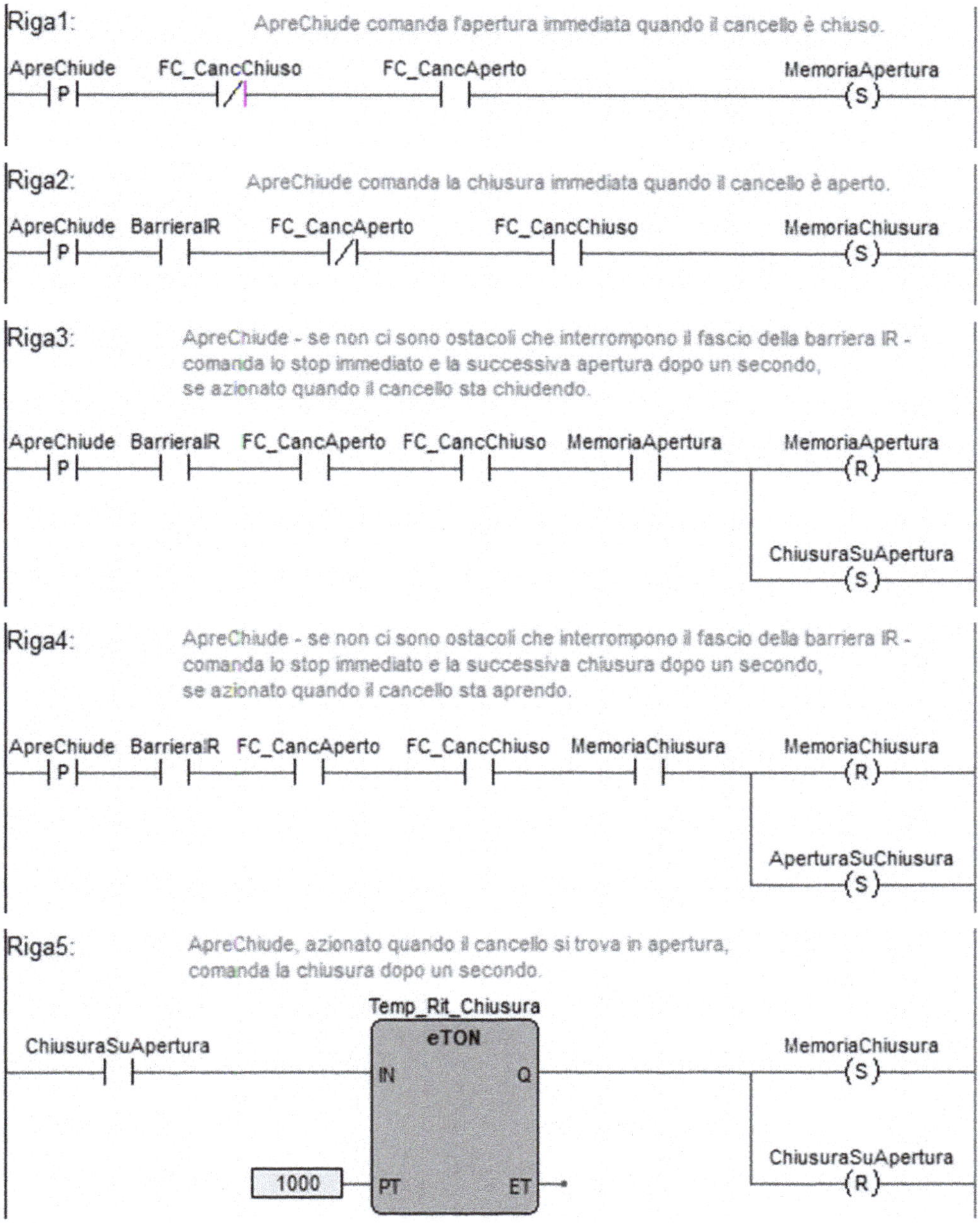

Riga6: ApreChiude, azionato quando il cancello si trova in chiusura, comanda l'apertura dopo un secondo.

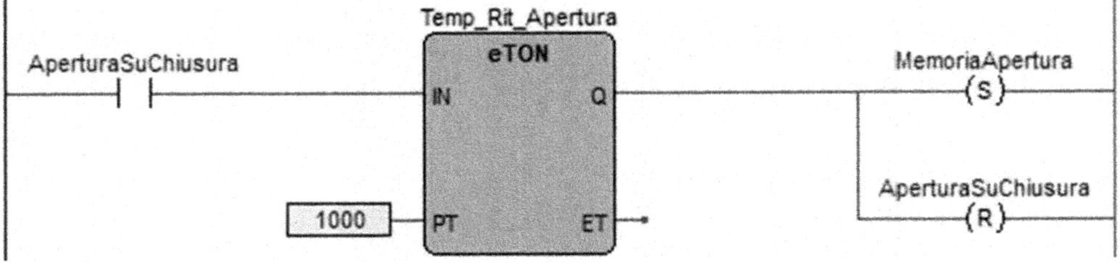

Riga7: L'interruzione del fascio della barriera IR, se il cancello si trova in chiusura, blocca la chiusura e abilita il comando di riapertura automatica dopo un secondo.

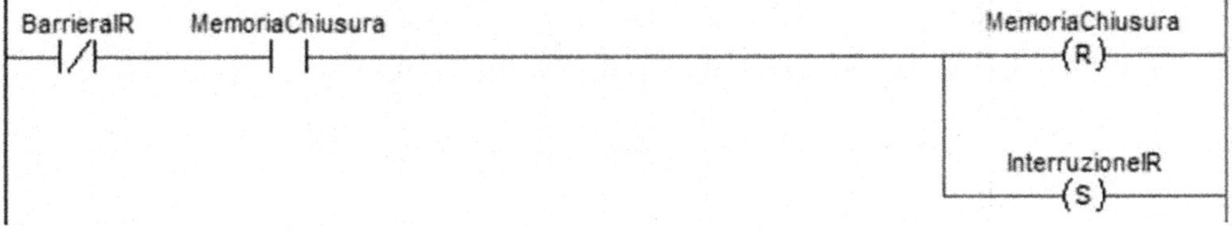

Riga8: Introduce un ritardo sulla riapertura automatica di un secondo.

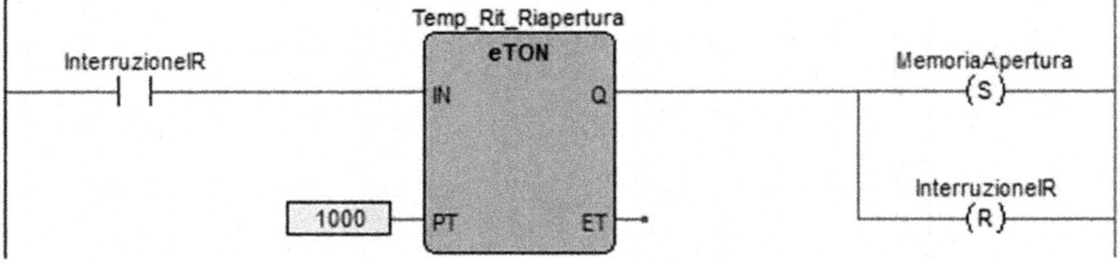

Riga9: Il temporizzatore comanda la richiusura automatica del cancello dopo 15 secondi dall'apertura se non è presente un ostacolo che interrompe il fascio della barriera IR.

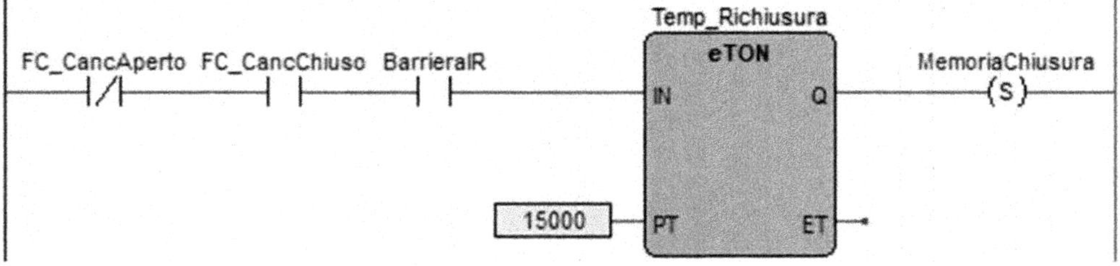

Riga10: Il finecorsa di apertura resetta la bobina virtuale memoria cancello in apertura quando il cancello si è aperto.

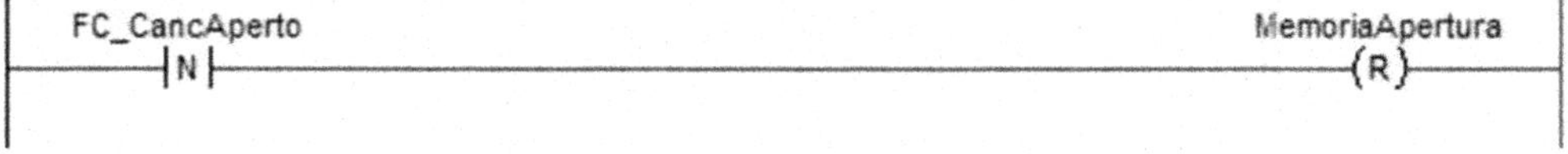

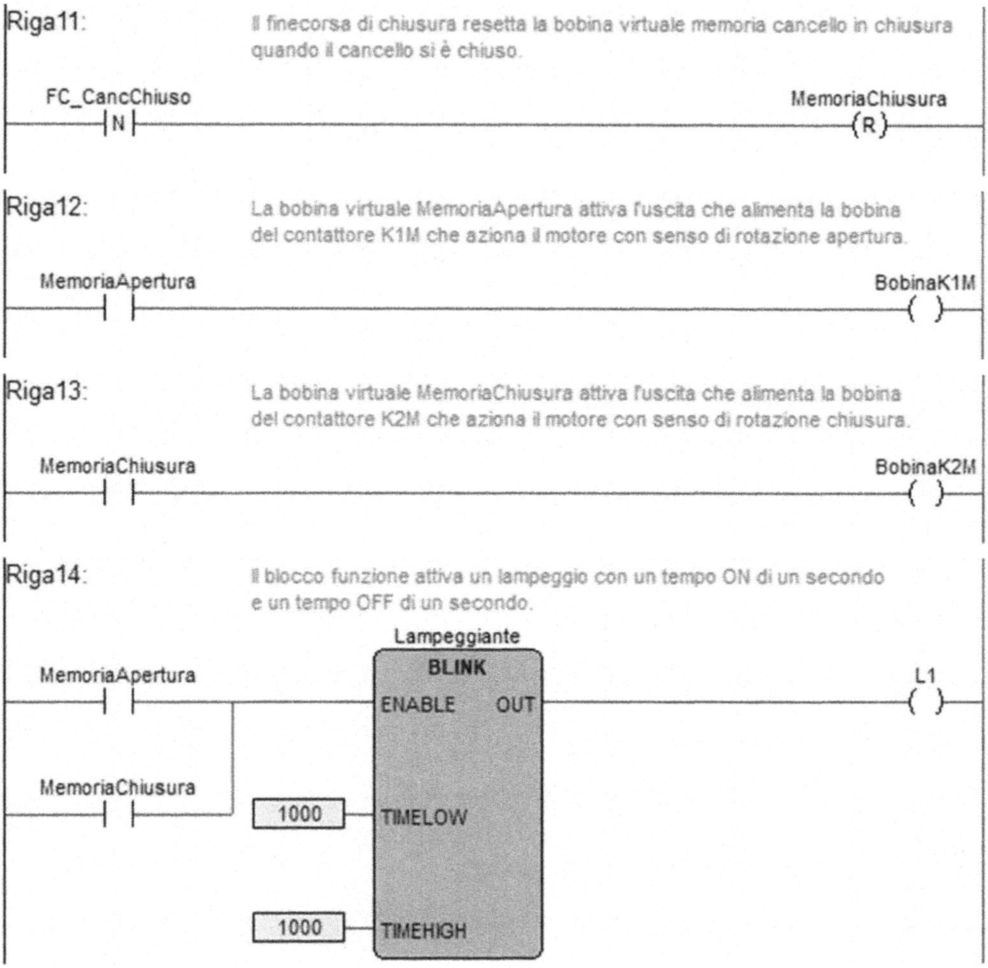

FIGURA 5.45: Programma **CancelloAutomatico_LD** del cancello automatico

Si noti che la funzione di lampeggiante è ottenuta con l'impiego del blocco funzione **BLINK**, nel quale tramite il pin **TIMELOW** si definisce il tempo in cui l'uscita **OUT** rimane nello stato logico **low** e tramite il pin **TIMEHIGH** si definisce il tempo in cui l'uscita **OUT** rimane nello stato logico **high**. I tempi sono espressi in mS. Il blocco funzione è contenuto all'interno della libreria **eLLabUtyLib_C040.plclib** che si trova nella directory ***C:\Programmi\Elsist\ LogicLab\Libraries***.

Il secondo programma in linguaggio LD contenuto nel progetto, **MancanzaEnergia_LD**, costituito da un solo network, è riportato in FIGURA 5.46. La sua esecuzione viene assegnata al task **Boot** e quindi sarà eseguito una sola volta in fase di inizializzazione del target device. Qualora il cancello fosse rimasto aperto per mancanza di energia elettrica, la variabile globale *MemoriaChiusura* assume il valore **true** e il cancello si richiude automaticamente.

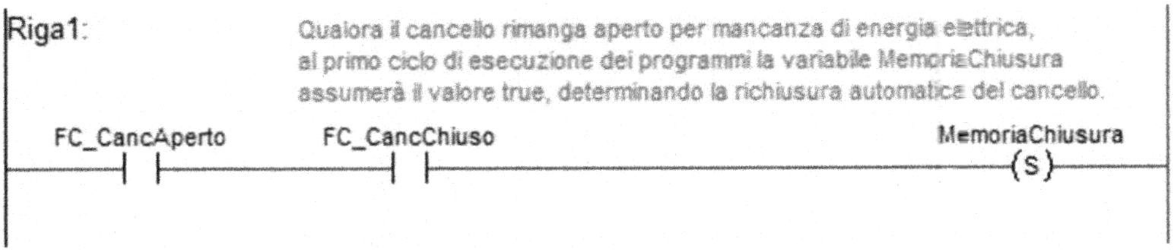

FIGURA 5.46: Programma **MancanzaEnergia_LD** del cancello automatico

Il progetto Applicazione6 in ST con LogicLab4

Il programma **CancelloAutomatico_ST** in linguaggio ST è riportato in FIGURA 5.47. La sua esecuzione viene assegnata al task **Fast**.

```
IF (ApreChiude <> FS_ApreChiude) THEN
    FS_ApreChiude := ApreChiude;

    (** Fronte di salita di ApreChiude **)
    IF (ApreChiude) THEN

        (** ApreChiude comanda l'apertura **)
        (** immediata quando il cancello  **)
        (**  è chiuso.                    **)
        IF (NOT FC_CancChiuso
                                AND FC_CancAperto) THEN
            MemoriaApertura := TRUE;
        END_IF;

        (** Se non ci sono ostacoli che  **)
        (** interrompono il fascio della **)
        (** barriera IR.                 **)
        IF (BarrieraIR) THEN

            (** ApreChiude comanda la chiusura **)
            (** immediata quando il cancello   **)
            (** è aperto.                      **)
            IF (NOT FC_CancAperto
                                AND FC_CancChiuso) THEN
                MemoriaChiusura := TRUE;
            END_IF;

            (** ApreChiude comanda l'apertura **)
            (** immediata quando il cancello  **)
            (** è chiuso.                     **)
            IF (NOT FC_CancChiuso
                                AND FC_CancAperto) THEN
                MemoriaApertura := TRUE;
            END_IF;

```

```
            (** ApreChiude comanda lo stop           **)
            (** immediato e la successiva apertura **)
            (** dopo un secondo se azionato quando **)
            (** il cancello sta chiudendo.           **)
            IF (FC_CancAperto AND FC_CancChiuso
                            AND MemoriaApertura) THEN
                MemoriaApertura := FALSE;
                ChiusuraSuApertura := TRUE;
            END_IF;

            (** ApreChiude comanda lo stop           **)
            (** immediato e la successiva chiusura **)
            (** dopo uns econdo se azionato quando **)
            (** il cancello sta aprendo.             **)
            IF (FC_CancAperto AND FC_CancChiuso
                            AND MemoriaChiusura) THEN
                MemoriaChiusura := FALSE;
                AperturaSuChiusura := TRUE;
            END_IF;
        END_IF;
    END_IF;
END_IF;

(** ApreChiude, azionato quando il cancello si **)
(** trova in apertura,comanda la chiusura      **)
(** dopo un secondo.                           **)
Temp_Rit_Chiusura();
Temp_Rit_Chiusura.IN := ChiusuraSuApertura;
Temp_Rit_Chiusura.PT := 1000;
IF (Temp_Rit_Chiusura.Q) THEN
    MemoriaChiusura := TRUE;
    ChiusuraSuApertura:= FALSE;
END_IF;

(** ApreChiude, azionato quando il cancello si **)
(** trova in chiusura,comanda l'apertura       **)
(** dopo un secondo.                           **)
Temp_Rit_Apertura();
Temp_Rit_Apertura.PT := 1000;
Temp_Rit_Apertura.IN := AperturaSuChiusura;
IF (Temp_Rit_Apertura.Q) THEN
    MemoriaApertura := TRUE;
    AperturaSuChiusura := FALSE;
END_IF;

(** L'interruzione del fascio della barriera IR, **)
(** se il cancello si trova in chiusura,         **)
(** blocca la chiusura e abilita il comando di   **)
(** riapertura automatica dopo un secondo.       **)
IF (NOT BarrieraIR AND MemoriaChiusura) THEN
    MemoriaChiusura := FALSE;
    InterruzioneIR := TRUE;
END_IF;

```

```
(** Introduce un ritardo sulla riapertura **)
(** automatica di un secondo.             **)
Temp_Rit_Riapertura();
Temp_Rit_Riapertura.PT := 1000;
Temp_Rit_Riapertura.IN := InterruzioneIR;
IF (Temp_Rit_Riapertura.Q) THEN
    MemoriaApertura := TRUE;
    InterruzioneIR := FALSE;
END_IF;

(** Il temporizzatore comanda la richiusura      **)
(** automatica del cancello dopo 15 secondi      **)
(** dall'apertura se non è presente un ostacolo **)
(** che interrompe il fascio della barriera IR. **)
Temp_Richiusura();
Temp_Richiusura.PT := 15000;
Temp_Richiusura.IN := (NOT FC_CancAperto
                       AND FC_CancChiuso
                       AND BarrieraIR);
IF (Temp_Richiusura.Q) THEN
    MemoriaChiusura := TRUE;
END_IF;


(** Il finecorsa di apertura resetta la bobina **)
(** virtuale memoria cancello in apertura       **)
(** quando il cancello si è aperto.             **)
IF (FC_CancAperto <> FD_FC_CancAperto) THEN
    FD_FC_CancAperto := FC_CancAperto;

    (** Fronte di discesa di FC_CancAperto  **)
    IF (NOT FC_CancAperto) THEN
        MemoriaApertura := FALSE;
    END_IF;
END_IF;

(** Il finecorsa di chiusura resetta la bobina **)
(** virtuale memoria cancello in chiusura       **)
(** quando il cancello si è chiuso.             **)
IF (FC_CancChiuso <> FD_FC_CancChiuso) THEN
    FD_FC_CancChiuso := FC_CancAperto;

    (** Fronte di discesa di FC_CancChiuso  **
    IF (NOT FC_CancChiuso) THEN
        MemoriaChiusura := FALSE;
    END_IF;
END_IF;

(** La bobina virtuale MemoriaApertura        **
(** attiva l'uscita che alimenta la bobina    **
(** del contattore K1M che aziona il motore **
(** con senso di rotazione apertura.          **
BobinaK1M:= MemoriaApertura;
```

```
(** La bobina virtuale MemoriaChiusura       **
(** attiva l'uscita che alimenta la bobina  **
(** del contattore K2M che aziona il motore **
(** con senso di rotazione chiusura.        **
BobinaK2M:= MemoriaChiusura;

(** Il blocco funzione attiva un lampeggio **)
(** con un tempo ON di un secondo          **)
(** e un tempo OFF di un secondo.          **)
Lampeggiante();
Lampeggiante.ENABLE := (MemoriaApertura OR
                        MemoriaChiusura);
Lampeggiante.TIMELOW := 1000;
Lampeggiante.TIMEHIGH := 1000;
Lampeggiante.TIMELOW := 1000;
L1:= Lampeggiante.OUT;
```

FIGURA 5.47: Programma **CancelloAutomatico_ST** del cancello automatico

Il secondo programma in linguaggio ST contenuto nel progetto, **MancanzaEnergia_ST**, è riportato in FIGURA 5.48. La sua esecuzione viene assegnata al task **Boot** e quindi sarà eseguito una sola volta in fase di inizializzazione del target device.

```
(** Qualora il cancello rimanga aperto per mancanza **)
(** di energia elettrica,al primo ciclo di esecu-   **)
(** zione dei programmi la variabile Memoria-       **)
(** Chiusura assumerà il valore true, determinando  **)
(** la richiusura automatica del cancello.          **)

IF (FC_CancAperto AND FC_CancChiuso) THEN
    MemoriaChiusura := TRUE;
END_IF;
```

FIGURA 5.48: Programma **MancanzaEnergia_ST** del cancello automatico

CAPITOLO 6

I manuali d'uso e di programmazione di LogigLab4

6.1 – Il Manuale utente di LogicLab

Il *Manuale utente di LogicLab,* sviluppato da Axel e distribuito con il software, è un prezioso strumento di lavoro che supporta l'utente in tutte le attività correlate allo sviluppo di un'applicazione per il PLC. Nei capitoli precedenti abbiamo già visto come utilizzare il tool di sviluppo LogicLab. Nel seguito è riportata una sintesi del manuale riferita alla gestione degli elementi del progetto, all'utilizzo di alcuni strumenti e al compilatore. Il manuale in lingua italiana può essere richiamato dal bottone di **Avvio** sulla **Barra degli Strumenti**, cliccando su **Programmi ⇒ Elsist ⇒ Logiclab Help (it)**, come indicato in FIGURA 6.1.

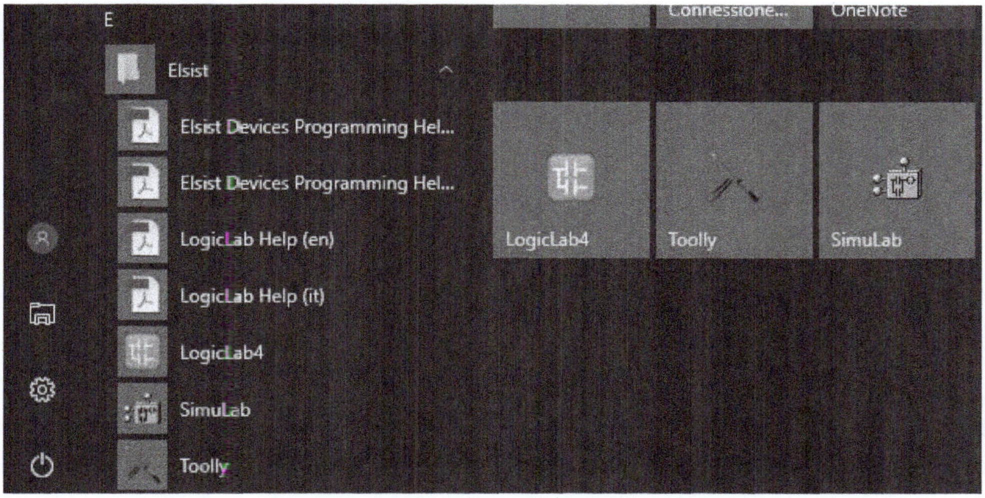

FIGURA 6.1: Richiamo della versione in italiano del *Manuale utente di LogicLab*

GESTIRE GLI ELEMENTI DEL PROGETTO

LogicLab utilizza, come componenti fondamentali per lo sviluppo delle applicazioni software, i *Programmi*, i *Blocchi Funzione* e le *Funzioni*. Essi vengono definiti dallo standard IEC come *Program Organization Unit* (*POU*).

Il manuale di LogicLab descrive dettagliatamente come gestire tutti gli elementi che compongono un progetto, ovvero: *Program Organization Units* (*POUs*), *task*, *tipi di dati derivati* e *variabili* del progetto.

CREARE UNA NUOVA PROGRAM ORGANIZATION UNIT (POU)

Si può creare una nuova POU dal menu **Project ⇒ New object**, come mostrato in FIGURA 6.2 (A).

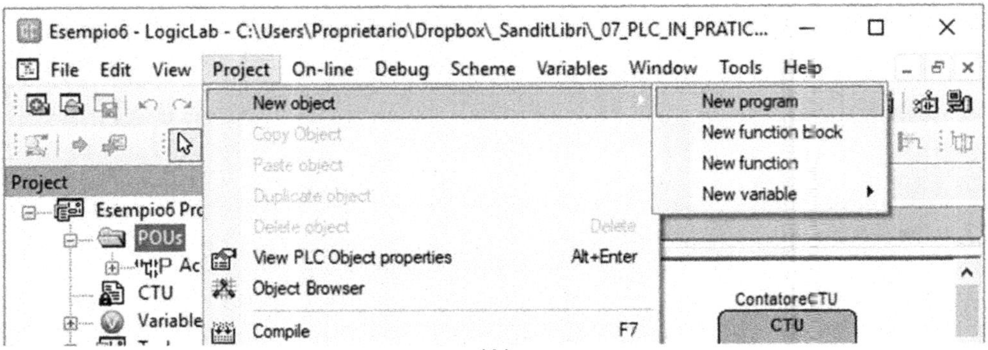

(A)

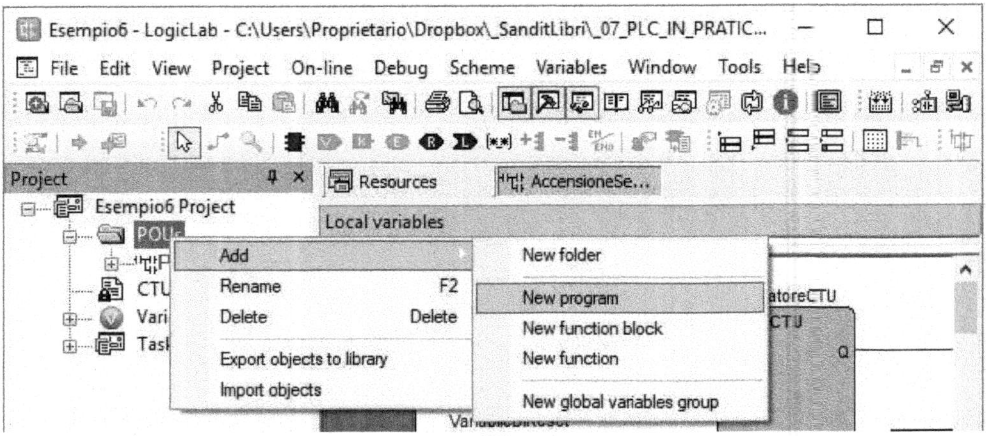

(B)

FIGURA 6.2: Creazione di una nuova POU nel progetto

In alternativa si può procedere eseguendo un clic con il tasto destro del mouse sull'icona di una della cartella **POUs**, contenuta nell'*albero di progetto* nella finestra degli strumenti **Workspace**, come mostrato in FIGURA 6.2 (B).

CONFIGURAZIONE DEI TASK

Abbiamo visto nei capitoli precedenti che un programma per poter essere eseguito deve essere assegnato a un task. Ogni task è caratterizzato da un ben specificato periodo di esecuzione, che può essere visualizzato nella finestra di dialogo **Task configuration** che appare selezionando la voce **Task configuration** dal menu di pop-up quando si clicca con il tasto destro del mouse sul nome del task, come mostrato in FIGURA 6.3. I tempi di loop dei task sono impostabili tramite specifiche funzioni del target device.

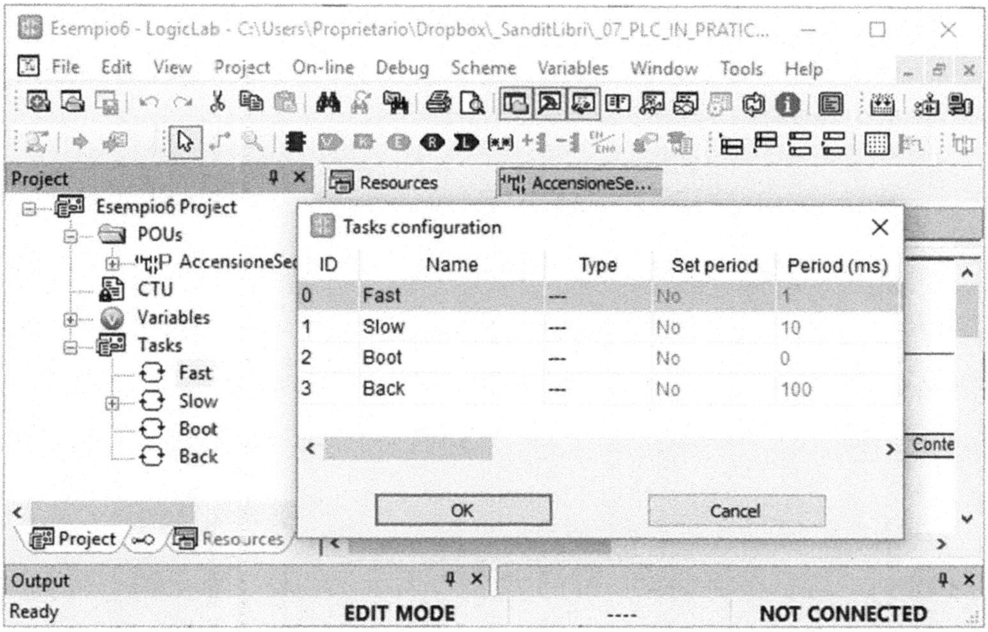

FIGURA 6.3: Configurazione dei task

VARIABILI GLOBALI

Le variabili globali possono essere visualizzate e consultate da qualsiasi modulo del progetto. Esse sono elencate nell'albero del progetto, nella cartella **Global variables**, dove sono ulteriormente classificate, secondo le loro proprietà, come indicato di seguito.

- **Variabili Automatiche**: includono tutte le variabili che il compilatore PLC alloca automaticamente in una posizione appropriata della memoria del target device.
- **Variabili Mapped**: hanno un indirizzo assegnato nel sistema logico di indirizzi del target device, che deve essere specificato dallo sviluppatore.
- **Variabili Costanti**: sono quelle che lo sviluppatore dichiara come aventi l'attributo **CONSTANT**, così che non possano essere scritte dal programma.
- **Variabili Retain**: sono quelle che lo sviluppatore indica come aventi l'attributo **RETAIN**, cosicché i loro valori siano memorizzati in un'area della memoria persistente del target device anche a PLC spento.

VARIABILI LOCALI

Le variabili locali sono dichiarate all'interno di una POU (programma, funzione o blocco funzione). Esse sono accessibili solo per il modulo in cui sono state dichiarate. Le variabili locali sono elencate nell'albero del progetto sotto alla POU in cui sono state dichiarate, quando questa è aperta per la modifica.

TIPI DI DATI PREDEFINITI IN LOGIGLAB

Un certo numero di tipi di dati elementari (ovvero predefiniti) sono resi disponibili da LogicLab, tutti compatibili con lo standard IEC 61131-3.
Nella TABELLA 6.1 sono descritti i tipi di dati elementari; la parola chiave riservata che identifica ciascun tipo di dato usato nella programmazione, il numero di bit di ogni elemento e la gamma di valori per ciascun tipo di dato.

Parola chiave	Tipo di dato	Bit	Gamma valori
BOOL	Booleano a un bit	1	0 *o* 1
SINT	Intero a 8 bit con segno	8	*da* -128 *a* 127
USINT	Intero a 8 bit senza segno	8	*da* 0 *a* 255
INT	Intero a 16 bit con segno	16	*da* -32768 *a* 32767
UINT	Intero a 16 bit con segno	16	*da* 0 *a* 65536
DINT	Intero a 32 bit con segno	32	*da* -2^{31} *a* $2^{31}-1$
UDINT	Intero a 32 bit senza segno	32	*da* 0 *a* 2^{32}
BYTE	Stringa di 8 bit	8	—
WORD	Stringa di 16 bit	16	—
DWORD	Stringa di 32 bit	32	—
REAL	Numero reale a 32 bit	32	*da* -3.40E+38 *a* +3.40E+38
STRING	Stringa di caratteri	—	—

TABELLA 6.1: Tipi di dati predefiniti disponibili in LogicLab

Si noti che la reale implementazione del tipo di dato **BOOL** dipende dal processore del target device, per esempio è lungo 1 bit per i device che hanno un'area bit-indirizzabile.

TIPI DI DATI DERIVATI IN LOGIGLAB

Oltre ai dati elementari LogicLab consente di definire tipi di dati derivati. La trattazione di tale argomento esula dagli scopi del presente testo. Per approfondimenti si può fare riferimento al manuale d'uso di LogicLab.

OBJECT BROWSER

L'**Object browser**, mostrato in FIGURA 6.4, è un efficace strumento di LogicLab per navigare tra gli oggetti all'interno del progetto che può essere aperto in tre modalità differenti:

- modalità **Browser**;
- modalità **Import object**;
- modalità **Select object**.

Abbiamo già usato nei precedenti capitoli tale strumento. Il suo utilizzo è particolarmente semplice e intuitivo.

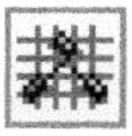

Cliccare sul bottone **Object browser** della barra dei comandi **Project** per aprire l'**Object browser**. Lo stesso risultato può essere ottenuto tramite il menu **Project ⇒ Object Browser**.

Per eventuali approfondimenti si può fare riferimento al manuale d'uso di LogicLab.

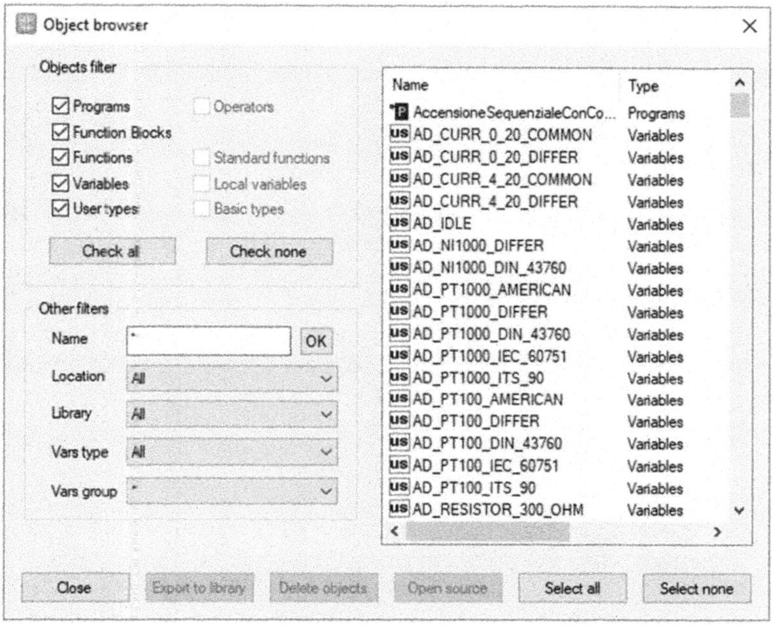

FIGURA 6.4: L'**Object browser** di LogicLab

RICERCA CON IL COMANDO FIND IN PROJECT

Quando il progetto è di dimensioni notevoli può essere utile usare il comando **Find in project** che trova tutte le ricorrenze di una specifica stringa di caratteri nel progetto. La finestra di dialogo del comando è visibile in FIGURA 6.5.

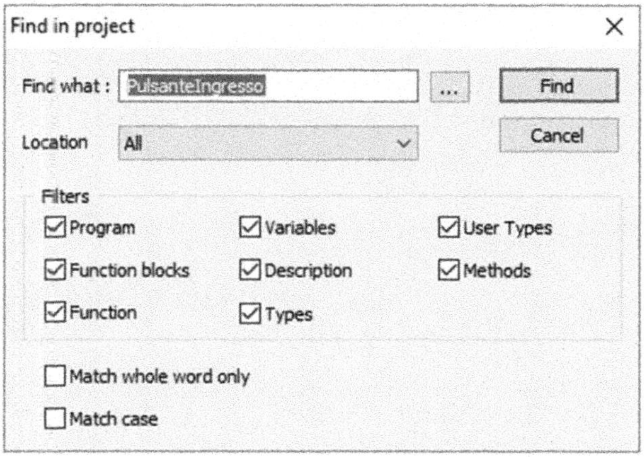

FIGURA 6.5: La finestra di dialogo del comando **Find in project** di LogicLab

Cliccare sul bottone **Find in project** della barra dei comandi **Main** per aprire la finestra di dialogo del comando **Find in project**. Lo stesso risultato può essere ottenuto tramite il menu **Edit ⇒ Find in project** o, utilizzando la combinazione di scelta rapida, premendo i tasti <Ctrl>+<Shift>+<F>.

L'utilizzo del comando **Find in project** è particolarmente semplice e intuitivo. Per eventuali approfondimenti si può fare riferimento al manuale d'uso di LogicLab.

OUTPUT DEL COMPILATORE

Abbiamo visto nei capitoli precedenti che un programma per poter essere eseguito deve essere compilato. La compilazione consiste nell'operazione di traduzione automatica del codice sorgente del PLC in un codice binario che può essere eseguito dal processore del target device. Il manuale di LogicLab descrive dettagliatamente le operazioni necessarie per compilare un progetto. Al termine dell'operazione di compilazione nella finestra **Output** viene visualizzato un report, l'ultima stringa del quale ha il seguente formato: `m warnings, n errors..`

Condizione	Descrizione
`n>0`	Errori di compilazione. Il codice PLC contiene uno o più errori gravi, che non possono essere aggirati dal compilatore.
`n=0, m>0`	*Warning* di compilazione. Il codice PLC contiene uno o più errori minori, che il compilatore individua e aggira automaticamente. Si è comunque informati che il programma PLC può comportarsi in una maniera diversa da quella che ci si aspetta. È opportuno eliminare questi warning modificando e ricompilando l'applicazione affinché non appaiano più messaggi di warning.
`n=m=0`	Il codice PLC è interamente corretto, la compilazione è eseguita. Si dovrebbe sempre lavorare con `0 warning, 0 error.`

TABELLA 6.2: Significato dell'ultima stringa del report visualizzato dopo la compilazione in LogicLab

Tale stringa, il cui significato è riportato in TABELLA 6.2, informa l'utente del risultato della compilazione.

ERRORI DEL COMPILATORE

Quando l'applicazione contiene uno o più errori, nella finestra **Output** vengono riportate alcune preziose informazioni per ognuno di essi. L'informazione comprende:

- il nome della POU che presenta l'errore;
- il numero della linea del codice sorgente in cui l'errore si è verificato;

- se si tratta di un errore bloccante (*error*) o di un errore minore che il compilatore può aggirare (*warning*);
- il codice dell'errore;
- la descrizione dell'errore.

Cliccando due volte sul messaggio d'errore nella finestra **Output**, LogicLab apre il codice sorgente ed evidenzia la linea contenente l'errore, come visibile in FIGURA 6.6.

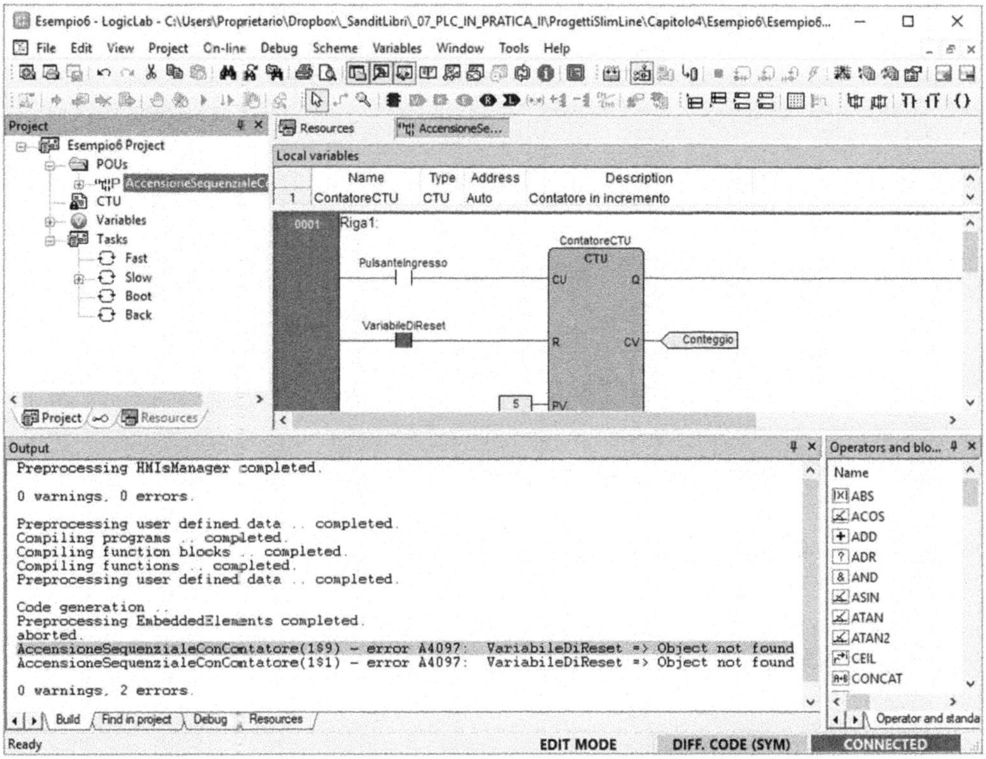

FIGURA 6.6: Informazioni riportate nella finestra **Output** di LogicLab in caso di errori nella compilazione

6.2 – Il manuale Programmazione IEC 61131-3 (LogicLab)

Il manuale *Programmazione IEC 61131-3 (LogicLab)*, sviluppato da Elsist e distribuito con il software, è un indispensabile strumento di lavoro a cui riferirsi per lo sviluppo di applicazioni con i PLC SlimLine. Il manuale in lingua italiana può essere richiamato dal bottone di **Avvio** sulla **Barra degli Strumenti** cliccando su **Programmi ⇒ Elsist ⇒ LogicLab ⇒ Elsist Devices Programming Help (it)**, come indicato in FIGURA 6.1.

Nella corposa documentazione sviluppata da Elsist vengono riportate preziose informazioni per implementare applicazioni avanzate con i PLC SlimLine Elsist (creazione di pagine web utente, gestione dei protocolli di comunicazione, gestione di modem, gestione networking e IoT, ecc..). La trattazione di tali argomenti esula dagli scopi del presente testo. Per approfondimenti si può fare riferimento al manuale d'uso di LogicLab4 e alle pubblicazioni dell'editore *Libri Sandit* sui PLC Elsist. Nel seguito è riportata una sintesi del manuale riferita all'utilizzo di particolari funzioni e blocchi funzione e ad alcuni esempi applicativi sviluppati dalla Elsist e distribuiti con il software.

ESEMPI FORNITI CON LOGICLAB4

I link per richiamare i programmi d'esempio forniti con LogicLab4 sono elencati nella finestra principale sotto la voce **Example projects**, come illustrato nella FIGURA 6.7.

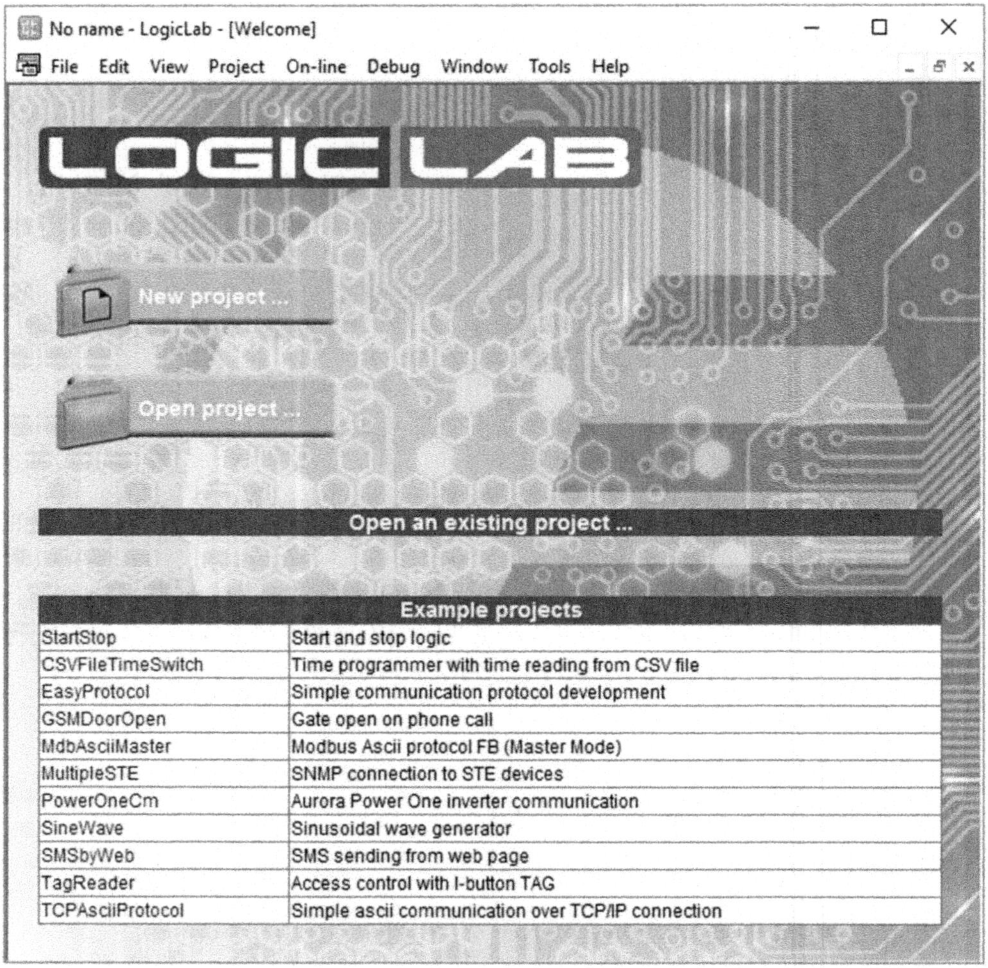

FIGURA 6.7: Programmi d'esempio forniti con LogicLab4

I programmi sono forniti in codice sorgente e possono essere trasferiti sul target device e utilizzati immediatamente. L'elenco con una breve descrizione è riportato di seguito.

- **StartStop** Logica di marcia/arresto.
- **SMSbyWeb** Invio messaggi SMS da pagina web.
- **MdbAsciiMaster** FB gestione protocollo Modbus Ascii (Modo Master).
- **MultipleSTE** Connessione in SNMP con alcuni dispositivi STE.
- **EasyProtocol** Sviluppo di un semplice protocollo di comunicazione.
- **PowerOneCm** Comunicazione con inverter Aurora della Power One.
- **TagReader** Controllo accessi con TAG I-button.
- **GSMDoorOpen** Apricancello su chiamata telefonica.
- **TCPAsciiProtocol** Semplice comunicazione ascii su connessione TCP/IP.
- **CSVFileTimeSwitch** Programmatore orario con lettura tempi da file CSV.
- **SineWave** Generatore onda sinusoidale.

FUNZIONI, BLOCCHI FUNZIONE E LIBRERIE DEGLI ESEMPI APPLICATIVI

Nei capitoli precedenti abbiamo visto come utilizzare le funzioni e i blocchi funzione embedded e quelli contenuti nelle librerie. Oltre alla libreria standard IEC 61131 **eLLabStdLib_B200** – che contiene funzioni e blocchi funzione definiti dalla normativa IEC61131 e non contenuti nella libreria embedded del prodotto –, LogiLab4 include numerose altre librerie. Tra esse si segnala la libreria **eLLabUtyLib_C040** che contiene una serie di oggetti di varia utilità e di vasto impiego. Inoltre, eseguendo il download dal sito web della Elsist, è sempre possibile utilizzare gli aggiornamenti delle librerie esistenti e le nuove librerie implementate.

Molti esempi relativi alle funzioni e ai blocchi funzione riportati sul manuale *Programmazione IEC 61131-3 (LogicLab)*, sono disponibili sotto forma di programmi dimostrativi. Essi sono codificati con il suffisso PTP posto accanto al nome dell'esempio. Tutti gli esempi riportati nel manuale sono stati realizzati utilizzando un sistema configurato con un modulo CPU SlimLine abbinato a un modulo Mixed I/O (impostato con address 0). Gli ingressi sono denominati **Di0xM00** e le uscite **Do0xM00**. Ovviamente il riferimento a tali variabili è solo indicativo e quindi, per identificare una variabile mappata, si potrà utilizzare la denominazione che si preferisce

Nel manuale d'uso di LogicLab4, sono riportate tutte le informazioni per utilizzare tali oggetti, grazie ai quali, solo per citare alcune delle applicazioni sviluppate da Elsist, si gestiscono: i Flip/Flop – i timer – i contatori - la conversione dei dati – la data e l'ora – i terminali di I/O – il File system – le porte seriali – il protocollo CAN bus – il protocollo ModBus Master – il protocollo I²C Master – la gestione di stringhe – la gestione di moduli periferici – i modem – i dispositivi One-Wire – il networking (TCP/IP e UDP) – il servizio REST – lo scambio dati su rete – ecc..

Vedremo nel seguito come inserire nel proprio progetto, un file d'esempio riportato nel manuale.

Esempio: Reset/Set flip-flop

Questo esempio realizza una semplice applicazione con flip-flop per controllare un'uscita digitale. Di seguito, per maggior chiarezza, seguiremo la modalità di esposizione utilizzata da Elsist nel manuale *Programmazione IEC 61131-3 (LogicLab),* in base alla quale gli esempi applicativi sono riportati subito dopo la descrizione di una funzione o di un blocco funzione.

RS, Reset/Set flip flop

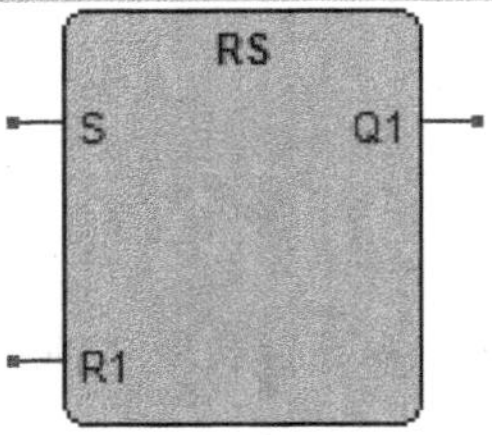

Tipo	Libreria
FB	eLLabStdLib_B200

Questo blocco funzione su attivazione del comando di set **S** attiva l'uscita **Q1** che rimane attiva anche quando il comando viene disattivato. Per disattivare l'uscita occorre attivare il comando di reset **R1**.

Il comando di *reset* **R1** è prioritario sul comando di *set* **S**.

S (BOOL) — *Set*, su attivazione del segnale, viene attivata l'uscita **Q1** che rimane attiva anche quando il comando viene disattivato.

R1 (BOOL) — *Reset*, su attivazione del segnale, viene disattivata l'uscita **Q1**. Il comando di *reset* **R1** è prioritario sul comando di *set* **S**.

Q1 (BOOL) — *Uscita*, si attiva e disattiva in funzione dei comandi di *set* **S** e *reset* **R1**.

Esempi

Sulla attivazione dell'ingresso digitale **Di00M00** viene attivata l'uscita digitale **Do00M00** che rimane attiva anche quando l'ingresso digitale **Di00M00** viene disattivato. Per disattivare l'uscita digitale **Do00M00** occorre attivare l'ingresso digitale **Di01M00**.
Nota! L'ingresso digitale **Di01M00** ha la priorità sull'ingresso digitale **Di00M00**.

Definizione variabili

	Name	Type	Address	Array	Init value	Attribute	Description
1	FBRS	RS	Auto	No		..	RS (Rest/Set function block)

Esempio LD *(PTP115B000, RS_LD)*

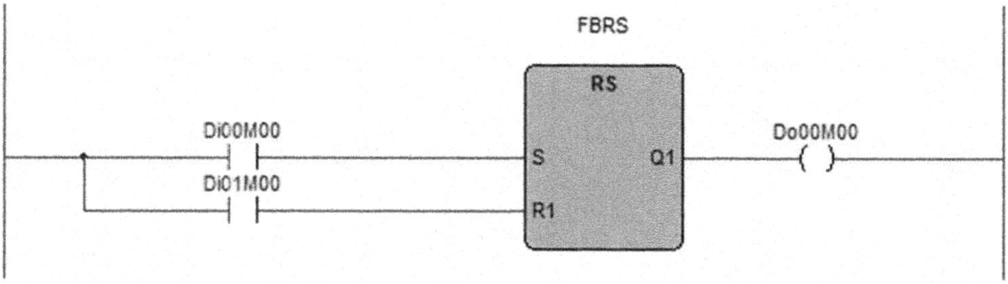

Seguendo le procedure illustrate nei precedenti capitoli, creare un nuovo progetto, assegnargli un nome e selezionare nella casella di scelta multipla il target device.

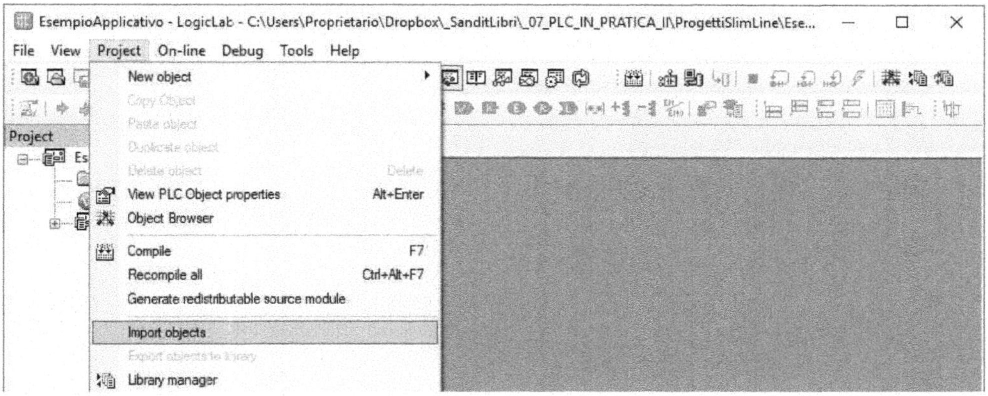

FIGURA 6.8: Importazione di oggetti in un progetto dalle librerie

Con riferimento alla FIGURA 6.8, dal menu selezionare la voce **Project ⇒ Import object**. Le librerie con gli esempi fornite con LogicLab4 si trovano nella directory ***C:\Programmi\Elsist\LogicLab\Examples***, come indicato nella FIGURA 6.9 (A).

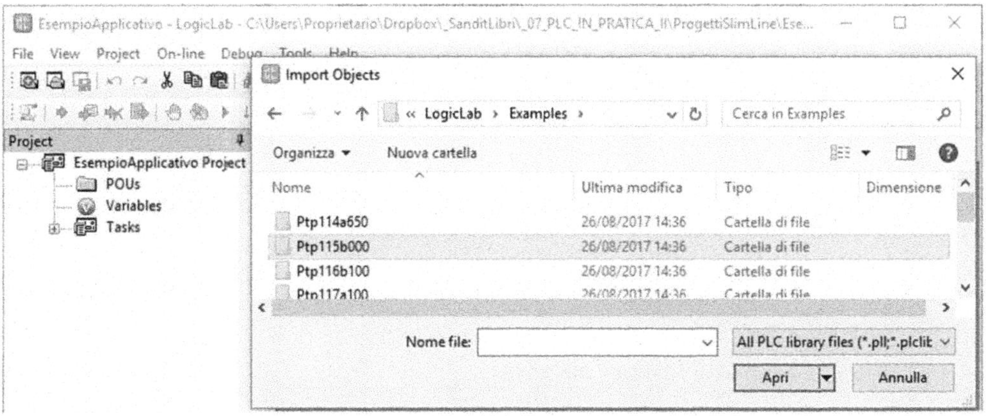

(A)

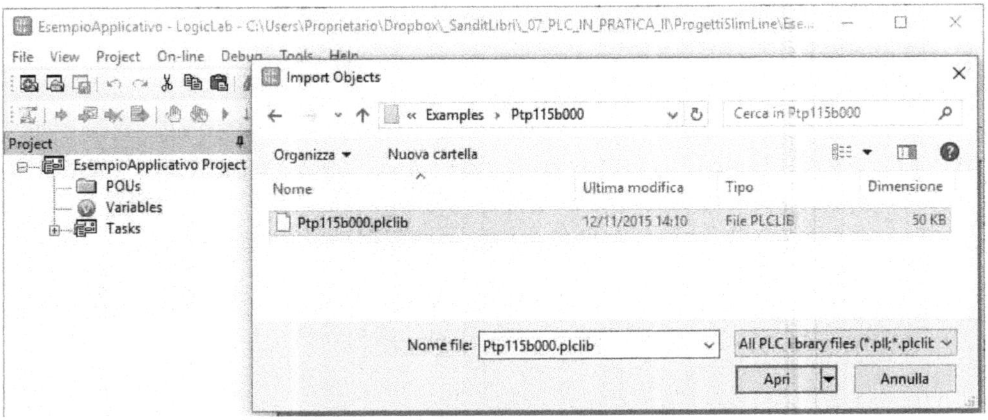

(B)

FIGURA 6.9: Apertura di una libreria contenente gli esempi dimostrativi

Aperta la libreria **Ptp115b000.pll**, come indicato nella FIGURA 6.9 (B), si aprirà la finestra **Object browser**.

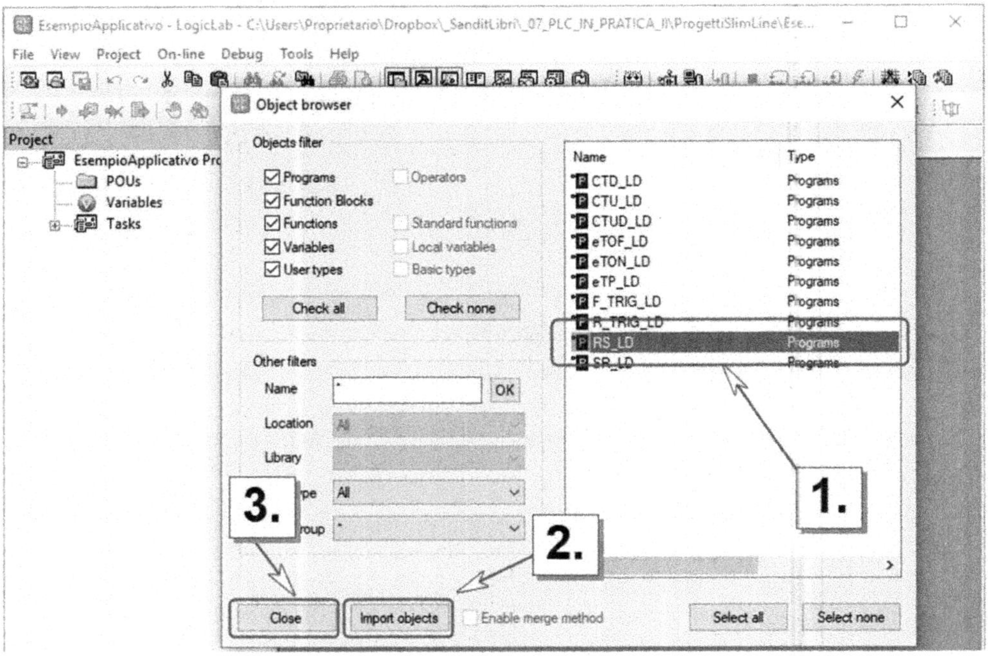

FIGURA 6.10: Apertura di una libreria contenente gli esempi dimostrativi

Con riferimento alla FIGURA 6.10, eseguire operazioni descritte di seguito.

1. Selezionare il programma **RS_LD**.
2. Cliccare sul bottone **Import objects**.
3. Cliccare sul bottone **Close**.

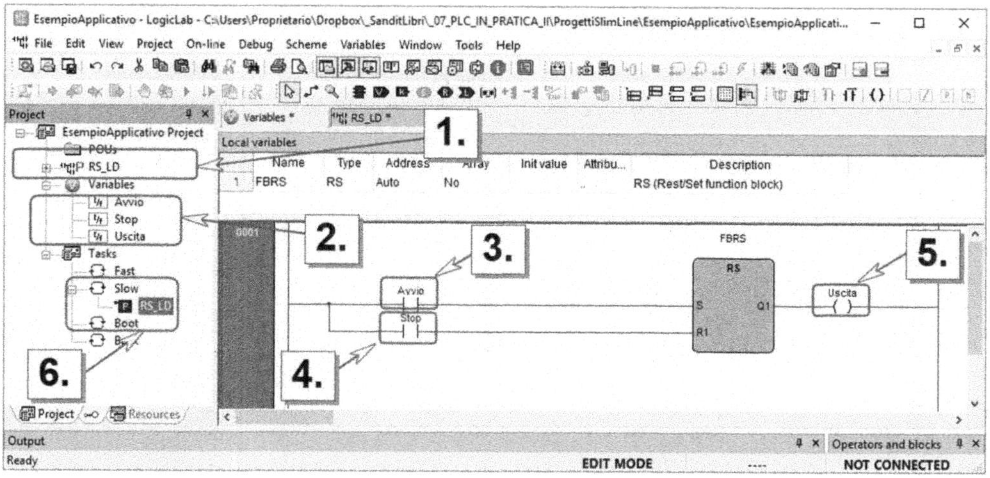

FIGURA 6.11: Importazione del programma **RS_LD** nel progetto

Con riferimento alla FIGURA 6.11, eseguire operazioni descritte di seguito.

1. Selezionare il programma **RS_LD**.
2. Definire tre variabili globali: *Avvio,* variabile mappata con indirizzo di memoria ***%IX255.0*** che corrisponde all'ingresso 0 del modulo CPU; *Stop,* variabile mappata con indirizzo di memoria ***%IX255.1*** che corrisponde all'ingresso 1 del modulo CPU; *Uscita,* variabile mappata con indirizzo di memoria ***%QX255.0*** che corrisponde all'uscita 0 del modulo CPU.
3. Associare al contatto N.A. la variabile *Avvio* (appena importato il programma ad esso è associata la variabile *Di00M00*).
4. Associare al contatto N.A. la variabile *Stop* (appena importato il programma ad esso è associata la variabile *Di01M00*).
5. Associare alla bobina la variabile *Uscita* (appena importato il programma ad esso è associata la variabile *Do00M00*).
6. Assegnare il programma al task **Slow**.

Compilare e caricare il programma nel target device o nel simulatore.

In maniera analoga a quanto appena descritto potranno essere richiamati e utilizzati tutti gli esempi riportati nel manuale di LogicLab4.

Il linguaggio di programmazione ST in LogicLab4

A.1 – Il linguaggio ST

Il PLC SlimLine si programma attraverso il tool di sviluppo LogicLab4, tramite i cinque linguaggi definiti della norma IEC61131-3. Il linguaggio *ST* (*Structured Text*), le cui caratteristiche saranno esaminate di seguito, presenta molte delle regole sintattiche del C e permette l'utilizzo di strutture dati, array e puntatori.

ESPRESSIONI, OPERANDI E OPERATORI

Un'espressione è un costrutto composto da operatori e operandi. Una volta calcolata, essa produce un valore appartenente a uno dei tipi di dati elencati nella tabella di tipi di dati elementari. LogicLab4 non impone nessuna restrizione sulla lunghezza massima delle espressioni.
Un operando può essere un letterale, una variabile, un richiamo di funzione o un'altra espressione.
Gli operatori del linguaggio ST sono riportati nella TABELLA A.1. L'analisi dell'espressione consiste nell'applicare gli operatori agli operandi in una sequenza definita dalle regole di precedenza degli operatori.

OPERATORI DEL LINGUAGGIO ST		
Operazione	**Simbolo**	**Precedenza**
Parentesizzazione	(<espressione>)	PIÙ ALTA
Valutazione delle funzioni	<funzione>(<argomenti>)	.
Negazione	-	.
Complemento	NOT	.
Elevamento a potenza	**	.
Moltiplicazione	*	.
Divisione	/	.
Modulo	MOD	.

Addizione	+	.
Sottrazione	–	.
Comparazione	`<, >, <=, >=`	.
Uguaglianza	=	.
Disuguaglianza	`<>`	.
`AND` booleano	`AND`	.
`OR` esclusivo booleano	`XOR`	.
`OR` booleano	`OR`	PIÙ BASSA

TABELLA A.1: Operatori del linguaggio ST

SET DI CARATTERI E COMMENTI

Gli elementi testuali del linguaggio sono scritti usando il set di caratteri ASCII standard. I commenti dell'utente sono delimitati, all'inizio e alla fine, dalle combinazioni dei caratteri speciali “`(*`” e “`*)`” oppure “`/*`” e “`*/`”. I commenti sono permessi in qualunque parte del programma. L'uso di commenti nidificati, per esempio `(*(*Sandit Libri*)*)` è segnalato come errore. In una singola riga tutto il testo che segue la combinazione dei due caratteri speciali “`//`” è interpretato da Logiclab4 come un commento.

TIPI DI DATI PREDEFINITI IN LOGIGLAB4

Un certo numero di tipi di dati elementari (ovvero predefiniti) sono resi disponibili da LogicLab4, tutti compatibili con lo standard IEC 61131-3.

Nella TABELLA A.2 sono descritti i tipi di dati elementari, la parola chiave riservata che identifica ciascun tipo di dato usato nella programmazione, il numero di bit di ogni elemento e la gamma di valori per ciascun tipo di dato.

Parola chiave	Tipo di dato	Bit	Gamma valori
BOOL	Boolean	1	0 *o* 1
SINT	Short Integer	8	*da* -128 *a* 127
USINT	Unsigned Short integer	8	*da* 0 *a* 255
INT	Integer	16	*da* -32768 *a* 32767
UINT	Unsigned integer	16	*da* 0 *a* 65536
DINT	Double integer	32	*da* -2^{31} *a* $2^{31}-1$
UDINT	Unsigned Long Integer	32	*da* 0 *a* 2^{32}
BYTE	Bit string of length 8	8	—

WORD	Bit string of length 16	16	—
DWORD	Bit string of length 32	32	—
REAL	Real number	32	*da* -3.40E+38 *a* +3.40E+38
STRING	String of characters	—	—

TABELLA A.2: Tipi di dati predefiniti disponibili in LogicLab4

Si noti che la reale implementazione del tipo di dato **BOOL** dipende dal processore del dispositivo, per esempio è lungo 1 bit per i device che hanno un'area bit-indirizzabile.

TIPI DI DATI DERIVATI IN LOGIGLAB4 - FILEP, FILE POINTER

Oltre ai dati standard definiti dalla normativa IEC-61131 sono stati definiti altri tipi di dati che possono essere utilizzati nel programma PLC. Il tipo di dati **FILEP** è utilizzato dalle funzioni che eseguono accesso alle risorse di I/O del sistema. Una variabile di tipo **FILEP** punta a una risorsa utilizzata per effettuare la lettura e/o la scrittura di dati. Un esempio di file **pointer**, spesso incontrato dal lettore nelle applicazioni presentate in questo libro, è il puntatore a una porta seriale.

CONVERSIONE DI TIPO DEI DATI

La conversione dei dati (detta anche *casting*) è una pratica necessaria nella programmazione, naturalmente se il tipo dati di destinazione ha un range inferiore del tipo dati di origine viene effettuato un troncamento del valore. Vediamo caso per caso le varie conversioni.

CONVERSIONE VERSO UN TIPO **BOOL**

Le conversioni da qualsiasi tipo verso un **BOOL**, restituiscono **FALSE** se il valore del dato da convertire è 0. Ritornano **TRUE** se il valore del dato da convertire è diverso da 0 (anche se è < 0).

CONVERSIONE VERSO UN TIPO **SINT** O **USINT**

Le conversioni da qualsiasi tipo verso un **USINT**, restituiscono il valore del byte meno significativo del valore da convertire espresso in esadecimale, per cui, per esempio, il valore 4660 (16#1234) restituirà 52 (16#34). Anche per i **REAL** vale la stessa regola, per cui, per esempio, 300,0 (16#012C) restituirà 44 (16#2C). Per il tipo **SINT**, se il valore esadecimale supera 127 il numero sarà negativo.

CONVERSIONE VERSO UN TIPO **INT** O **UINT**

Le conversioni da qualsiasi tipo verso un **UINT**, restituiscono il valore dei due byte meno significativi del valore da convertire espresso in esadecimale, per cui, per esempio, il valore 305419896 (16#12345678) restituirà 22136 (16#5678). Anche per i **REAL** vale la stessa regola, per cui, per esempio, 90000,0 (16#15F90) restituirà 24464 (16#5F90). Per il tipo **INT**, se il valore in esadecimale supera 32767 il numero sarà negativo. Le apposite funzioni di conversione del tipo dei dati per la programmazione IEC con LogicLab4 sono riportate nella TABELLA A.3.

Nome	Tipo in entrata	Tipo in uscita	Descrizione
DINT_TO_INT	DINT	INT	Converte un Long Integer (32 bit signed) in un Integer (16 bit signed).
INT_TO_DINT	INT	DINT	Converte un Integer (16 bit signed) in un Long Integer (32 bit signed).
TO_BOOL	qualsiasi	BOOL	Converte qualsiasi tipo di dato in un Boolean.
TO_SINT	qualsiasi	SINT	Converte qualsiasi tipo di dato in un Short Integer (8 bit signed).
TO_USINT	qualsiasi	USINT	Converte qualsiasi tipo di dato in un Unsigned Short Integer (8 bit unsigned).
TO_INT	qualsiasi	INT	Converte qualsiasi tipo di dato in un Integer (16 bit signed).
TO_UINT	qualsiasi	UINT	Converte qualsiasi tipo di dato in un Unsigned Integer (16 bit unsigned).
TO_DINT	qualsiasi	DINT	Converte qualsiasi tipo di dato in un Long Integer (32 bit signed).
TO_UDINT	qualsiasi	UDINT	Converte qualsiasi tipo di dato in un Unsigned Long Integer (32 bit unsigned).
TO_REAL	qualsiasi	REAL	Converte qualsiasi tipo di dato in un Floating Point (32 bit signed).

TABELLA A.3: Funzioni di conversione del tipo dei dati disponibili in LogicLab4

A.2 – Dichiarazioni in ST

Tutte le istruzioni del linguaggio ST seguono le seguenti regole:

- terminano con il punto e virgola;
- il ritorno a capo o una nuova linea di carattere sono trattati allo stesso modo di un carattere di spazio;
- LogicLab4 non impone nessuna restrizione alla lunghezza massima delle istruzioni.

ASSEGNAMENTI

Le istruzioni di assegnamento rimpiazzano il valore attuale di una variabile a elemento singolo o multiplo con il risultato del calcolo di un'espressione.
L'istruzione di assegnamento è anche utilizzata per assegnare il valore che si vuole che una funzione produca, ponendo il nome della funzione alla sinistra dell'operatore di assegnamento nel corpo di dichiarazione della funzione. Il valore prodotto dalla funzione è il risultato del calcolo più recente di questo assegnamento.
Un'istruzione di assegnamento consiste in un riferimento della variabile nella parte sinistra, seguita dall'operatore di assegnamento " := ", seguita dall'espressione da calcolare.

ESEMPI

Esempio di assegnamento

```
a := b ;
```

Esempio di assegnamento

```
pCV := pCV + 1 ;
```

Esempio di assegnamento con richiamo di funzione

```
c := SIN( x );
```

Esempio di assegnamento del valore dell'output a una funzione.

```
FUNCTION ESEMPIO_FUNZIONE : REAL
    dichiarazione delle variabili
    ...
          Corpo della funzione
    ...
          ESEMPIO_FUNZIONE := a * b - c ;
END_FUNCTION
```

DICHIARAZIONE DI FUNZIONI E BLOCCHI FUNZIONE

Le funzioni sono richiamate come elementi dell'espressione che consistono nel nome della funzione seguito da un elenco di argomenti tra parentesi. Ciascun argomento può essere letterale, una variabile o un'espressione complessa arbitraria.

I blocchi funzione sono richiamati da un'istruzione che consiste nel nome della ricorrenza del blocco funzione seguito da un elenco degli argomenti tra parentesi. È supportato sia il richiamo con la lista formale degli argomenti sia l'assegnamento di argomenti.

Le istruzioni di controllo di funzione e di blocco funzione consistono nei meccanismi per richiamare i blocchi funzione e per riportare il controllo all'entità richiamata prima della fine fisica della funzione o del blocco funzione. L'istruzione **RETURN** causa l'uscita anticipata dalla funzione o dal blocco funzione (per esempio, come risultato dell'analisi di un'istruzione **IF**).

FUNZIONE

```
nome_var := nome_funzione( arg1, arg2 , ... , argN );
```

BLOCCO FUNZIONE CON ELENCO ARGOMENTI FORMALI

```
nome_istanza( var_in1 := arg1 ,
              var_in2 := arg2 ,
              ... ,
              var_inN := argN );
```

BLOCCO FUNZIONE CON ASSEGNAMENTO DI ARGOMENTI

```
nome_istanza.var_in1 := arg1;
...
nome_istanza.var_inN := argN;
nome_istanza ();
```

ISTRUZIONE DI CONTROLLO DI FUNZIONE E DI BLOCCO FUNZIONE

```
RETURN;
```

ESEMPI

Esempio di richiamo FB con elenco di argomenti formali:

```
CMD_TMR( IN := %IX5, PT:= 300 ) ;
```

Esempio di richiamo FB con assegnamento di argomenti:

```
IN := %IX5 ;
PT := 300 ;
CMD_TMR() ;
```

Esempio di utilizzo dell'uscita di un blocco funzione:

```
a := CMD_TMR.Q;
```

Esempio di uscita anticipata dalla funzione o dal blocco funzione:

```
RETURN ;
```

A.3 – Istruzioni di selezione

Le istruzioni di selezione includono le istruzioni **IF** e **CASE**. Un'istruzione di selezione seleziona una (o un gruppo) di sue istruzioni componenti di esecuzione basate su una condizione specifica.

L'istruzione **IF** specifica che un gruppo di istruzioni deve essere eseguito solo se l'espressione booleana associata restituisce il valore **TRUE**. Se la condizione è falsa, nessuna istruzione sarà eseguita, o verrà eseguito il gruppo di istruzioni che segue la keyword **ELSE** (o la keyword **ELSIF** se la sua condizione booleana associata è vera).

L'istruzione **CASE** consiste in un'espressione che valuta il valore della variabile di tipo **DINT** (il "selettore") e una lista di gruppi di istruzioni, ogni gruppo viene etichettato da uno o più interi o gamma di valori interi. Viene eseguito il primo gruppo di istruzioni che contiene il valore del selettore. Se il valore del selettore non è presente in nessun caso, viene eseguita la sequenza di istruzioni che segue la keyword **ELSE** (se essa è presente nell'istruzione **CASE**) o non verrà eseguita nessuna delle sequenze di istruzioni. LogicLab4 non impone nessuna restrizione al numero massimo di selezioni possibili nell'istruzione **CASE**.

ISTRUZIONE IF

```
IF espressione1 THEN
      lista_di_istruzioni
[ { ELSIF espressione2 THEN
      lista_di_istruzioni} ]
ELSE
      lista_di_istruzioni
END_IF ;
```

ISTRUZIONE CASE

```
CASE espressione1 OF
    intv [ {, intv } ] :
    lista_di_istruzioni
      { intv [ {, intv } ] :
    lista_di_istruzioni }
[ ELSE
    lista_di_istruzioni ]
END_CASE ;
```

Si noti che le parentesi quadrate includono il codice opzionale, mentre le graffe comprendono segmenti di codice ripetibili, e **intv** può assumere un solo valore o un intervallo di valori.

ESEMPI

Esempio istruzione IF:

```
IF d < 0.0 THEN
     nRoots := 0 ;
ELSIF d = 0.0 THEN
     nRoots := 1 ;
     x1 := -b / (2.0 * a) ;
ELSE
     nRoots := 2 ;
     x1 := (-b + SQRT(d)) / (2.0 * a) ;
     x2 := (-b - SQRT(d)) / (2.0 * a) ;
END_IF ;
```

Esempio istruzione CASE:

```
CASE tw OF
1, 5:
    display := oven_temp ;
2:
    display := motor_speed ;
3:
    display := gross_tare;
4, 6..10:
    display := status(tw - 4) ;
ELSE
    display := 0;
    tw_error := 1;
END_CASE ;
```

A.4 – Istruzioni di iterazione

Le istruzioni di iterazione specificano che il gruppo di istruzioni associate sono eseguite ripetutamente. L'istruzione **FOR** è utilizzata se il numero di iterazioni può essere determinato in precedenza; altrimenti, sono utilizzati i costrutti **WHILE** e **REPEAT**.

L'istruzione **FOR** indica che la sequenza di istruzioni è eseguita ripetutamente, fino alla keyword **END_FOR**, mentre una progressione di valori è assegnata alla variabile di controllo del ciclo **FOR**. Il valore iniziale e il valore finale della variabile di controllo, sono espressioni dello stesso tipo di intero (per esempio, **SINT**, **INT** o **DINT**) e non possono essere alterati da nessuna delle istruzioni di ripetizione. L'istruzione **FOR** incrementa o decrementa il valore della variabile di controllo dal valore iniziale al valore finale con incrementi determinati dal valore di una espressione; questo valore di default è 1. Il test per la condizione di termine è fatto all'inizio di ogni iterazione, così che la sequenza di istruzione non è eseguita se il valore iniziale eccede quello finale.

L'istruzione **WHILE** fa sì che la sequenza di istruzioni sia eseguita ripetutamente fino alla keyword **END_WHILE** e finché l'espressione booleana associata risulta falsa. Se l'espressione è inizialmente falsa, allora il gruppo di istruzioni non viene eseguito.

L'istruzione **REPEAT** fa sì che la sequenza di istruzioni sia eseguita ripetutamente (almeno una volta) fino alla keyword **UNTIL** e finché la condizione booleana associata è vera.

L'istruzione **EXIT** è usata per terminare le iterazioni prima che la condizione di termine sia soddisfatta. Quando l'istruzione **EXIT** è posizionata all'interno dei costrutti iterativi annidati, l'uscita avviene dal ciclo più interno in cui si trova l'**EXIT**, cioè, il controllo passa all'istruzione successiva dopo il primo terminatore del ciclo (**END_FOR**, **END_WHILE** o **END_REPEAT**) che segue l'istruzione **EXIT**.

ISTRUZIONE FOR

```
FOR var_contr := val_iniz TO val_fine [ BY val_incr ] DO
      lista_di_istruzioni
END_FOR ;
```

ISTRUZIONE WHILE

```
WHILE espressione DO
      lista_di_istruzioni
END_WHILE ;
```

ISTRUZIONE REPEAT

```
REPEAT
    lista_di_istruzioni
UNTIL espressione
END_REPEAT ;
```

Si noti che le parentesi quadrate includono il codice opzionale, mentre le graffe comprendono segmenti di codice ripetibili.

ESEMPI

Esempio istruzione FOR:

```
j := 101 ;
FOR i := 1 TO 100 BY 2 DO
    IF array_dei_valori[i] = 57 THEN
          j := i ;
          EXIT ;
    END_IF ;
END_FOR ;
```

Esempio istruzione WHILE:

```
j := 1 ;
WHILE j <=100 AND array_dei_valori[i] <> 57 DO
    j := j + 2 ;
END_WHILE ;
```

Esempio istruzione REPEAT:

```
j := -1 ;
REPEAT
    j := j + 2 ;
UNTIL j = 101 AND array_dei_valori[i] = 57
END_REPEAT;
```

A.5 – Puntatori

I puntatori sono un tipo speciale di variabili che si comportano come un riferimento a un'altra variabile (la variabile puntata). Il valore di un puntatore è, infatti, l'indirizzo della variabile puntata. Per accedere ai dati memorizzati nell'indirizzo puntato, occorre togliere il riferimento al puntatore. Si tratta di un'estensione allo standard IEC 61131-3 offerta da LogicLab4 per arricchire ulteriormente il linguaggio e adattarsi ai differenti stili di codice.
La dichiarazione di un puntatore richiede la stessa sintassi usata nella dichiarazione di variabili, dove il nome del tipo è il nome del tipo della variabile puntata preceduto dal segno @:

```
VAR
<nome_punt> : @<nome tipo della variabile puntata>;
END_VAR
```

Per esempio, la dichiarazione di un puntatore a una variabile **REAL** è la seguente:

```
VAR
px : @REAL;
END_VAR
```

Un puntatore può essere assegnato a un altro puntatore o a un indirizzo. Uno speciale operatore, **ADR**, è disponibile per recuperare l'indirizzo di una variabile.

```
px := py; (* px e py sono puntatori a reali, (cioè
                    variabili di tipo  @REAL) *)
px := ADR( x ) (* x è una variabile di tipo REAL *)
px := ?x (* ? è la notazione alternativa per ADR *)
```

L'operatore @ è utilizzato per togliere il riferimento al puntatore, quindi per accedere alla variabile puntata.

```
px := ADR( x );
@px := 3.141592; (* valore approssimato di pi
                  assegnato a x *)
pn := ADR( n );
n := @pn + 1; (* n è incrementato di 1 *)
```

Prestate attenzione al fatto che l'uso improprio dei puntatori è potenzialmente pericoloso: infatti, i puntatori possono puntare a qualsiasi posizione arbitraria, che potrebbe causare effetti indesiderati.

CONTENUTO DEL CD-ROM ALLEGATO

Avvertenze per l'apertura dei progetti del CD-ROM

Aprendo i progetti con LogicLab4 direttamente dal CD-ROM, questi saranno aperti in *sola lettura*, in quanto il supporto su cui sono memorizzati i dati non consente la scrittura dopo la masterizzazione. Prima di aprire il progetto con LogicLab4, si raccomanda di copiare la cartella che lo contiene sul disco rigido del computer, in modo da poter effettuare le modifiche al progetto e il *download* delle applicazioni sul *target device* (maggiori informazioni sono riportate nel file ***Avvertenze.pdf*** contenuto nel CD-ROM allegato).

La cartella ***Capitolo3*** contiene:

- Paragrafo 3.6 – Progetto **Uno**: Creare un primo programma in LD (file progetto ***Uno.plcprj*** nella cartella ***Uno***).
- Paragrafo 3.10 – Progetto **Uno_ST**: Creare un primo programma in ST (file progetto ***Uno_ST.plcprj*** nella cartella ***Uno_ST***).

La cartella ***Capitolo4*** contiene:

- PARAGRAFO 4.2 – ESEMPIO 1-LD: *Relè passo passo (codice in LD)* – (file progetto ***Esempio1_LD. plcpr*** nella cartella ***Esempio1_LD***).
- PARAGRAFO 4.2 – ESEMPIO 1-ST: *Relè passo passo (codice in ST)* – (file progetto ***Esempio1_ST. plcpr*** nella cartella ***Esempio1_ST***).
- PARAGRAFO 4.3 – ESEMPIO 2-LD: *Inserimento sequenziale di quattro utilizzatori (codice in LD)* – (file progetto ***Esempio2_LD. plcpr*** nella cartella ***Esempio2_LD***).
- PARAGRAFO 4.3 – ESEMPIO 2-ST: *Inserimento sequenziale di quattro utilizzatori (codice in ST)* – (file progetto ***Esempio2_ST. plcpr*** nella cartella ***Esempio2_ST***).
- PARAGRAFO 4.4 – ESEMPIO 3-LD: *Somma di due variabili (codice in LD)* – (file progetto ***Esempio3_LD. plcpr*** nella cartella ***Esempio3_LD***).
- PARAGRAFO 4.4 – ESEMPIO 4-LD: *Set/Reset flip flop (codice in LD)* – (file progetto ***Esempio4_LD. plcpr*** nella cartella ***Esempio4_LD***).
- PARAGRAFO 4.4 – ESEMPIO 4-ST: *Set/Reset flip flop (codice in ST)* – (file progetto ***Esempio4_ST. plcpr*** nella cartella ***Esempio4_ST***).
- PARAGRAFO 4.5 – ESEMPIO 5-LD: *Avvio di due motori con spegnimento temporizzato (codice in LD)* – (file progetto ***Esempio5_LD. plcpr*** nella cartella ***Esempio5_LD***).
- PARAGRAFO 4.5 – ESEMPIO 5-ST: *Avvio di due motori con spegnimento temporizzato (codice in ST)* – (file progetto ***Esempio5_ST. plcpr*** nella cartella ***Esempio5_ST***).
- PARAGRAFO 4.6 – ESEMPIO 6-LD: *Inserimento sequenziale di quattro utilizzatori con contatore (codice in LD)* – (file progetto ***Esempio6_LD. plcpr*** nella cartella ***Esempio6_LD***).
- PARAGRAFO 4.6 – ESEMPIO 6-ST: *Inserimento sequenziale di quattro utilizzatori con contatore (codice in ST)* – (file progetto ***Esempio6_ST. plcpr*** nella cartella ***Esempio6_ST***).

La cartella ***Capitolo5*** contiene:

- APPLICAZIONE 1: *Telecomando di un MAT (codice in LD)* – (file progetto ***Applicazione1_LD. plcpr*** nella cartella ***Applicazione1_LD***).
- APPLICAZIONE 1: *Telecomando di un MAT (codice in ST)* – (file progetto ***Applicazione1_ST. plcpr*** nella cartella ***Applicazione1_ST***).

- APPLICAZIONE 2: *Teleinversione di marcia di un MAT (codice in LD)* – (file progetto ***Applicazione2_LD. plcpr*** nella cartella ***Applicazione2_LD***).
- APPLICAZIONE 2: *Teleinversione di marcia di un MAT (codice in ST)* – (file progetto ***Applicazione2_ST. plcpr*** nella cartella ***Applicazione2_ST***).
- APPLICAZIONE 3: *Teleavviatore Stella-Triangolo per un MAT (codice in LD)* – (file progetto ***Applicazione3_LD. plcpr*** nella cartella ***Applicazione3_LD***).
- APPLICAZIONE 3: *Teleavviatore Stella-Triangolo per un MAT (codice in ST)* – (file progetto ***Applicazione3_ST. plcpr*** nella cartella ***Applicazione3_ST***).
- APPLICAZIONE 4: *Impastatrice industriale azionata da un MAT (codice in LD)* – (file progetto ***Applicazione4_LD. plcpr*** nella cartella ***Applicazione4_LD***).
- APPLICAZIONE 4: *Impastatrice industriale azionata da un MAT (codice in ST)* – (file progetto ***Applicazione4_ST. plcpr*** nella cartella ***Applicazione4_ST***).
- APPLICAZIONE 5: *Comando di una tenda motorizzata con sensore di vento (codice in LD)* – (file progetto ***Applicazione5_LD. plcpr*** nella cartella ***Applicazione5_LD***).
- APPLICAZIONE 5: *Comando di una tenda motorizzata con sensore di vento (codice in ST)* – (file progetto ***Applicazione5_ST. plcpr*** nella cartella ***Applicazione5_ST***).
- APPLICAZIONE 6: *Cancello automatico (codice in LD)* – (file progetto ***Applicazione6_LD. plcpr*** nella cartella ***Applicazione6_LD***).
- APPLICAZIONE 6: *Cancello automatico (codice in ST)* – (file progetto ***Applicazione6_ST. plcpr*** nella cartella ***Applicazione6_ST***).

La cartella ***Installazione LogicLab Elsist*** contiene il file ***Setup_LogicLab_ Suite_2.5.0.0.exe*** d'installazione del software LogicLab4.

La cartella ***Toolly-Vers.3.3\PacchettoInstallazionePerWindows\Sfw172c300*** contiene il file ***ToollySetup.exe*** d'installazione del software Toolly.

La cartella ***Toolly-Vers.3.3\FileEseguibilePerLinux-Windows*** contiene il file ***Toolly.exe***, versione direttamente eseguibile per i SO Linux e Windows del software Toolly.

La cartella ***Documentazione Tecnica*** contiene:

- Axel – *Manuale utente di LogicLab (Rev. 4.0 - Marzo 2012)* – file ***LLManual_ITA.pdf***.
- Axel – *SimuLab User Manual (Revision 1.1 - 2011-05-20)* – file ***Elsist_Logiclab_SimuLabManual.pdf***.
- Elsist – *Programmazione IEC 61131-3 (LogicLab)* – file ***IEC61131-3Programming_ITA.pdf***.
- Elsist – *Corretto utilizzo dei moduli di uscita a relè (Ant007a000)* – file ***Ant007a000.pdf***.
- Elsist – *Manuale riferimenti hardware SlimLine Compact Ethernet CPU (Mnl176b100)* – file ***Mnl176b100.pdf***.
- Elsist – *Manuale hardware Modulo 20 I/O Mixed signal SlimLine (Mnl150d100)* – file ***Mnl150d100.pdf***.
- Elsist – *Quick Start Guide ARM7 CPU SlimLine e Netlog III Elsist (Mnl169c000)* – file ***Mnl169c000.pdf***.
- Elsist – *Manuale hardware Manuale hardware SlimLine Picoface HMI (Mnl181a100)* – file ***Mnl181a100.pdf***.
- Samar – *Caratteristiche tecniche PLC SM-LINE con CPU Compact ARM7 IEC61131-3 Elsist* – file ***PlcSmLine.pdf***.

E per continuare...

Tra le pubblicazioni dell'editore *Sandit Libri* (www.sanditlibri.it) è possibile trovare numerosi libri che approfondiscono i temi trattati in questo volume.

Si tratta di guide alla realizzazione di applicazioni nelle quali per esporre gli argomenti si adotta un taglio estremamente pratico.

In questo libro vedremo come è possibile realizzare agevolmente l'integrazione tra gli smartphone e i PLC – Programmable Logic Control (Controllore a Logica Programmabile), apparecchiature elettroniche in grado di gestire le azioni logiche necessarie per consentire l'automazione di macchine e processi produttivi attraverso l'esecuzione di un programma residente nella sua memoria. Se volete imparare a realizzare facilmente applicazioni in grado di comandare un impianto elettrico, un sistema d'allarme, un processo industriale dal vostro smartphone questo è il libro che fa per voi.

Il testo propone molte applicazioni pratiche che costituiscono un punto di partenza per coloro i quali, pur non possedendo particolari conoscenze nel campo dell'automazione, vogliono apprendere con successo le tecniche di programmazione.

Per la realizzazione delle applicazioni pratiche di controllo del PLC con lo smartphone, in questo testo si è scelto di non seguire la strada dello sviluppo di apposite app – le problematiche informatiche da affrontare sarebbero eccessivamente complesse –, ma di privilegiare la via dell'utilizzo dei browser per navigare su internet presenti in ogni device e l'utilizzo di un'app, sviluppata da AppliWorld, già pronta per essere installata su dispositivi con sistema operativo Android e iOS.

Il PLC Elsist, un azienda italiana che da più di 30 anni progetta e produce Controllori a Logica Programmabile, impiegato nelle applicazioni presentate nel testo utilizza un ambiente di sviluppo per PLC IEC 61131-3 completamente gratuito, il software LogicLab, uno strumento sviluppato da Axel, azienda italiana con pluriennale esperienza nella produzione di software per l'automazione industriale.

Nel CD-ROM allegato il lettore troverà il software per le applicazioni presentate nel testo e anche una vasta e interessante raccolta di documenti tecnici d'approfondimento.

Cosa hanno in comune una scheda Arduino e un PLC SlimLine, escludendo il fatto che entrambe sono frutto del Made in Italy? Solitamente, si tende a considerare le due apparecchiature come tecnologicamente contrapposte, se non addirittura antagoniste. In questo libro vengono esaminati i diversi punti di contatto che esistono tra le CPU SlimLine Elsist e la piattaforma Arduino, descrivendo, attraverso numerose applicazioni pratiche, come gestire periferiche commerciali sfruttando il bus I^2C e la porta seriale con entrambi i sistemi e, soprattutto, come fare interagire le due apparecchiature per scambiare dati.

Il lettore potrà così rendersi conto che la programmazione nel linguaggio ST del PLC non è molto diversa dalla programmazione in linguaggio "C" di Arduino e con poco sforzo potrà utilizzare gli shield di Arduino con il PLC e i dispositivi interfacciabili con lo SlimLine Elsist con Arduino.

Nel CD-ROM allegato il lettore troverà i programmi per le applicazioni presentate nel testo e una vasta e interessante raccolta di documenti tecnici d'approfondimento.

IN PREPARAZIONE

Nei volumi della COLLANA PLC IN PRATICA vengono descritte molte interessanti applicazioni da realizzare con i PLC Elsist connessi con pannelli operatori, moduli di espansione, sensori, lettori Rfid, modem.

Tutti i temi trattati sono di grande attualità tecnologica e rispondono all'esigenza dei lettori che cercano delle guide pratiche per la realizzazione di impianti automatizzati.

Contenuti dei volumi:

Terminali HMI – Software di programmazione – Emulazione delle applicazioni su PC – Gestione di pagine WEB – Lettori Rfid – Modem e utilizzo dello smartphone – Sensori – Gestione accessi – Controllo temperature – Gestione carichi elettrici – Applicazioni per IoT – Industry 4.0.

Nei CD-ROM allegati il lettore troverà i programmi per le applicazioni presentate nei testi e una vasta e interessante raccolta di documenti tecnici d'approfondimento.

INDICE